POLÍTICA, PROPINA e FUTEBOL

A marca FSC® é a garantia de que a madeira utilizada na fabricação do papel deste livro provém de florestas que foram gerenciadas de maneira ambientalmente correta, socialmente justa e economicamente viável, além de outras fontes de origem controlada.

JAMIL CHADE

POLÍTICA, PROPINA e FUTEBOL

COMO O "PADRÃO FIFA" AMEAÇA O
ESPORTE MAIS POPULAR DO PLANETA

2ª reimpressão

OBJETIVA

Copyright © 2015 by Jamil Chade
Todos os direitos reservados.

Grafia atualizada segundo o Acordo Ortográfico da Língua Portuguesa de 1990, que entrou em vigor no Brasil em 2009.

Capa
Alceu Chiesorin Nunes

Preparação
Baby Siqueira Abrão

Revisão
Rachel Rimas
Sheila Louzada
Tamara Sender

CIP-Brasil. Catalogação na fonte
Sindicato Nacional dos Editores de Livros, RJ

C423p
    Chade, Jamil
        Política, propina e futebol: Como o "Padrão Fifa" ameaça o esporte mais popular do planeta/ Jamil Chade. – 1ª ed. – Rio de Janeiro: Objetiva, 2015.
    336p.

      ISBN 978-85-390-0704-2

      1. Federação Internacional de Futebol Associado. 2. Futebol – Corrupção. 3. Futebol – Aspectos políticos. 4. Futebol – Aspectos econômicos. 5. Reportagem investigativa. I. Título.

15-26997
                    CDD: 796.33406
                    CDU: 796.332: 061.2

[2016]
Todos os direitos desta edição reservados à
EDITORA SCHWARCZ S.A.
Rua Cosme Velho, 103
22241-090 — Rio de Janeiro — RJ
Telefone: (21) 2199-7824
Fax: (21) 2199-7825
www.objetiva.com.br

Para Pol, Marc, Nicolas, Michel e Martín;
Simon, Santiago e Arnau;
Daniel, Lucas e Quim.
... os onze titulares absolutos de uma nova geração de
torcedores-cidadãos que não aceitarão meias-verdades.

Sumário

Introdução.. 9

PRIMEIRA PARTE — O TERREMOTO

1. Abalos no império.. 17
2. A queda.. 31
3. O império sedutor... 57
4. Os caudilhos do futebol... 85
5. Quanto custa uma Copa?.......................................107
6. A Copa do emir..129
7. Gol comprado... 153
8. Ponto cego..165

SEGUNDA PARTE — O SAQUE DO SÉCULO: A COPA DA FIFA

9. Uma final dos sonhos...187
10. "A Copa não terá dinheiro público"......................190
11. Uma Constituição violada......................................200
12. Cofres lotados..205

13. O dia seguinte..208

14. A Copa que não terminou............................ 213

15. Que legado deixa uma Copa?........................223

16. Chute no traseiro......................................237

17. A Copa como palanque..............................259

18. Os coronéis da bola...................................272

Terceira parte — Tempo de revolta

19. O torcedor...291

20. O povo contra a Copa...............................299

22. Escondidos.. 318

23. A vez do torcedor-cidadão..........................327

Bibliografia.. 333

Introdução

Já dizia o cronista e dramaturgo Nelson Rodrigues que "o pior cego é o míope, e pior que o míope é quem enxerga bem mas não entende o que enxerga".

Atuando como correspondente internacional do jornal *O Estado de S. Paulo* desde 2000, percorri mais de setenta países, viajei com papas, chefes de Estado, secretários-gerais da Organização das Nações Unidas (onu), visitei campos de refugiados, acompanhei resgates de vítimas de conflitos, apertei a mão de criminosos de guerra e de heróis.

Em praticamente todas essas ocasiões, nas diferentes culturas, religiões e línguas que conheci, sempre que eu me apresentava como brasileiro meu interlocutor abria um sorriso e fazia um comentário sobre a camisa amarela mais conhecida do planeta. Lembro-me de estar no interior da Tanzânia, um país da África Oriental, numa reportagem sobre o fato de que remédios essenciais não chegavam a uma população negligenciada de seus direitos. Mas, num bar miserável, um pôster na parede mostrava, com um orgulho surreal, a imagem de Cafu levantando a taça da Copa de 2002. Como é que aquele pôster tinha ido parar ali, se nem mesmo existiam voos ou estradas asfaltadas que levassem até o local?

Em outra ocasião, fui até a fronteira entre a Jordânia e o Iraque, no Oriente Médio, em plena guerra pela derrubada de Saddam Hussein, em 2003. Famílias inteiras haviam deixado o país por causa dos bombardeios e estavam presas numa terra de ninguém. A areia deixava o ar, e tudo que se podia tocar, com uma aparência suja. Até que vi, entre uma tenda de refugiados e outra, um garoto de no máximo quatro anos vestido inteiramente com o uniforme da seleção brasileira. De onde havia surgido aquilo? O pai, ao saber que eu era brasileiro, veio me apresentar o menino. "Este é meu filho Ahmadinho."

Lembro-me ainda de ter sido enviado pelo *Estadão* aos rincões mais pobres da Etiópia, para cobrir o problema da fome, e me deparar com um time inteiro de garotos que não tinha ônibus para ir aos locais das partidas que disputava, não tinha treinador e contava com apenas uma bola. Mas todos usavam a mesma camisa: 10, de Ronaldinho. Parecia uma miragem.

Nesse périplo pelo mundo, um fato sempre me surpreendeu: como nós, brasileiros, somos identificados pela nossa Seleção. Sim, trata-se de uma visão simplória, injusta, estereotipada. O Brasil é muito mais que isso. Mas essa realidade também revela que aquela camisa amarela faz parte de nossa identidade e vai muito além de representar um time de futebol. Faz parte de quem somos no mundo, gostemos ou não.

O problema é que esse bem cultural, essa Seleção que se diz "nacional", que usa nossas cores, canta o nosso hino e diz nos representar, foi apropriada por um grupo privado que enriqueceu baseado em nossa emoção. Em nossa identidade.

Na fronteira entre meu trabalho diário de repórter e uma curiosidade intelectual, estabeleci como objetivo entender o que está por trás do que eu e milhões de torcedores enxergamos em campo. Por trás do que sentimos.

Tendo minha base na Suíça — sede de dezenas de organismos esportivos internacionais —, passei a cobrir com especial interesse também o futebol, uma paixão de infância, construída em centenas de idas ao estádio do Morumbi com meu pai, meu irmão, amigos, primos e tios. Chegara o momento de desvendar a política por trás dessa emoção. Foram incontáveis as vezes que embarquei no trem em Genebra, onde moro, em direção a Zurique, a cidade-sede da Fifa, uma espécie de capital mundial da administração do futebol.

As perguntas que me guiavam eram sempre as mesmas. Quem é que paga pela Copa do Mundo, o maior espetáculo do planeta? São os jogadores que levantam a cobiçada taça de ouro os reais vencedores do torneio?

Introdução

Como são tomadas as decisões no futebol? Até que ponto o torcedor é relevante? Ou será que ele não passa de um cúmplice desavisado de um saque organizado? A "nossa Seleção" é, de fato, nossa?

Lembro como, na primeira visita que fiz à Fifa, o então presidente da CBF, Ricardo Teixeira, me abraçou ao se despedir. Foi o único abraço que recebi dele. E não lamento por isso. O que eu descobriria pouco a pouco é que aqueles senhores que controlavam o futebol mundial também espoliavam nossas emoções. Aqueles que zelavam pela nossa identidade nacional, no fundo, a exploravam.

Este livro não é sobre futebol. É sobre o que eu vi e descobri nos bastidores do esporte. É sobre o sequestro do futebol e como ele se transformou em uma máquina de fazer dinheiro para um grupo pequeno de oligarcas.

Não se trata, como diria Nelson Rodrigues, de criticar até minuto de silêncio. Mas precisamos ser claros sobre quem está ganhando, quem está perdendo e quem está pagando a conta do futebol.

Nesses anos, conheci gente que trabalha na Fifa por amor ao futebol. Mas também encontrei pessoas que menosprezam o esporte. Dirigentes que estão dispostos a apertar a mão de ditadores sanguinários em troca de apoio ou de benefícios pessoais.

Em quinze anos de trabalho também vi a Fifa se transformar em uma potência econômica sem precedentes entre as organizações esportivas. Conheci os bastidores de como acordos foram assinados e a quem interessava cada novo contorno que a bola ganhava em campo. Também vi como um país — o Brasil — perdeu a Copa do Mundo antes mesmo que ela fosse disputada e antes que amargássemos aquele 7 x 1 contra a Alemanha.

Nelson Rodrigues insistia em apontar que a vitória do Brasil na Copa de 1958 dera um desfecho aos longos anos em que vivemos um "complexo de vira-lata", um período de Jeca Tatu, de baixa autoestima. "O brasileiro se punha de cócoras diante do mundo. Isso aconteceu no curto período entre 1500 e 1958, de Cabral a Garrincha", escreveu o cronista. Para 2014, os governantes colocaram de novo como meta o fim desse complexo de vira-lata, mostrando ao mundo que o Brasil fazia parte das nações civilizadas e que era capaz de organizar grandes eventos.

De fato, a Copa foi um teste para a imagem internacional do Brasil. Mas não como os dirigentes fizeram questão de pintá-la. Os monumentos construídos com o dinheiro público se transformaram em obras que testemunharam uma oportunidade perdida. O que esteve em jogo foi nossa capacidade de questionar e cobrar os dirigentes, de não permitir que estádios públicos fossem contemplados com nomes de políticos. Também foi testada a capacidade de a sociedade pressionar para que esses eventos beneficiassem a todos — não apenas um grupo de dirigentes e seus cúmplices na política. O Brasil confrontou a si mesmo no espelho e, sem complexos, mostrou ao mundo que ser o "país do futebol" não é sinônimo de ser o país dos tolos.

Assim que a Copa de 2014 terminou, a Fifa fez as malas e partiu para seu empreendimento seguinte. E nos restou contar os prejuízos, os mortos e os feridos.

Mas a revolta que começou nas ruas brasileiras contra a entidade seria o início de um processo muito mais amplo de oposição à organização. De maneira indireta e inesperada, foram os protestos de 2013 no Brasil que chamaram a atenção de dirigentes estrangeiros e mostraram que não havia mais lugar para tolerar esquemas corruptos. Que democracias não poderiam mais se aliar ao futebol sem prestar contas aos torcedores-cidadãos.

O sentimento de indignação seria confirmado menos de um ano depois do fim do Mundial de 2014. Em 27 de maio de 2015, uma operação das polícias suíça e americana contra dirigentes do futebol fez desmoronar um império.

O ressentimento de países como os Estados Unidos e a Inglaterra, por terem perdido o direito de sediar as Copas de 2018 e 2022, pode ter influenciado a iniciativa da Justiça americana. Mas a ação só foi possível quando ficou claro que a credibilidade da Fifa era inexistente entre milhares de torcedores do mundo inteiro, inclusive aqueles — os brasileiros — que têm o futebol como parte de sua identidade nacional.

Em 2015, ano de publicação deste livro, não se pode ainda prever o destino de cada um dos cartolas indiciados pela Justiça dos EUA. Mas a única certeza é de que o golpe foi profundo.

Para quem foi acusado pelos dirigentes, durante muitos anos, de "torcer contra o país", para quem foi humilhado por grosseiros cartolas sem poder — sem querer me rebaixar ao mesmo nível de ofensas — e ameaçado de ser levado aos tribunais, as prisões não me surpreenderam. Foi, acima de tudo, um "até que enfim".

O que eu revelei durante anos ainda me levou a ser convidado a dar o primeiro depoimento na CPI do Futebol, criada no Senado em agosto de 2015 para investigar a corrupção no esporte no Brasil. Ainda que eu tenha sérias dúvidas quanto às intenções desse processo no Congresso e ao interesse de senadores que o compõem, documentos confidenciais que apresentei conduziram ao pedido de quebra do sigilo bancário de autoridades do futebol e à publicação de todos os contratos confidenciais de quem manda no esporte.

Assim, este livro é um mergulho em quinze anos de apurações e investigações sobre um mundo que tanto seduz, o da bola. Mas não se trata de um texto contra o futebol. Ele, na verdade, se coloca em sua defesa, só que no formato de uma denúncia. Não é um livro contra a ideia da pátria de chuteiras nem um convite a queimar a camisa amarela.

Muito pelo contrário. É apenas um chamado para que essa camisa volte a ser um bem de todos nós.

Primeira parte

O terremoto

I. Abalos no império

6h10. Quarta-feira, 27 de maio de 2015 — hotel Baur au Lac, Zurique, Suíça.

"Bom dia, senhor. Aqui é da recepção. Desculpe incomodar tão cedo, mas gostaria de pedir que o senhor descesse até o lobby do hotel. Algumas pessoas estão aguardando e temo que, se o senhor não descer, irão até o quarto. Eles são da polícia."

Foi assim que, numa manhã de primavera no luxuoso hotel Baur au Lac, em Zurique, começou uma revolução inédita no futebol e na Fifa. Não houve chute na porta. Não houve algemas. Sem alardes nem sirenes, os policiais suíços realizaram a operação mais espetacular e inesperada da história do esporte. O que eles fariam nos minutos seguintes representaria o maior abalo já vivido pelos dirigentes desde a criação da Fifa, há mais de cem anos. Um império global, com tentáculos na economia, no crime organizado, na política e até mesmo na identidade nacional de países, começaria a ruir.

Faltavam somente dois dias para as eleições presidenciais na organização. Naquele hotel com ares de nobreza decadente estavam alguns dos principais personagens da administração do futebol. Dirigentes que acumulavam cargos políticos em alguns países e que nunca imaginariam viver uma situação daquelas. Acreditavam que, tais como coronéis que compram alianças com a polícia, estavam blindados contra qualquer ação da Justiça. Mas, por ironia do destino, seria no hotel tradicionalmente usado pela Fifa que uma operação mudaria a história da entidade — uma fortaleza montada desde o momento da posse de João Havelange, há quarenta anos, e que havia sequestrado o futebol para garantir lucros à oligarquia da bola.

Num curto espaço de tempo, a pedido do FBI — a agência federal de investigação dos Estados Unidos —, sete dirigentes e empresários seriam presos. Entre os detidos estavam um dos oito vice-presidentes da Fifa, Jeff Webb, das Ilhas Cayman; o ex-presidente da Confederação Brasileira de Futebol (CBF) José Maria Marin; e o mandachuva do futebol sul-americano, o uruguaio Eugenio Figueredo. Todos eram acusados nos Estados Unidos de corrupção, lavagem de dinheiro, fraude, conspiração e extorsão, o que poderia valer até vinte anos de cadeia para cada um.

Com a ordem de prisão em mãos, os agentes pediram as chaves dos quartos em que os cartolas estavam hospedados. Um a um, eles foram descendo. A polícia nem sequer interrompeu duas senhoras que aspiravam os tapetes da entrada do hotel. Quem não desceu no instante em que foi chamado recebeu a visita de policiais à paisana, que exibiam uma tranquilidade assustadora. Com elegância, chegaram a auxiliar os suspeitos e até a aguardar que fizessem a barba antes de seguirem para a delegacia.

Aqueles empresários e dirigentes eram pessoas praticamente intocáveis em seus países de origem, seja pela influência política que tinham, seja pelos cúmplices dentro da polícia, seja por financiar campanhas de presidentes ou simplesmente por comprar juízes. Eram os retratos vivos de uma estrutura corrupta que havia privatizado o futebol.

Naquele mesmo dia, cartolas sul-americanos lamentaram que as prisões tivessem ocorrido na Suíça. "Se isso acontecesse na América Latina, já tínhamos resolvido tudo e estaríamos em casa", comentou um argentino, membro da Confederação Sul-Americana de Futebol (Conmebol). Mas eles não estavam no Brasil nem em outra república latino-americana. As prisões ocorreram justamente na Suíça, país que passou a colaborar de forma estreita com os EUA.

Não por acaso, o rosto dos dirigentes que deixavam o hotel era a imagem de um abalo. Alguns, sem saber muito bem o que ocorria, questionavam a polícia. Outros deixavam o local visivelmente transtornados. Eles tiveram tempo e autorização para fazer uma pequena mala. Marin, ironicamente, saiu do Baur au Lac levando consigo uma pasta com um enorme símbolo da CBF — as cinco estrelas de campeão do mundo e as cores da seleção mais bem-sucedida da história —, como se ainda estivesse numa de suas centenas de viagens pelo mundo usando o Brasil para se promover.

Nos corredores, as sempre elegantes mulheres dos dirigentes, que até o dia anterior circulavam como verdadeiras primeiras-damas, agora desabavam em prantos. Em busca de ajuda, ligavam para os outros quartos a contar sobre as prisões e procurar aliados, enquanto funcionários nervosos corriam de um canto a outro. Do lado de fora, o hotel improvisou lençóis impecavelmente brancos para esconder os envolvidos e permitir que entrassem nos carros da polícia sem serem fotografados. A imagem deles não podia ser manchada.

A operação atacava o coração da Fifa. Enquanto o hotel mais tradicional de Zurique era alvo da ação policial, do outro lado da cidade os procuradores suíços invadiam a entidade máxima do futebol para confiscar documentos que pudessem ajudar na investigação sobre a compra de votos para a escolha das sedes dos Mundiais de 2018 e 2022.

Era a primeira vez desde que a Fifa se instalara na Suíça, em 1932, que o prédio de mármore de US$230 milhões foi invadido. As autoridades deixaram claro para os funcionários que ninguém deveria sair do país, nem mesmo o presidente da entidade, o suíço Joseph Blatter. Servidores de computador, repletos de informações sobre transações bancárias, e-mails pessoais e contratos secretos, foram confiscados. Mais de nove terabites de dados foram levados, o equivalente a 600 milhões de páginas de documentos do Word. Era um mundo à parte sendo alvo de uma intervenção. Esse novo mundo, até então secreto e podre, começava a ser descortinado.

A base da operação realizada naquele 27 de maio era o inquérito que já durava quatro anos nos EUA e que concluíra que a Fifa teria montado uma "Copa do Mundo da fraude", movimentando, durante pelo menos 24 anos, US$150 milhões em propinas e subornos. O resultado dessa investigação fazia parte do indiciamento da Justiça americana, que, depois das prisões, começaria a julgar cada um dos suspeitos.

Política, propina e futebol

A lista de eventos sob acusação de manipulação era extensa e seria capaz de desmistificar o esporte: a compra de votos para a Copa de 1998, para a Copa de 2010 e a compra de apoio para a eleição de Blatter em 2011, como também a realização de acordos para a Taça Libertadores, a Copa América, a Copa do Brasil e as suspeitas sobre os Mundiais de 2018 e 2022.

No total, além dos sete presos em Zurique, outros sete dirigentes pelo mundo teriam suas prisões decretadas, entre eles Jack Warner, ex-vice-presidente da Fifa e aliado de Blatter por anos. Ele se entregaria horas depois em seu país, Trinidad e Tobago, no Caribe. O FBI suspeitava que o caribenho, ex-presidente da Confederação de Futebol do Caribe, América Central e América do Norte (Concacaf), tivesse recebido US$10 milhões para votar na África do Sul como sede da Copa de 2010. Os concorrentes do Marrocos haviam oferecido US$1 milhão pelo voto, o que não teria sido suficiente.

Em 2011, na eleição para a presidência da Fifa, Warner passaria para a oposição na esperança de ganhar mais poder sob uma nova direção. Ele teria oferecido seus serviços para que o dirigente do Catar, Mohamed Bin Hammam, angariasse o máximo de votos possível e, assim, derrubasse Blatter, o então presidente da federação. Para isso, organizou uma reunião na qual Bin Hammam, naquele momento um dos vice-presidentes da Fifa, tentaria comprar votos distribuindo US$40 mil a cada eleitor do Caribe. Segundo o FBI, eles receberiam o dinheiro em envelopes.

De volta a 2015, o processo aberto nos EUA forçaria o Ministério Público suíço a abrir a própria investigação. Em poucas semanas, aquilo que as auditorias realizadas regularmente — há mais de dez anos — pela empresa KPMG não viu nas contas da Fifa, a procuradoria em Berna detectou aparentemente sem nenhuma dificuldade: mais de 104 transações financeiras suspeitas de lavagem de dinheiro, milhões de dólares envolvidos, contas bloqueadas e mais de 160 bancos implicados.

O escândalo ganhou uma repercussão rápida e inédita. Nos bastidores, a classe política suíça também se viu envolvida no caso, questionando se escutas ilegais haviam sido feitas. Em Moscou, era o governo russo de Vladimir Putin que fazia apelos aos americanos para que não utilizassem o indiciamento para punir o Kremlin, que sediaria a Copa de 2018. Nos dias que se seguiram, Blatter, Putin e outros políticos passaram a levantar a tese de uma teoria da conspiração.

As razões eram, aparentemente, lógicas. Os EUA haviam perdido a Copa de 2022 para o Catar e desde 2010 tinham estabelecido como meta derrubar o sistema que os privara do Mundial. Como se não bastasse, tirar a Copa da Rússia em 2018 seria um dos golpes mais poderosos contra Putin, um rival político que tinha dado sinais claros de ruptura com o Ocidente.

Pitadas de conspiração, cenas de prisões, interesses milionários em jogo e um impacto global davam os contornos de um momento inesperado.

Apesar do caos, a Fifa continuava a acreditar que seu mundo e suas regras não tinham mudado. Assim como já havia ocorrido no passado, a ordem era abandonar os mortos e feridos e manter o discurso de que a corrupção era individual e não afetava a instituição. Era fundamental, também, preservar Blatter e apresentá-lo como a pessoa que iria limpar a Fifa. A eleição estava marcada para dali a dois dias, e, com mais de duzentas federações nacionais envolvidas, além de numerosos convidados já hospedados na cidade, a Fifa decidiu manter seu Congresso Anual em Zurique.

Rapidamente, Blatter emitiu um comunicado banindo da entidade Marin e os demais presos na operação. "Não vamos tolerar essa atitude", declarou o suíço. Ele pagaria caro por essa frase. Seu diretor de comunicação, o suíço-italiano Walter de Gregorio, também manipulava as informações. Segundo ele, Blatter estava "relaxado" e insistia que o caso não tocava a cúpula da entidade. Bombardeado, Gregorio garantia que não tinha motivos para cancelar ou adiar a eleição presidencial da Fifa. Nenhum dos jornalistas presentes naquela sala na Fifa em uma coletiva convocada às pressas confiava no diretor, que já havia manipulado informações em inúmeras ocasiões e sobre inúmeros assuntos — como quando garantira que a Copa no Brasil traria amplos legados sociais à população.

Ao ser questionado sobre como Blatter vinha reagindo às acusações, ele olhou diretamente para mim e disse: "Eu sei que vocês não acreditam em mim...". Antes que terminasse a frase, diante de mais de trezentos jornalistas num evento transmitido ao vivo, eu fiz questão de dizer em voz alta: "Não, não acreditamos em você". Mas ele manteve o sangue-frio, ignorou meu comentário e declarou: "Este é um bom dia para a Fifa".

* * *

Política, propina e futebol

No momento em que as prisões começaram, eu ainda estava no trajeto de quase três horas de trem entre Genebra e Zurique. Era para ser uma semana tranquila. Blatter tinha tudo para vencer mais uma eleição — a quinta — e permanecer no controle do futebol por mais quatro anos. Era uma votação de cartas marcadas. Outros concorrentes, como Michael van Praag, presidente da Federação Holandesa de Futebol, e o ex-jogador português Luís Figo, se retiraram do pleito quando perceberam que o resultado final já estava dado e que Blatter venceria.

Havia restado como elegível à presidência da entidade apenas o príncipe da Jordânia, Ali bin Al-Hussein. Um homem simpático, sorridente e sofisticado — como toda a monarquia árabe moderna —, mas inofensivo ao império de Blatter. Dois meses antes daquela votação eu encontraria Ali justamente no bar do Baur au Lac. Era quase meia-noite e eu havia me dado conta de que tinha perdido minha carteira. Retornei ao hotel, na esperança de encontrá-la num dos sofás onde havia me sentado naquele dia, conversando com cartolas. Ao me ver, Ali se levantou, foi em minha direção e perguntou se eu precisava de ajuda. Nos conhecemos há pelo menos três anos, e a conversa sempre flui com boas pitadas de humor. Ao entender que eu havia perdido a carteira, ele começou a levantar as almofadas em busca do objeto perdido. Quando percebeu que não iríamos achar, Ali não perdeu a piada: "Cuidado, aqui é o hotel da Fifa".

Retomando o tema das eleições e da minha viagem entre Genebra e Zurique, lembro-me de ter pensado em tirar um cochilo antes de chegar à cidade-sede da Fifa, aproveitando o embalo do vagão. Eu decidira viajar de madrugada e já acordar em Zurique. Mas algo não me deixava dormir, como se eu soubesse que aquele seria um dia turbulento. No entanto, nem nos meus sonhos mais desvairados eu cogitaria a prisão de cartolas e uma operação de tal proporção.

Ironia do destino ou premonição, colegas jornalistas haviam me contado que estavam planejando lançar uma campanha contra Blatter e que publicariam naquele mesmo dia um jornal falso com notícias imaginárias sobre a Fifa e seus escândalos. Os audaciosos repórteres dariam o nome *International Herald Tribune* ao tabloide, que distribuiriam na estação de trem e no aeroporto de Zurique. Mas nenhum deles jamais teria coragem de ir tão longe e publicar que uma operação policial estava prestes a botar a Fifa abaixo. O jornal fictício chegou a ser lançado. Mas, ironicamente, nem mesmo a ficção conseguiu superar a realidade.

Foi ainda no trem que consultei meu smartphone e fui diretamente para a página do *New York Times*, como faço todas as manhãs. Mas, em vez de encontrar reportagens sobre o combate ao terrorismo, a crise na Ucrânia ou a guerra na Síria, vi, na manchete do site, um assunto raramente tratado pelo jornal: o futebol. Pior, sobre uma entidade obscura aos olhos da opinião pública dos EUA: a Fifa. Repórteres do jornal, já sabendo da operação, estavam no lobby do hotel naquela manhã e publicaram um dos furos do ano.

Eu não podia acreditar no que estava lendo. Cheguei a pensar que aqueles meus ousados colegas jornalistas tinham conseguido hackear a página do *NYT* e plantar uma notícia falsa. Disparei ligações, acordei fontes e rapidamente me dei conta de que tinha chegado o momento de o castelo começar a desabar.

Instantes depois, o trem chegava pontualmente à estação de Zurique. Corri até a porta do Baur au Lac, um local que frequentei por quinze anos em busca de histórias e que serviu por décadas como residência dos cartolas do mundo inteiro sempre que viajavam à Suíça para as reuniões da Fifa. Dessa vez, o acesso estava vedado para a imprensa. Ainda assim, porém, viam-se alguns dos jornalistas que por anos denunciaram a corrupção no futebol se abraçando, quase com o sentimento de dever cumprido. Outros apenas sorriam com ar de satisfação diante da história fantástica que se perfilava diante de nós.

Mas parte dos jornalistas que estavam ali não escondia a decepção por terem sido traídos por pessoas que eles promoveram como dirigentes limpos e acima de qualquer suspeita, como o simpático Jeff Webb. Ele fez muitos repórteres acreditarem que seria a pessoa certa para trazer, finalmente, credibilidade ao futebol.

Naquele momento, a realidade é que ninguém sabia ao certo quem havia sido preso. Para a imprensa brasileira, o objetivo era descobrir o que havia ocorrido com José Maria Marin e com Marco Polo Del Nero, presidente da CBF.

Liguei para o telefone geral do hotel e pedi para falar com o quarto de Del Nero. Ele mesmo atenderia. Naquele momento, não queria que os dirigentes soubessem que eu tinha o número do quarto de cada um deles. Não me identifiquei e desliguei logo depois de ouvir sua voz. Liguei de novo, para ter certeza. Uma vez mais, com a voz nervosa, ele mesmo diria ao telefone: "Alô, alô". "Não, Del Nero não está entre os detidos", pensei. Desliguei e disquei de novo o número do hotel. Pedi para contatarem o quarto de Marin. Eu o havia entrevistado naquele mesmo local em março, dois meses antes da operação do FBI. Era sua despedida do cargo de presidente da CBF. Dessa vez, porém, ninguém atendeu. Tentei mais três vezes. Nada.

Naquela mesma tarde, a tensão era palpável entre os cartolas. O nervosismo era evidente e as emoções estavam à flor da pele. Ninguém sabia quem seria o próximo a ser preso. Cheguei a ser empurrado quando tentei me aproximar de outro vice-presidente da Fifa, o camaronês Issa Hayatou, o homem que comanda o futebol africano há trinta anos, denunciado em outros escândalos e aliado incondicional de Blatter. Ele havia sido repreendido publicamente pelo Comitê Olímpico Internacional (COI), por seu envolvimento no caso do recebimento de propinas pela empresa ISL-ISMM, que vendia os direitos de transmissão das Copas do Mundo. Esse caso eclodiu anos antes das prisões e revelava um amplo esquema de corrupção na Fifa, envolvendo contratos comerciais. Mas a gestão de Blatter insistia que aquela era ainda uma herança maldita de um passado já extinto. Ao lado de outros colegas, tentamos perguntar o que Hayatou achava das prisões. Sem obter uma resposta, lancei uma pergunta simples: "O senhor teme também ser preso?". A reação foi de uma violência pouco comum. Seus assessores me empurraram, gritaram e exigiram que o hotel me retirasse do local. "Que pergunta é essa? Tenha respeito", indignavam-se enquanto colocavam o dedo em meu peito em uma atitude de ameaça.

A delegação da CBF também não escondia a apreensão, e Marco Polo Del Nero chegou a deixar uma reunião de crise em outro hotel de luxo de Zurique pelas portas dos fundos, para evitar a imprensa. Duas horas antes, sua primeira reação havia sido a de dizer que não tinha conhecimento de nada. "Precisamos saber as razões para essa prisão", disse, visivelmente irritado. Mas os jornalistas não se deram por satisfeitos e deixaram claro que a motivação estava publicada até mesmo no site do Departamento de Justiça dos EUA. Del Nero resolveu mudar de atitude e saiu em defesa de Marin. "São contratos firmados antes da administração de Marin", insistiu, tentando sustentar a tese de que os acordos comerciais sob suspeita nos EUA não eram de sua gestão. "Não tem nenhum contrato depois", continuou, insinuando que o culpado seria Ricardo Teixeira, ex-presidente da CBF.

Mas, à medida que entendeu que os jornalistas conheciam o processo e que os americanos haviam publicado os detalhes sobre a suspeita, Del Nero optou por começar a se afastar de Marin ainda durante a mesma entrevista. Questionado se sabia dos contratos sob investigação nos EUA, Del Nero se recusou a admitir algum envolvimento e começou a dar demonstrações claras de que iria usar qualquer ocasião para insistir que não atuara na gestão Marin, apesar de todas as provas mostrarem o contrário. "Eu era apenas o presidente da Federação Paulista. Não sabia de nada", completou. Ali, a nova estratégia do velho amigo de Marin ficava escancarada: dissociar-se do colega preso e apagar qualquer rastro de envolvimento com o ex-companheiro, inclusive retirando, durante a madrugada, o nome do cartola da fachada da sede da CBF, no Rio de Janeiro. A instituição se chama "José Maria Marin".

Mas o que Marco Polo Del Nero não tinha como apagar era o fato de que, por dois anos, fora o parceiro inseparável de Marin em todas as viagens da CBF e da Fifa.

Empresários e agentes estrangeiros o consideravam o "homem forte" da CBF, mesmo quando era o vice-presidente da entidade. E-mails sigilosos entre companhias, que obtive com pessoas ligadas às negociações de contratos com Del Nero, revelaram que ele era a pessoa incontornável em todos os acordos na CBF desde que Ricardo Teixeira a deixara, em março de 2012. Mesmo despachando da Federação Paulista de Futebol, ele recebia empresários em São Paulo para tratar de contratos da CBF.

Na Fifa, Del Nero também assumiu parte das funções de Teixeira. Logo que entrou para o Comitê Executivo, foi designado para presidir o Comitê de Beach Soccer, um setor dos negócios atrelado ao ex-chefe da CBF. Era também com ele que os demais cartolas agendavam reuniões e negociavam estratégias até mesmo sobre a Copa do Mundo. Eu presenciei como, em 2013, o então presidente da Conmebol, naquele momento chefe da Comissão da Copa 2014, o uruguaio Eugenio Figueredo, sugeriu a

Del Nero que levasse os dirigentes da Fifa ao Brasil para desfazer impressões de eventuais atrasos. Naquele momento, no lobby da Fifa, Del Nero mostrou que era com ele que se negociavam de fato esses assuntos. Ele concordou com a viagem e fez questão de tecer comentários sobre os membros do governo brasileiro. "Temos um comunista alucinado como ministro do Esporte", disse ao uruguaio, explicando quem era o chefe da pasta no Palácio do Planalto na época, Aldo Rebelo.

Se o envolvimento de Del Nero era evidente nas negociações, o indiciamento do Departamento de Justiça dos Estados Unidos abria as suspeitas também nesse sentido. Num dos trechos do documento, por exemplo, os americanos apontam um homem do alto escalão da CBF, da Conmebol e membro do Comitê Executivo da Fifa como suspeito de receber e dividir as propinas com Marin. Nenhum nome é citado pelo FBI. Mas apenas Del Nero se encaixaria na descrição. Dias depois, fontes da Justiça americana confirmariam a mim que Del Nero estava sob investigação.

Diante da avalanche de denúncias, só existia uma forma de ele se proteger: fugir de Zurique. No dia seguinte à prisão dos dirigentes, começaria o Congresso da Fifa, com a eleição de Blatter e a tomada de decisões importantes para o futebol. Del Nero tinha todos os motivos para ficar. Seria o único brasileiro na cúpula do futebol mundial e já tinha sido informado até mesmo de que havia sido premiado por Blatter por seu apoio — e voto. Em troca da lealdade, iria ganhar um cargo de maior responsabilidade na Fifa, o de vice-presidente do Comitê de Organização da Copa de 2018.

Na entrada da festa de gala da Fifa que abriu o Congresso, em Zurique, eu não conseguia encontrar Del Nero. Sua ausência me pareceu estranha. Pensei, ingenuamente, que seria apenas uma estratégia do brasileiro para evitar ser questionado pela imprensa. Durante o discurso de Blatter na abertura do Congresso, os jornalistas foram colocados em uma área distante, para evitar contatos com os dirigentes. Ainda assim eu tentava identificar Del Nero na multidão, mas sem sucesso. Passei a perguntar a todos os presidentes de federações que conhecia se haviam visto Del Nero. Sem graça, cada um deles evitava comentar. Até que, em plena rua de Zurique, esbarrei com a delegação de cartolas uruguaios tentando encontrar um táxi. Ali viria a confirmação: "Del Nero já se foi", me disse um deles.

Abalos no império

No dia seguinte, já no Rio de Janeiro, o brasileiro negaria que havia fugido e insistiria que seu retorno ao país tinha como objetivo "lidar melhor com a situação". Semanas depois, ele também não iria para a abertura da Copa América, no Chile. Igualmente faltaria às reuniões da Fifa em julho, na Suíça, ao Mundial Feminino de Futebol, no Canadá, ao Mundial Sub-20, na Nova Zelândia, e ao Mundial de Beach Soccer, em Portugal.

A realidade é que a fuga de Del Nero criou um grande mal-estar interno na entidade, além de despertar a ira de Blatter. O temor era de que a viagem do representante de uma das maiores federações nacionais desse a impressão de que dirigentes estavam abandonando o evento, temendo serem presos. Acuada, a "família Fifa" vivia momentos de tensão. Ninguém sabia o que poderia ocorrer nas horas seguintes.

Quem também vivia uma encruzilhada era Blatter, o pequeno homem da cidade suíça de Visp que, aos 79 anos, já não dormia desde o momento das prisões. Ele precisava acelerar suas manobras e garantir que as eleições na Fifa fossem realizadas na sexta-feira, dia 29 de maio. Qualquer atraso ou adiamento significaria dar espaço para que a indignação internacional se voltasse contra ele. O suíço conseguiu manter a votação e se eleger com 133 votos para seu quinto mandato no comando da Fifa. Tudo isso graças a um movimento de dirigentes que, diante da intervenção policial na entidade, optaram por fechar um pacto com o cartola para tentar garantir certa proteção. A ordem entre as federações era a de não abandonar o suíço, apesar de muitos estarem sofrendo pressões da opinião pública de seus países, de seus governos e da imprensa para dar um sinal claro de ruptura com a corrupção na Fifa.

Na comemoração da vitória, o suíço já ignorava o escândalo da corrupção e as prisões ocorridas dois dias antes. "Não sou perfeito. Mas vamos trabalhar. Prometo que vou dar uma Fifa forte a meu sucessor", disse. Entre seus aliados africanos e asiáticos, o apoio ao suíço era total. "Blatter é um grande homem", declarou George Weah, presidente da Federação da Libéria e ex-astro da seleção nacional. "Não precisamos mudar", insistiu. "Blatter conhece a África", completou o representante da Federação Nigeriana. Em seu discurso, Blatter pediu "unidade", como se antecipasse que

Política, propina e futebol

dias turbulentos viriam. Chegando a se emocionar e arrancando palmas, fez um apelo: "Eu só quero ficar com vocês", disse, tremendo, com a voz embargada. "Não precisamos de revolução, mas de evolução. Vamos recolocar a Fifa nos trilhos e vamos começar amanhã mesmo." O suíço pensava naquele momento que havia reconquistado o poder. Parecia não ver ou não querer admitir que seu reinado estava apoiado em alicerces de barro. De seu trono, ele comandaria mais uma vez uma entidade falida moralmente, que perigava perder patrocinadores, era rejeitada pelos torcedores de todo o mundo e estava em racha com a Europa.

Mas a ruína moral contrastava com a fortuna acumulada pela Fifa. A pior crise da história da entidade coincidia com seu momento de maior exuberância financeira. Durante o Congresso, a entidade apresentou suas contas e declarou uma receita recorde de US$5,7 bilhões, graças ao sucesso comercial da Copa do Mundo no Brasil. Seu fundo de reserva era de US$1,5 bilhão. Em apenas dez anos, e justamente quando o mundo passava pela pior crise econômica desde os anos 1930, essas reservas aumentaram em cinco vezes. Em quatro anos, a entidade distribuiu às federações nacionais e regionais um total de US$261 milhões em bônus.

Só que os números das urnas mostraram que a nova gestão de Blatter teria uma forte oposição. As detenções de cartolas nos dias anteriores em Zurique deram, de fato, um impulso para a campanha de Ali, que se apresentava como a pessoa que faria a reforma na instituição. Mesmo na América do Sul, região que tradicionalmente apoiava Blatter, por ele ser um sucessor dos projetos do brasileiro João Havelange, o jordaniano chegou a ganhar alguns votos, entre eles os do Uruguai, do Chile e do Peru. Ao discursar antes da eleição, Ali havia feito um duro alerta. "A Fifa não é uma pessoa. Estamos numa encruzilhada e temos o direito de um novo começo", insistiu, pedindo uma "cultura de transparência" na entidade que se autodeclarava como organização sem fins lucrativos. "A Fifa não é uma empresa privada", disse Ali.

Na administração, uma fissura também começaria. Um dos representantes da União das Federações Europeias de Futebol (Uefa) na entidade, o britânico David Gills, eleito vice-presidente da Fifa, renunciaria diante da permanência de Blatter. Por sua vez, Michel Platini, presidente da Uefa, inimigo número um de Blatter e eterno candidato à presidência da Fifa, afirmou: "Vamos continuar a pressionar". Sunil Gulati, presidente da Federação dos EUA, também lamentou a escolha de Blatter. "É decepcionante", disse. Para o presidente da Federação Alemã, Wolfgang Niersbach, o que preocupava era a capacidade do suíço de governar: "Haverá oposição mesmo dentro do Comitê Executivo", ressaltou. A oposição a Blatter veio até do ministro da Justiça da Alemanha, Heiko Maas: "Ele não é a pessoa certa", ponderou. Movimentos sociais ainda lançaram campanhas para coletar assinaturas e pedir a demissão do suíço.

A festa que se seguiria à vitória de Blatter, ainda no dia 29, era o retrato de uma entidade perturbada e desorientada. Ángel María Villar Llona, presidente da Federação Espanhola, era um dos dirigentes que caminhavam de forma apressada de um lado a outro enquanto grupos como o da dirigente australiana Moya Dodd debatiam a situação em cantos do salão. Do outro lado, Wilmar Valdez, presidente da Federação Uruguaia de Futebol, ouvia de um colega o comentário que os EUA haviam sido "hipócritas" ao investigar a Fifa. "O que pode ocorrer ainda?", questionava.

Mesmo antes de a comemoração começar, os dirigentes foram informados pelo Departamento Jurídico da Fifa de que não precisariam permanecer na festa, principalmente aqueles que foram aconselhados por seus advogados a ficar o menor tempo possível na Suíça para evitar a saia justa de terem de prestar depoimento ou até serem presos, como os demais colegas. No local de convenções, que recebia centenas de dirigentes, cartazes foram colocados nos portões informando os participantes sobre os destinos dos carros oficiais: "Aeroporto". E esvaziando o salão muito antes de a festa terminar.

Desde o dia em que as prisões tinham ocorrido, muitos dirigentes não dormiam bem e não viam a hora de deixar a Suíça. "Eu não tenho nada a ver com isso. Mas sei de muita gente que se queixa de não estar conseguindo dormir", declarou um membro da Conmebol na condição de anonimato. Nenhum deles queria viver a mesma situação de José Maria Marin, Eugenio Figueredo e outros, acostumados a uma vida de luxo, suítes presidenciais, iates, tratamento de chefe de Estado e privilégios. Agora estavam em uma prisão, sem celular, com apenas uma hora de banho de sol por dia e a perspectiva de morrer em uma cadeia nos EUA.

Apesar de a prisão em Zurique não se comparar com as humilhantes e desumanas penitenciárias latino-americanas, a situação dos dirigentes contrastava com a que viviam no hotel Baur au Lac, onde se hospedavam em quartos de mais de US$3 mil a diária. Não havia mais tempo para reuniões nas salas de mármore do prédio milionário da Fifa. Acabara o baile das Mercedes-Benz negras com motoristas usando luvas e um exército de meninas impecáveis que se ocupavam de sorrir, carregar pastas e conduzir os dirigentes a seus compromissos. Agora, era o medo que tomava conta dos dirigentes e da Fifa. Blatter anunciaria a eles que "mais notícias ruins viriam", e a instrução era manter a imprensa distante, conforme um dos próprios encarregados da segurança me revelaria. Em encontros a portas fechadas, os cartolas exigiam saber o que estava ocorrendo e se suas confederações teriam assistência legal. A crise também abriu outra realidade na Fifa: a desconfiança mútua entre cartolas e uma guerra nos bastidores entre aqueles que, diante das prisões, aproveitavam o momento para ganhar poder e influência.

Blatter entrou para a Fifa em 1976 e desde 1998 ocupa o cargo de presidente. Naquele 29 de maio de 2015, ele prometia de forma solene que aquele seria seu último mandato. "Não vou ficar por muito mais tempo", disse, diante de seus eleitores. "Mas o que é a noção de tempo? O tempo é eterno", brincou. No dia seguinte, ao ser questionado se temia ser preso, respondeu: "Preso por quê?". Do outro lado do Atlântico, a procuradora americana Kelly T. Currie, uma das encarregadas da investigação, alertava: "Esse é só o começo da história".

Longe da Fifa e já de volta a Londres após a eleição, um dos maiores adversários do dirigente suíço alertava que ele não sobreviveria politicamente. "Ele não vai durar dois anos no cargo", atacou Greg Dyke, presidente da Associação de Futebol da Inglaterra. O britânico não estava tão errado assim. O novo reinado de Blatter duraria apenas quatro dias.

2. A queda

Há um certo clima de desconfiança em um edifício onde os funcionários precisam colocar as digitais num sensor para conseguir ter acesso ao
local, num dos países mais seguros do mundo, a Suíça, onde tais medidas
só existem praticamente nos tradicionais bancos que guardam segredos
insondáveis. Erguida num edifício de luxo em Zurique, a Fifa não é a sede
de um governo, de um banco central e muito menos das forças armadas.
Trata-se apenas de uma organização que administra um esporte e que, oficialmente, não tem fins lucrativos. Mas uma de suas marcas registradas é a
segurança e o sigilo estabelecidos em torno de sua sede.

Não foram poucas as vezes que os seguranças privados do edifício me
empurraram, alertando para dar espaço diante da chegada iminente dos
"dignatários da Fifa".

Coberta de mármore e pedras de diversas partes do mundo e contan-
do até com uma sala onde os cartolas podem "refletir" quando precisam de
silêncio, a sede da Fifa tem outro aspecto inusitado. Na principal sala
de reuniões do Comitê Executivo da entidade não existe sinal de celular e
a internet é cortada. Tudo para que nada vaze. Até novembro de 2014, a
Fifa ainda se beneficiava de uma lei suíça que impedia a polícia de fazer
operações de busca e apreensão em seu prédio.

A Fifa achava que estava protegida. Que seus segredos dali não sai-
riam e as pessoas que estavam dentro seriam rapidamente convidadas a

fazer parte de um esquema de autoproteção. Aos amigos, é o sigilo que impera. Já qualquer traidor ou delator seria punido de forma exemplar.

Esse foi justamente o caso do chileno Harold Mayne-Nicholls, ex--presidente da Federação de Futebol do Chile e, acima de tudo, inspetor técnico incumbido pela Fifa de avaliar a capacidade da Rússia e do Catar — além de todos os candidatos que concorreram contra esses dois países — de sediar as Copas de 2018 e 2022. Ele chegou a pensar na possibilidade de concorrer contra Joseph Blatter nas eleições presidenciais de 2015. Mas acabou desistindo, por ver que não teria apoio suficiente. Sua ideia de "limpar" a Fifa seria rapidamente abafada pela entidade.

Desde meados de 2014 o chileno passou a ser investigado pela Fifa. O motivo seriam e-mails que ele enviou a um diretor da Academia Aspire, no Catar, pedindo estágios não remunerados para o filho, o sobrinho e o genro. A Aspire é um centro de formação de atletas, e logo depois de uma visita do inspetor a iniciativa no Catar seria incorporada à candidatura do emir Hamad bin Khalifa al Thani para receber o Mundial de 2022. O centro passaria a ser parte do esforço do Catar para mostrar aos dirigentes que tinha estrutura para o futebol, e, portanto, a academia foi incluída nas campanhas de promoção da candidatura.

Em comum acordo com o diretor da Aspire, a ideia de um estágio para seus parentes foi abortada, para não dar a impressão de que o inspetor da Copa estaria pedindo favores a quem ele deveria investigar. Foi o próprio chileno, sem nem mesmo consultar a Fifa, que decidiu pôr um ponto final a seu pedido e, assim, evitar mal-entendidos. O caso parecia resolvido.

O que o chileno não contava, porém, era com o uso político desses e-mails pela direção da Fifa — que, sem explicações, passou a ter acesso a suas mensagens. Isso coincidiu com o momento em que o inspetor começou a denunciar publicamente o Catar e a Rússia. Em seu informe técnico sobre a campanha do Catar, Mayne-Nicholls sugeriu que realizar a Copa no país do Golfo seria "um risco", por questões climáticas e de infraestrutura. Ele ainda alfinetaria os dirigentes da Fifa alertando que os cartolas nem sequer haviam lido seu documento antes da votação que escolhera o país como sede do Mundial de 2022.

Harold Mayne-Nicholls criticou o plano de realizar o Mundial no Catar em pleno verão no deserto e acusou a Fifa de "não ser democrática". Em sua última visita ao país, em 2010, ele fez apenas uma declaração à imprensa e foi instruído a não aceitar perguntas. Mesmo assim, alertou que o país teria "sérios desafios de infraestrutura". O comentário deixou o emir enfurecido.

Para completar, Mayne-Nicholls informou os membros da Fifa sobre um problema de transporte que poderia existir no Catar quando ocorresse mais de um jogo no mesmo lugar, no mesmo dia. Ele também apontou para o fato de o número de ingressos — ou seja, de êxito comercial — ser bem menor do que poderia ser nos Estados Unidos. Mas ouviu apenas uma frase como resposta do argentino Julio Grondona, na época um dos vice-presidentes da Fifa e um dos homens mais influentes do futebol mundial: "Em 2022 eu não estarei vivo. Esse problema não é meu". Grondona votou pelo Catar para o Mundial.

O chileno ainda foi instruído por Joseph Blatter a não criar um ranking entre os países que estava avaliando, justamente para não aborrecer Vladimir Putin. Mas sua ousadia dentro de um grupo baseado em troca de favores custaria caro. Em 2015, a Comissão de Ética da Fifa suspendeu Mayne-Nicholls, por sete anos, de qualquer "atividade relacionada com o futebol em âmbitos nacionais e internacionais". Ou seja, até a Copa do Catar em 2022. O opositor, considerado internamente um traidor, estava silenciado. Pior: sem que o real motivo de seu afastamento jamais tenha sido revelado.

A Fifa, com a decisão acerca do chileno, provava que o princípio que regia a entidade era, acima de tudo, o sentimento de autoproteção entre os dirigentes. Nenhum detalhe poderia sair daquelas salas. Todos os problemas deveriam ser resolvidos ali mesmo, sem ter de tornar pública uma eventual crítica. Mas como é que, num esquema de tal forma blindado, os segredos entre dirigentes poderiam ter vazado a ponto de permitir não apenas a publicação de informes pouco diplomáticos, mas revelações que levariam alguns deles para a prisão? Como é que, num grupo de pessoas que tradicionalmente vinha mantendo a Justiça longe do prédio da Fifa, vazaram informações que possibilitaram a abertura desses processos criminais?

E como é que, numa entidade com sede na Suíça, tantos detalhes acabaram chegando às mãos do fbi?

A resposta está em Charles Gordon Blazer, ou simplesmente Chuck, o dirigente americano que por mais de dez anos controlou o futebol nos

EUA e passou a ser de grande influência na Fifa, fazendo parte do restrito grupo do Comitê Executivo da entidade. O que ninguém desconfiava, porém, era de que ele havia fechado, em 2011, um acordo de delação premiada com o FBI e passado dois anos gravando reuniões e tomando notas de dezenas de encontros com dirigentes esportivos. Sua meta era egoísta: evitar uma sentença de 75 anos de prisão, depois que o fisco americano descobriu seus crimes.

Chuck foi expulso da Fifa em 2013, depois de ter sido pego desviando milhões de dólares das contas da Concacaf, em Miami, a entidade responsável pelo esporte em mais de trinta países da região. Mas já era tarde. Graças às informações obtidas por meio de Chuck, o FBI conseguiu fazer a maior intervenção externa na história da Fifa. Chuck, um vendedor nato, era uma das pessoas mais ambiciosas do mundo do futebol, e sua fortuna acumulada chamava a atenção até mesmo dos demais colegas no Comitê Executivo. Mas sua vida não foi sempre marcada pelo luxo.

No início dos anos 1980, ele estava desempregado e quebrado num subúrbio de classe média. Desesperado com as dívidas, o americano daria o golpe que mudaria sua vida. Sua decisão foi a de apostar no soccer, o futebol, abandonado nos EUA naquele momento, mas com potencial de ganhar milhões de adeptos. As televisões locais não transmitiam os jogos e os patrocinadores não estavam dispostos a trocar o beisebol, o basquete e o futebol americano por um esporte em que a partida poderia passar noventa minutos sem um único gol. A seleção nacional simplesmente era alvo de piadas em todo o mundo. A incoerência era que, entre os jovens, a modalidade tinha um amplo apelo, principalmente na comunidade de imigrantes.

Nos vinte anos seguintes, Chuck transformaria o futebol nos EUA, com contratos milionários. Seria ele que conseguiria levar torneios regionais às televisões americanas. Seria ele que convenceria os patrocinadores a bancar clubes inteiros. A partir de sua influência, o futebol ganharia uma dimensão nova no país. Fora dos campos, nos bastidores, Chuck teria o mesmo impacto que Pelé teve ao desembarcar no Cosmos e atrair milhões de torcedores aos estádios. E, nesse processo, acumularia um patrimônio estimado em US$21 milhões. Sua vida também mudaria de forma radical. Ele passou a se hospedar nos hotéis mais luxuosos do planeta e a comprar apartamentos e casas em locais como Nova York e Bahamas.

A queda

No mundo do futebol, Chuck também ganharia cada vez mais espaço. Passou a integrar a Concacaf e chegou a ser secretário-geral da organização. Em suas mãos estava a chave do cofre do futebol de toda uma região. Seu segredo para o sucesso: para cada contrato fechado, 10% iam para suas contas. Ao longo dos anos, ele até mesmo ganharia um apelido interno: "Mr. Ten Percent".

Sua "carreira" no futebol jamais incluiu o ato de jogar bola. Seu primeiro contato com o esporte foi ainda nos anos 1970, quando um de seus filhos passou a atuar em um time de jovens no estado de Nova York. Aquele era o momento em que Pelé promovia a modalidade nos EUA. De treinador medíocre da equipe, Chuck virou um dos administradores do modesto clube. Ali, suas qualidades foram cada vez mais elogiadas. Rapidamente, o vendedor passou a fazer parte de associações regionais de futebol e, em 1984, chegou a ser eleito membro da então falida Federação de Soccer dos EUA. Ele, porém, sabia que para vender o futebol precisava que a seleção do país atraísse a atenção do público. E foi exatamente o que fez, organizando amistosos e preparando um time que, depois de quarenta anos, finalmente se classificaria para o Mundial de 1990.

O contato com o time do filho e com as bases do futebol também lhe ensinou outro segredo: nos EUA, são as meninas que jogam futebol. Chuck então montou uma seleção de futebol feminino, e a modalidade explodiu em popularidade. Os frutos são colhidos até hoje, com os EUA aparecendo como a grande potência do futebol feminino mundial. Mas Chuck não estava satisfeito. Para ele, o país precisava de uma liga nacional, nos moldes da NBA, a poderosa liga americana de basquete. Em 1986, ele formaria a American Soccer League, e o torneio começaria. Não demorou, porém, para que seus sonhos fossem maiores que o mercado. Suas projeções eram de que o crescimento no número de torcedores e de consumidores do futebol seria bem mais rápido do que o esperado. O passo que ele estava dando era grande demais para a estrutura do esporte no país. Endividado, ele simplesmente abandonou a liga. Os clubes, quebrados, faliram, um depois do outro.

Chuck teve de mudar de estratégia — e de entidade. Mas não abandonou o futebol nem as comissões que começavam a entrar.

Um novo capítulo começou a se abrir quando, ainda na condição de representante do futebol nos EUA, ele ganhou um lugar na Concacaf. Na prática, a entidade ignorava o futebol do país e tinha como o centro de suas atenções o esporte no México e na América Central. Ali, Chuck conheceu outro ambicioso cartola: Jack Warner, um ex-professor de escola primária. Juntos, os dois se lançaram, em 1990, em uma campanha para eleger Warner como presidente da entidade, naquele momento quebrada e com uma renda de meros US$150 mil por ano. O resultado não poderia ser outro: Warner venceu o pleito e, como agradecimento, deu a Chuck o cargo de secretário-geral da Concacaf. Ou seja, o acesso a todos os contratos da instituição.

Imediatamente, a sede da entidade foi transferida da capital da Guatemala, na América Central, para Nova York. De uma organização esportiva, passou a ser uma empresa. A meta era desenvolver o futebol, mas, acima de tudo, o mercado que ele representava. Até o local do escritório precisava retratar essa mudança. O prédio escolhido foi a Trump Tower, um dos edifícios-símbolo do empreendedorismo em Nova York, de magnatas ambiciosos e kitsch.

No primeiro ano de gestão de Chuck e Warner, a renda da entidade foi multiplicada por quase dez. Novos torneios foram organizados, novos contratos foram assinados e, em 1994, a Copa do Mundo desembarcou nos EUA, até hoje o maior público da história dos Mundiais. Não levou muito tempo para o ex-vendedor de subúrbio ganhar um cargo também no governo do futebol internacional, o Comitê Executivo da Fifa. A partir de 1997 ele foi um dos 24 homens que a cada dois meses se reuniriam em Zurique para definir o futuro do futebol e, acima de tudo, para estabelecer quem ganharia com o esporte mais popular do planeta e em plena expansão.

Durante anos, eu mantive encontros regulares com Chuck em Zurique, no luxuoso hotel Baur au Lac, justamente onde as prisões de 2015 ocorreram. Meu objetivo era tentar colher informações para minhas reportagens sobre o que ocorria dentro da Fifa, ou mesmo entender o funcionamento daquela entidade. E eu sabia que o cartola falastrão adorava mostrar que tinha poder. O americano, além de contar repetidas vezes as histórias de seus périplos em viagens para eventos e jogos pelo mundo, fazia questão de relatar como vivia na companhia de modelos e do luxo.

As conversas tinham regras: seu nome jamais deveria ser citado nos artigos que eu escreveria, um gravador jamais deveria ser ligado e o encontro jamais deveria se concentrar apenas no futebol. Ainda como se estivesse deslumbrado com tudo o que conquistou, ele falava sobre como era recebido com tapete vermelho por líderes mundiais, como achava que os negócios deveriam ser administrados e, claro, tinha sempre um comentário machista em relação às mulheres latino-americanas.

Sua risada fácil e sua barba desgrenhada pareciam apenas dar uma pitada extra na caricatura de uma pessoa que, por seu peso, era obrigada a usar duas cadeiras para se sentar. "Eu amo comer", dizia, cada vez que a garçonete do hotel chegava com seu prato. Isso era parte do seu charme, que incluía até mesmo cantarolar bossa nova e cultivar um comportamento bem diferente dos lordes que controlavam a Fifa. Anos mais tarde, eu entenderia que aqueles encontros não serviam apenas para que eu obtivesse informações do que ocorria dentro da Fifa, mas, principalmente, para que Chuck recebesse uma avaliação de como as pessoas fora da entidade viam as decisões tomadas por ela.

Ao longo dos anos, Chuck ganhou a admiração de Joseph Blatter. O motivo certamente não era esportivo, mas foi influenciado por ter convencido a Fifa a mudar de contrato e de emissora para a transmissão das Copas nos EUA e, com isso, incrementar a renda da entidade em mais de US$100 milhões em apenas uma operação.

Essa influência que o americano ganhou, porém, foi acompanhada por uma corrupção generalizada. Algumas operações chegavam a ser estabelecidas por contratos. Na Concacaf, Chuck assinou consigo mesmo um acordo para que a entidade bancasse todas as suas despesas pessoais, incluindo um aluguel de quase US$20 mil por mês em um apartamento em Nova York e gastos de mais de US$200 mil apenas em 2011. Uma década depois de assumir a entidade, a pressão sobre o americano aumentava. De forma estratégica, Chuck havia decidido que só conseguiria se livrar de uma perseguição se virasse uma espécie de delator da corrupção no futebol. Mas como, se ele era um dos responsáveis por ela?

Só havia um modo de fazer isso: abandonar seu amigo de longa data, Jack Warner, que havia perdido todos os limites na presidência da Concacaf. As notícias sobre a suposta corrupção dentro da entidade eram cada vez mais frequentes na imprensa mundial. Os dois também já haviam se desentendido quando, em 2010, o Catar vencera as eleições para sediar a

Copa de 2022, batendo os EUA de Chuck Blazer. Warner, em vez de apoiar a candidatura do país de Chuck, teria optado pelo dinheiro e recebido mais de US$2 milhões para votar pelo Catar, segundo revelações do jornal *Sunday Times*. O caso estava sob investigação nos EUA no segundo semestre de 2015.

Mas a traição foi mútua. Em maio de 2011, uma semana antes da eleição para presidente da Fifa, Chuck entregou ao Comitê de Ética da entidade uma bomba: gravações, fotos e provas de que o adversário de Blatter, Mohammed Bin Hammam, do Catar, havia comprado votos em sua tentativa de ser eleito presidente da Fifa. E com a ajuda de Warner. Tratava-se daquele pagamento que Bin Hammam fez a eleitores do Caribe. No mesmo material, havia um vídeo em que Warner fazia um alerta em uma reunião com cada um dos eleitores: "Existem pessoas que acham que são mais piedosas que outras. Se vocês são piedosos, abram uma igreja, amigos. Nossos negócios são nossos negócios".

Bin Hammam foi impedido de concorrer à presidência, Blatter foi eleito e Chuck se transformou em herói. O homem que havia limpado a Fifa. Lembro-me de tê-lo encontrado dois meses depois. Com um sorriso, ele apontava para a necessidade de "preservar" o futebol. Warner, um dos pilares do governo mundial do esporte, foi expulso do futebol e caiu por uma denúncia de seu antigo amigo.

UM CHAVEIRO, MUITOS SEGREDOS

Foi justamente naquele ano de 2011 que tudo começou a mudar para Chuck, quando o Fisco americano passou a investigá-lo por evasão fiscal. Ele admitiu crimes de fraude e lavagem de dinheiro, confirmando que ser chamado de "Mr. Ten Percent" era uma realidade, e não apenas uma acusação. Por dez anos ele não teria apresentado de forma correta os impostos da Concacaf e, em termos pessoais, nenhuma declaração de imposto de renda fora feita nos três anos anteriores.

Chuck reconheceu que recebera um total de US$11 milhões em propinas pelos votos para as Copas de 1998 e 2010 e que, além disso, deixara de pagar impostos regulares no valor de US$1,9 milhão. Ele também participou de esquemas de vendas ilegais de ingressos em 1994 e 2002 e de dezenas de contratos de vendas de direitos sobre eventos, principalmente aqueles que ajudou a criar na Concacaf — como a Golden Cup, reunindo as melhores seleções do Caribe e das Américas do Norte e Central. Chuck também concordou em pagar multas avaliadas em US$2,5 milhões.

No entanto, seu objetivo agora era evitar o que poderia ser uma pena de 75 anos de prisão. Para isso, porém, o Departamento de Justiça americano exigia muito mais do que um acerto financeiro: ele deveria entregar todos os cartolas da Fifa. Chuck, com 69 anos, sabendo que já estava com câncer, optou por colaborar. E a informação que ele passaria aos agentes ajudaria o FBI a desmontar um esquema de corrupção que, em 24 anos, é suspeito de ter desviado pelo menos US$150 milhões. Pelo acordo, Chuck concordava "em participar de forma secreta de atividades que tivessem a instrução específica dos agentes da Justiça". Ele ainda se comprometia a não revelar seu status de colaborador. Dezenove acordos foram fechados entre o governo e o cartola para cooperação na coleta de dados.

A espionagem dentro da Fifa ocorreu entre dezembro de 2011 e maio de 2013. No total, Chuck pode ter gravado até dezoito encontros do Comitê Executivo da Fifa, reuniões que ocorrem na sala em Zurique onde os sinais de celulares são bloqueados para evitar o vazamento de informações. Ele ainda recebeu uma lista de 44 pessoas que deveriam ser especialmente monitoradas, entre elas Joseph Blatter. Aquela seria a lista também de dirigentes que teriam seus e-mails, ligações e contas bancárias monitorados pelo FBI nos EUA. Os americanos estavam especialmente interessados nos esquemas de compras de votos para a escolha das sedes das Copas, nas propinas pagas em dezenas de acordos comerciais e de transmissão, além da organização de torneios oficiais.

Em 2012, Chuck recebeu um pedido especial do FBI: marcar reuniões durante os Jogos Olímpicos de Londres com alguns dos maiores dirigentes do mundo do futebol. Num molho de chaves, as autoridades americanas colocariam um gravador projetado especialmente para ser incorporado ao objeto sempre carregado pelo delator. Em cada reunião, ele colocaria o molho de chaves sobre a mesa e gravaria tudo. O local escolhido seria uma suíte de um dos hotéis mais caros de Londres, o May Fair. A lista de convidados para as reuniões incluía membros do Comitê Executivo da

Fifa, mas acima de tudo os responsáveis pelas campanhas da Rússia para organizar o Mundial de 2018 e da Austrália, que concorreu para sediar a Copa de 2022.

Entre os russos, foram solicitados encontros com Alexey Sorokin, o CEO da campanha, Anton Baranov, o assistente do ministro dos Esportes, Vitaly Mutko, e até mesmo Vitaly Logvin, que presidia na época um fundo especial para "o desenvolvimento da esgrima". Pessoas próximas a Blatter também foram alvo das escutas, como o húngaro Peter Hargitay, que por anos atuou como conselheiro do presidente da Fifa.

O delator do escândalo de corrupção na Fifa também foi informante do FBI durante o auge da preparação do Brasil para a Copa de 2014 e repassou para a Justiça americana detalhes de como o Mundial estava sendo organizado e de seus contratos, inclusive sobre alguns dos principais atores do processo. Chuck era membro do Comitê Organizador da Copa do Mundo e, em 2012 e 2013, me informaria inúmeros detalhes dos encontros que tratavam das escolhas de sedes do Mundial, dos desafios enfrentados pelos brasileiros e dos embates entre a Fifa e a CBF. Ele queria se mostrar influente e, para isso, precisava também contar aos jornalistas como participava de importantes decisões do futebol. Anos depois, eu entenderia que aquilo era apenas a ponta de um iceberg e que, claro, o FBI estava recebendo informes bem mais detalhados que os meus.

As escutas começaram no fim de 2011 e acabariam se concentrando principalmente na gestão de José Maria Marin e de Marco Polo Del Nero na direção da CBF. Entre 2012 e 2013, a preparação para a Copa viveu seus momentos mais tensos, com a definição do calendário e um embate sobre uma série de pontos: preços de ingressos, autorização para venda de bebidas, conflitos por causa de estádios inacabados e a explosão de acordos comerciais. Chuck sabia exatamente o que ocorria no Brasil. Num dos encontros que tivemos, ele discutiu a situação do Maracanã como se fosse um estádio em sua cidade natal, Nova York.

Em diversas ocasiões ele me antecipou informações sobre o que a Fifa pretendia fazer com os estádios, como no caso da Arena Corinthians, em Itaquera, bairro da capital de São Paulo, ou mesmo os riscos que Natal corria de ficar de fora do Mundial, se o cronograma das obras não fosse acelerado. Durante um encontro da Fifa em Budapeste, na Hungria, o americano ainda me confessou que havia oferecido um contrato a Ricardo Teixeira para prestar consultoria na área de segurança para a Copa do Mundo. E é claro que deve ter pedido seus 10%.

Mas a traição de Chuck a Warner em 2011 custaria caro. Dentro da Concacaf, um grupo fiel ao caribenho se mobilizou e conseguiu provar que o americano havia sequestrado as contas da entidade. Num informe assustador realizado por investigadores independentes, os resultados apontaram que Chuck havia transformado a organização em seu banco privado. Com a fraude generalizada, ele também caiu e foi punido pela Fifa, em 2013, com a interdição de jamais voltar a ter qualquer função na administração do futebol. As gravações secretas pararam por ali. Mas o castelo de areia desmoronava pouco a pouco, e o que a Fifa não previa era que o suposto herói levaria todos consigo, inclusive Blatter.

A RENÚNCIA...

Dois dias depois das prisões de 27 de maio de 2015, Blatter afirmou que não poderia cancelar as eleições presidenciais na entidade. Ele também insistia que não poderia renunciar. Afinal, teoricamente não existia nada contra ele. Convocou uma reunião de emergência na Fifa com os chefes de cada uma das confederações regionais: América do Norte, América do Sul, Europa, África, Ásia e Oceania. A meta era chegar a um acordo para que a eleição pudesse ocorrer. Naquele encontro, porém, seu maior rival fez um alerta inédito. Platini apelou para que Blatter deixasse o cargo imediatamente e ameaçou que, se isso não ocorresse, um dos centros do poder do futebol mundial poderia romper com a Fifa. Na prática, isso significaria o maior cisma da história do esporte.

Por anos, o francês foi apresentado como a pessoa designada por Blatter para sucedê-lo. O suíço sabia que o ex-jogador poderia ser uma ameaça real a seu império e o cultivou como seu herdeiro. Mas Platini logo entenderia que aquela relação de pai e filho era apenas mais uma maneira de Blatter dizer: "Enquanto eu for o presidente, você não tem o direito de me ameaçar".

Platini esperava que sua vez chegasse nas eleições de 2011. Mas Blatter quebrou a promessa de que não concorreria mais e voltou a se candidatar.

Foi aí que a aliança entre os dois se desfez. Em 2015, uma vez mais, Blatter se apresentou para a eleição, e ninguém duvidava que ele ganharia.

Pelos cálculos dos europeus, boicotar a votação significaria a certeza de que Joseph Blatter teria mais quatro anos como presidente da entidade. Afinal, o suíço tinha a maior parte de seu apoio na África, na América do Sul e na Ásia. A ausência da Europa praticamente não o impactaria. A opção que restava era fortalecer a candidatura do príncipe jordaniano Ali Bin Hussein. Mas a realidade é que ninguém tinha esperanças de que, no fim das contas, o pequeno príncipe vencesse. Naquele momento, portanto, a solução era apelar para a saída de Blatter.

"Basta", disse o francês em uma coletiva de imprensa em Zurique. "Blatter já perdeu. A Fifa já perdeu e agora precisamos assumir nossas responsabilidades. Não podemos continuar assim", disse, insinuando que um racha poderia ocorrer no futebol. Perguntado se a Uefa poderia deixar a Fifa, Platini foi categórico: "Sim".

Naquela mesma tarde de 29 de maio de 2015, a Federação Belga de Futebol apresentou uma proposta para a realização de uma Copa do Mundo alternativa, abandonando a Fifa e reunindo em um evento paralelo as grandes seleções do mundo. Questionei Platini se a proposta incluiria um convite ao Brasil e à Argentina para disputar o torneio alternativo. Ele não hesitou: "Obviamente". Platini disse ainda: "Tudo está sobre a mesa". A Uefa pediu que o pleito fosse postergado em seis meses. O francês apostava em um adiamento como forma de virar a mesa. Mas estava isolado. Apesar das ameaças, Blatter decidiu seguir adiante com a eleição, sabendo que poderia contar com seus aliados africanos e asiáticos, que, juntos, garantiriam a ele mais de 100 dos 209 votos possíveis, o que acabou acontecendo.

Vinte e quatro horas depois de ser eleito, Blatter convocou a imprensa para uma primeira coletiva após uma semana de escândalos. Usou um tom desafiador. Um tom de quem tinha o apoio de mais de 60% dos votos da Fifa. Um tom de revanche diante de uma imprensa que nitidamente o declarou responsável pela crise. Walter de Gregorio, seu diretor de comunicação, planejou tudo. Daria o microfone para perguntas apenas aos jornalistas ingleses e americanos, numa sala repleta de profissionais de todo o mundo. A meta era tentar mostrar que não era o mundo que se queixava de Blatter, mas apenas a imprensa daqueles países que saíram perdedores das Copas de 2018 e 2022.

Na coletiva, durante quase uma hora, ele foi alvo de um duro ataque. E, com o talento que apenas alguém há décadas no poder pode ter, contra-atacou. A tradicional postura de falsa humildade do dirigente foi substituída por ataques, agressividade e recados. Blatter se recusou a aceitar que precisava renunciar. "Por que é que eu pediria demissão?", disse. "Isso significaria que eu reconheço erros. O Congresso da Fifa ainda acha que eu sou a pessoa correta." Blatter também acusou Platini e todos aqueles que tentaram derrubá-lo. "Há um ódio de uma pessoa e de uma organização", disse. "Eu perdoo as pessoas. Mas não esqueço", completou.

Outra estratégia da Fifa era apresentar as prisões como um complô dos EUA e da Europa contra Blatter e Vladimir Putin, que foi contemplado com o Mundial de 2018 em pleno confronto com as potências do Ocidente por conta da crise na Ucrânia. O golpe contra a Fifa, segundo ele, seria ainda uma revanche dos EUA por ter perdido a Copa de 2022 para o Catar. "Ninguém vai me tirar a ideia de que não foi uma simples coincidência esse ataque americano a dois dias das eleições da Fifa", declarou. "Não cheira bem. Eles tentaram me denegrir e usaram o momento para dizer que é hora de eu deixar o poder", argumentou. "Existem sinais que não podem ser escondidos", insistiu.

Para Blatter, a ligação entre a operação policial em Zurique e a Copa de 2022 era "evidente". "Os americanos eram candidatos e perderam. Então surgiram a imprensa britânica e o movimento americano. Olha, com todo o respeito ao sistema judicial americano, se eles têm um problema com crimes financeiros ligados a cidadãos americanos ou sul-americanos, então precisam prender essas pessoas lá e não em Zurique, onde temos um congresso", declarou. "Há algo que não cheira bem", insistiu. "Esse é um caso de corrupção entre a América do Norte e a América do Sul. Agora trouxeram para a Fifa para dizer que é aqui", acusou. Blatter também lembrou que os EUA são os principais aliados políticos e militares da Jordânia, país de seu opositor nas eleições, Ali Bin Hussein.

De fato, o suíço parecia ter argumentos sólidos. Nada nos EUA acontece por acaso, muito menos quando se trata de um departamento ligado ao poder executivo, como é o caso do Departamento de Justiça. O golpe seria uma jogada de mestre contra a Fifa, contra Putin, contra interesses econômicos que divergem dos projetos dos EUA. E não existem dúvidas: em

2010, os americanos levaram Bill Clinton para fazer lobby pela Copa do Mundo de 2022 e foram humilhados por um minúsculo país do Golfo. Também não há dúvidas: o esporte é uma arma política.

Sim, Blatter sabia que o caso "não cheirava bem". Afinal, a operação da polícia permitiu até mesmo que, no momento das prisões em Zurique, jornalistas do *New York Times* estivessem no hall de entrada do hotel, às seis da manhã. Sim, houve um acordo entre a imprensa e a Justiça. Para Blatter, a operação foi realizada também para promover um show midiático. "Por qual motivo as prisões não ocorreram em março, quando essas mesmas pessoas estavam aqui? Hoje temos mais jornalistas", ironizou. Para muita gente, a teoria da conspiração de Blatter pode parecer tentadora. Mas a realidade é que ela não se sustenta.

Um dos motivos é a questão dos interesses econômicos. Um dos primeiros afetados pela onda de escândalos foram os patrocinadores da Fifa, que consideraram romper contratos com a entidade e se afastar dos dirigentes para que suas marcas não fossem afetadas. O problema é que essas empresas são também símbolos do capitalismo e do *american way of life*, como Coca-Cola e Visa. Dos cinco grandes parceiros mundiais da Fifa, que incluem ainda Hyundai, Gazprom e Adidas, dois são americanos.

Em termos operacionais, realizar as prisões em Zurique fazia todo o sentido. Onde mais a polícia poderia, numa só operação, capturar sete pessoas num único hotel? Aqueles que não estavam em Zurique e que também tiveram prisão decretada provaram justamente que a operação na Suíça fazia sentido. Em Trinidad e Tobago, Jack Warner foi preso, mas ficou menos de 48 horas detido e, alegando problemas de saúde, foi liberado para prisão domiciliar. No Paraguai, o mesmo aconteceu com Nicolás Leoz, ex-presidente da Conmebol. Um empresário que conseguiu fugir, o argentino Alejandro Burzaco, chegou à Itália com um passaporte italiano, alugou um palácio e se apresentou à polícia. Horas depois, foi autorizado a permanecer em prisão domiciliar enquanto aguardava uma possível extradição.

Na Argentina, outros dois empresários — Hugo e Mariano Jinkis — foram autorizados a não permanecer na prisão e, de casa, continuaram assinando contratos e mantendo em operação a empresa suspeita pelo FBI de subornar o futebol sul-americano, a Fullplay.

A Suíça ainda representava outra vantagem ao FBI. Lá, os americanos tinham garantias, por meio de um acordo costurado desde 2007 entre as autoridades dos dois países, de que todas as extradições com sólidas bases jurídicas seriam mutuamente realizadas. Não foi por acaso que Marco Polo Del Nero, presidente da CBF, rapidamente deixou Zurique e voou para o Brasil, país que não extradita seus cidadãos para os EUA. Ricardo Teixeira, ex-comandante da CBF, seguiu o mesmo caminho e deixou Mônaco em direção ao Rio de Janeiro. O único foragido no caso, José Margulies, um intermediário de alguns contatos envolvendo o mundo do futebol, estava no Brasil. Portanto, quando Blatter questiona a operação em Zurique, a resposta é simples: esse seria o único local onde o FBI sabia que todos ficariam presos e que seriam eventualmente extraditados.

Estrategicamente, dar um golpe na Fifa por ter perdido o Mundial de 2022 não seria a melhor opção para os EUA. Os americanos tinham tudo para ganhar a concorrência e levar a Copa de 2026, inclusive com o apoio de Blatter. O processo de escolha iria começar em 2015 e terminaria em 2017. A Fifa já havia até mesmo fechado um contrato com a Fox cedendo os direitos de transmissão do Mundial em dez anos. Se o golpe contra a Fifa teria uma consequência, seria justamente a de colocar todos os cartolas contra os americanos, inclusive aqueles que não foram presos.

Se a questão é a humilhação que Clinton teria vivido naqueles dias em Zurique, ela não seria novidade para a Casa Branca. Um ano antes, no COI, Barack Obama, no auge de sua popularidade, foi obrigado a deixar o evento que escolheria a sede dos Jogos Olímpicos de 2016, em Copenhague, antes do resultado final. Ele, sim, havia sido esnobado diante da eliminação precoce de sua cidade, Chicago. Pouco importava que o Comitê Olímpico dos EUA correspondesse a mais de 40% do orçamento do COI. O Rio acabou ganhando, e, de seu avião, Obama telefonou para o então presidente Luiz Inácio Lula da Silva para felicitá-lo. Nos meses que se seguiram, o COI não foi alvo de uma operação policial. Naquele momento, porém, Blatter não estava disposto a vestir a carapuça. Um dia depois de vencer a eleição, ele afirmou que não poderia assumir responsabilidades pelos atos de seus colegas na Fifa e rejeitou qualquer envolvimento nos casos citados pelo FBI.

A confiança de Blatter começou a ser abalada logo após sair vitorioso nas eleições de maio. Ele foi questionado, durante sua coletiva de imprensa, sobre trechos do indiciamento do Departamento de Justiça dos EUA que citam o pagamento de US$10 milhões feito a Jack Warner, supostamente a propina da África do Sul em troca de votos para a Copa de 2010. O dinheiro, segundo o inquérito, teria passado pela Fifa. Warner teria protestado diante do fato de o valor não ter sido depositado e teria pedido para a Fifa acelerar a transferência. O dinheiro acabaria vindo do Comitê Organizador da Copa do Mundo, controlado em parte pela Fifa. Irritado, Blatter respondeu: "Não comento alegações. Vamos deixar as investigações seguirem. Mas definitivamente não sou eu o mencionado. Eu não tenho esses US$10 milhões". Questionado, então, pelos jornalistas se era "negligente ou incompetente", ele respondeu: "Nem um nem outro. Se alguém investiga, eles têm todo o direito. Se isso for feito de forma correta, não tenho preocupações".

Quando a pergunta seguinte dos jornalistas foi lançada — se ele temia ser preso —, a resposta foi dada enquanto suas mãos tremiam e seu olhar não disfarçava o nervosismo: "Preso por quê?". Em seu melhor estilo, ele terminaria a coletiva negando a crise. "Não estou sozinho. Decidimos nos unir, nos solidarizar e trabalhar", afirmou. "Cento e trinta e três países me deram seu apoio." Mas a pressão era clara, e naquela coletiva de imprensa Blatter apareceria em público com um tom vencedor pela última vez. Nos dias seguintes, uma avalanche de denúncias deixaria o cartola acuado.

O primeiro a fazer um alerta foi o Ministério Público da Suíça, ameaçando interrogar Blatter nas investigações penais sobre a suspeita de compra de votos para as Copas de 2018 e 2022. Entre os procuradores suíços, o processo secreto foi nomeado "Operação Darwin", numa referência às "origens" da corrupção, fazendo um jogo de palavras com as teorias de Charles Darwin. Blatter, como presidente, não participou da votação das sedes dos Mundiais, mas os suíços queriam saber qual fora de fato seu envolvimento no caso.

Num primeiro momento, a prioridade dos investigadores era questionar alguns dos maiores aliados de Blatter na Fifa, que, sim, votaram em 2010: Issa Hayatou, de Camarões, Ángel María Villar Llona, da Espanha, Michel D'Hooge, da Bélgica, e Vitaly Mutko, da Rússia.

A queda

Naqueles mesmos dias, o *New York Times* publicou em suas páginas mais uma revelação: o FBI tinha Blatter como um de seus alvos. Rapidamente, o discurso de vitória do suíço pareceu não fazer mais sentido. A nova informação coincidia com pedidos do príncipe William, em Londres, e do Ministério das Relações Exteriores da Alemanha para que Blatter deixasse o poder.

John Whittingdale, ministro britânico responsável pelos esportes, defendeu que todas as opções deveriam ser consideradas para pressioná-lo a renunciar, inclusive um boicote à Copa do Mundo.

No sistema financeiro, a pressão também crescia. Bancos ingleses citados no caso do FBI iniciaram auditorias internas para tentar identificar o movimento de contas em nome de dirigentes da Fifa, entre eles o HSBC e o Barclays. Na Suíça, os bancos registraram mais de cinquenta movimentos suspeitos em estabelecimentos sediados no país.

Internamente, os pilares da Fifa mostravam abalos. Assim que venceu a eleição, Blatter passou a viver uma onda de deserções. Um dos membros do Comitê de Ética da Fifa, Nicholas Davidson, anunciou sua renúncia. Segundo o neozelandês, o grupo de investigadores da entidade não teve acesso aos informes internos de inquéritos realizados. Eles também não possuíam um sistema de e-mails e telefones privados. Ou seja, os investigadores não eram livres para tomar as decisões necessárias.

Um dos vice-presidentes da entidade, David Gills, também anunciou sua renúncia do cargo, em protesto contra a eleição de Joseph Blatter. "Não é apropriado ser membro do Comitê Executivo da Fifa sob a atual liderança", disse. "Reconheço que ele foi democraticamente eleito. Mas minha reputação profissional é fundamental para mim e não vejo como possa haver uma mudança no futebol enquanto ele estiver no cargo", completou Gills, que foi CEO do Manchester United e ocupa cargos de poder dentro do futebol europeu, assim como no Comitê Executivo da Uefa.

A pressão aumentou quando foi revelado que a Justiça americana estava investigando o francês Jérôme Valcke, secretário-geral da Fifa e braço direito de Blatter. Cartas da Federação Sul-Africana de Futebol, que foram incorporadas no indiciamento do FBI, revelaram que ele sabia do pagamento de US$10 milhões para o cartola do Caribe que está sob investigação nos EUA. A crise estava instalada e chegava aos corredores do gabinete de Blatter.

Valcke já havia anunciado que não viajaria ao Canadá, um forte aliado dos EUA, para a abertura da Copa do Mundo de Futebol Feminino, em junho de 2015. Ele era o principal operador do torneio, que ganhara uma nova dimensão na entidade, mas fontes em Zurique confirmaram os temores de que, estando ele no Canadá, a polícia local poderia atender a qualquer momento um eventual pedido de extradição por parte dos EUA.

Blatter também desistiu do evento no Canadá, num claro sinal de que temia ser preso e extraditado. Em poucas horas, tudo mudou para o suíço. Ele já não tinha o apoio de dezenas de grandes federações nem a simpatia de jogadores. Os atletas não mandam no futebol, mas uma palavra de alguns deles a favor de Blatter poderia modificar o equilíbrio de poder dentro da Fifa. Só que não havia ninguém que o apoiasse. O gesto decisivo, porém, veio dos maiores patrocinadores da Fifa, que marcaram reuniões para alertar Blatter de que não estavam dispostos a assumir o risco de ver uma entidade inteira e seus investimentos afetados pela vaidade de um homem que se recusava a deixar o poder.

A advertência dada por alguns seria de que uma eventual ação da polícia contra ele, sem o planejamento de uma transição, jogaria a entidade e o futebol em uma desordem total, com prejuízos milionários. Aconselhado por seus advogados e cobrado por patrocinadores, Blatter decidiu renunciar. Ele mesmo parecia prever isso ao dizer, cinco dias antes, que "mais notícias ruins virão". No dia 2 de junho de 2015, um e-mail da Fifa aos jornalistas surpreendeu muita gente. Era a convocação de uma nova coletiva de imprensa. O assunto era mantido em segredo e dezenas de repórteres já tinham deixado Zurique. Ninguém sabia do que se tratava e os porta-vozes da entidade se recusavam a dar qualquer detalhe.

Quando finalmente o evento começou, em uma sala praticamente vazia, quem entrou no palco para falar foi Joseph Blatter. De antemão, todos foram avisados de que não haveria perguntas. Seu discurso era o reflexo de um homem que havia sucumbido:

> Eu refleti sobre minha presidência, meus últimos anos. Esses anos foram dedicados à Fifa e a esse belo lugar do futebol. Eu adoro e amo a Fifa mais

do que qualquer coisa. E só quero fazer o melhor pela Fifa e pelo futebol. Decidi concorrer de novo [*para a última eleição*], foi uma eleição apertada. É por isso que vou convocar um congresso extraordinário e colocar minha função à disposição.

Embora os membros da Fifa tenham me reeleito presidente, não pareço ter o apoio do mundo do futebol: jogadores, clubes. Vou continuar exercendo a minha função até um novo presidente ser escolhido.

Investigado nos EUA e pressionado, o dirigente foi forçado a deixar a presidência da Fifa, pondo fim a uma era. Um a um, todos os principais atores de um grande esquema de enriquecimento ilícito com o futebol caíam ou simplesmente eram presos. Blatter não tinha mais em quem se apoiar e nem sequer podia fazer suas viagens para acompanhar os torneios que ele mesmo organizava. De fato, o suíço havia vencido as eleições. Mas era um rei em um palácio em ruínas, pelo menos em termos morais e éticos.

Ele anunciou a convocação de uma nova eleição apenas quatro dias depois de ter sido eleito para um quinto mandato. Sob forte pressão de cartolas, políticos e patrocinadores, Blatter deixou o poder depois de dezessete anos como presidente e 39 como funcionário da entidade máxima do futebol. Mas foi acima de tudo o risco de uma prisão e de um processo penal o que mais pesou na decisão. Se dias antes ele insistia que não renunciaria, tudo mudou quando foi informado, de maneira extraoficial, por seus advogados de que o Departamento de Justiça nos EUA estava tentando montar um caso contra ele, baseado nos depoimentos de dezenas de pessoas.

Não por acaso, empresas como Coca-Cola rapidamente comemoraram a renúncia como "um passo positivo". Mas a fabricante de bebidas também fez cobranças, alegando que esperava que a Fifa continuasse "a agir com urgência a fim de tomar ações concretas para lidar com esses problemas". "Acreditamos que isso vai ajudar a Fifa a ser uma instituição do século XXI", disse a empresa. A Visa, que havia alertado que poderia rever seu patrocínio, também cobrou da Fifa mudanças para "restaurar sua reputação". Já a Adidas pediu transparência, enquanto a Hyundai indicou que estava "preocupada" com os processos legais. A única empresa patrocinadora da entidade que não se pronunciou foi a russa Gazprom, controlada por Vladimir Putin e organizadora da Copa de 2018.

Quem passou a coordenar a eleição e as reformas foi o suíço Domenico Scala, auditor-chefe da Fifa. "Serão mudanças profundas", avisou. Segundo ele, a partir da convocação da eleição, a Fifa terá de dar quatro meses para que candidatos se apresentem. Para Scala, o trabalho seria o de criar as condições para "uma transição ordenada". "Essa foi a melhor decisão", disse ele. "Ao deixar o cargo, Blatter abriu espaço para que possamos fazer as reformas", completou, numa referência à necessidade de criar uma espécie de "ficha limpa" na Fifa, de colocar um limite para mandatos e de publicar os valores dos salários.

Naquele 2 de junho, Blatter deixou a sala de conferências da Fifa sem responder aos jornalistas e sem nem mesmo olhar quem estava sentado o ouvindo. O evento foi organizado de última hora e pegou de surpresa até seus aliados mais próximos. Após décadas na Fifa, Blatter vivia um fim dramático.

O epílogo de seu mandato encerra uma estrutura que começou a ser erguida, de fato, nos anos 1970, com a presidência de João Havelange. Blatter, seu braço direito, sucedeu-o e manteve a mesma base. Quando foi contratado pelo brasileiro, o suíço era apenas o 13º funcionário de uma entidade quebrada que ficava num pequeno prédio no subúrbio de Zurique. Agora, ele deixa um cofre com uma renda de US$1,5 bilhão, mas dezenas de escândalos.

Seu reinado coincidiu com a propagação do futebol, aliada a acordos comerciais e à expansão da televisão pelo mundo. A Copa, produto dessas alianças, se transformou no maior evento do planeta, e Blatter acreditou ser um líder internacional. Mas sua gestão também coincidiu com escândalos sem precedentes diante do volume de dinheiro que corria pela entidade, sem nenhum controle e sem fiscalização. Sendo membro da Federação Suíça de Hóquei sobre Gelo, Blatter jamais havia jogado futebol de modo profissional. Participou da organização dos Jogos Olímpicos de 1972 e de 1976, ano em que foi contratado pela Fifa para assumir o cargo de diretor de Marketing. Em 1981, foi promovido a secretário-geral.

"Papa do futebol", "carreira acadêmica fulminante", "rápido", "visionário", "poliglota", "extrovertido", "coronel do Exército", "jovial". Foi assim que a própria revista da Fifa o apresentou, em um perfil publicado em 2014 que bem poderia ter sido escrito pelo gabinete de propaganda do regime da Coreia do Norte. Ao sair, ele deixa como herança uma entidade afundada em uma lama sem precedentes. Seu mandato se confundiu com as crises que se sucederam. Três anos depois de ser o escolhido por Havelange para substituí-lo, Blatter viu a empresa que detinha todos os direitos de transmissão para as Copas — a ISL-ISMM — quebrar, evidenciando uma fraude de US$100 milhões e que, anos depois, implicaria João Havelange e Ricardo Teixeira, segundo os documentos do processo no Supremo Tribunal Federal da Suíça. Naquele momento, a Fifa quase faliu. Havelange e Teixeira jamais seriam punidos.

Um ano depois, foi seu secretário-geral, o suíço Michel Zen-Ruffinen, que o denunciou por má gestão e abuso de poder. Mas quem caiu foi Ruffinen, não Blatter, mais uma vez eleito em 2002, sempre apoiado em alianças e trocas de favores com pequenas federações. Ele repetiria a vitória em 2006, abafando crises com a compra de aliados. Parte da estratégia era retribuir a blindagem que o beneficiava, levando a Copa pela primeira vez à África, seu curral eleitoral.

Mas seria a partir de 2010 que sua posição ficaria cada dia mais ameaçada. Naquele ano, ele decidiu que a Fifa escolheria as sedes das Copas de 2018 e 2022 em uma só votação. Seus críticos acusaram-no de ter montado o sistema para que os cartolas pudessem cobrar duplamente as propinas pelos votos. Segundo eles, não existia motivo para dar, em 2010, uma Copa a um país que a organizaria doze anos depois, salvo garantir um suposto suborno de dirigentes que já ultrapassavam a marca dos 75 anos e que não sabiam onde estariam em uma década.

O resultado foi ainda mais desastroso, com a eleição das piores candidaturas: Rússia e Catar. Ambas haviam sido classificadas nos exames técnicos da Fifa como as mais problemáticas em relação a infraestrutura e garantia de sucesso de público, e, no caso do Catar, haveria problemas na disputa de jogos durante o verão no deserto. Pressionado a dar uma resposta diante das escolhas, Blatter simulou uma investigação. Contratou, por US$4 milhões, um ex-procurador de Nova York chamado Michael Garcia para apurar o que de fato havia ocorrido na eleição. No entanto, decidiu engavetar os resultados, indicando que não existiam provas de corrupção na compra de votos. Nunca mais a Fifa seria a mesma. Repetidas denúncias impediram que a federação retomasse a normalidade. Blatter ainda seria acusado de ter transformado a Copa do Mundo em um evento com sérias repercussões negativas aos países que a sediam, exigindo isenção fiscal, construção de elefantes brancos e gastos públicos bilionários. Todos os lucros, porém, eram transferidos para a Fifa.

Centralizar o esporte na entidade também era seu objetivo, o que o levou a fechar acordos com dezenas de parceiros, punir de maneira severa os inimigos e distribuir agrados aos aliados. Blatter também foi acusado, em diversas ocasiões, de abafar escândalos que poderiam manchar seu nome. Na versão oficial, até seu local de nascimento passa a ser "especial" e berço de pessoas diferenciadas. Seu perfil na revista da Fifa aponta a insignificante região do Valais, na Suíça, como uma espécie de paraíso natural. "A única coisa que o Valais ainda não produziu foi um papa, a menos que se descreva Blatter como uma espécie de papa do futebol."

O suíço ainda "ascendeu ao trono" e foi o responsável pela universalização do futebol. "Graças à Copa do Mundo e aos acordos comerciais, a indústria do futebol lucrou milhões pelo mundo. Blatter foi um exemplo vivo da globalização antes de ela se transformar em uma moda econômica", diz o texto, insistindo que as leis do futebol hoje são obedecidas por todos: zulus, xiitas, sunitas, judeus e curdos. A biografia do suíço publicada na revista, ainda que o apresente como democrata e progressista, não condiz com a realidade, segundo os próprios atores do futebol. Blatter foi acusado pelas jogadoras de menosprezar o futebol feminino. Além de exigir que jogassem em gramas sintéticas na Copa do Mundo de 2015, no Canadá, ele causou indignação em dezenas de atletas ao sugerir que as jogadoras entrassem em campo com calções mais apertados para elevar a popularidade do esporte. Uma história anedótica é contada pela jogadora americana Abby Wambach, do Western New York Flash. Segundo ela, em janeiro de 2013, antes do evento que premiaria os melhores do ano na Fifa, em Zurique, Blatter entrou na sala em que a jogadora estava com outras colegas, caminhou em direção à mulher de Abby, Sarah Huffman, beijou-a e parabenizou-a — enquanto a chamava de Marta, a brasileira eleita cinco vezes melhor jogadora do mundo.

Seu sonho era um dia ganhar o prêmio Nobel da Paz, e, para isso, foi buscar acordos em Oslo, na Noruega, com instituições ligadas à iniciativa. Fez questão de circular entre presidentes e ditadores, sem jamais questionar a legitimidade do poder e, acima de tudo, exigindo o mesmo tipo de tratamento. Em troca de apoio, deu torneios para os mais sérios violadores de direitos humanos, como os sauditas ou o general Sani Abacha, da Nigéria. Em troca de prestígio, abriu mão de proteger o futebol e transformou-o em sua arma política. Um de seus últimos projetos foi pagar US$30 milhões por um longa-metragem sobre a Fifa, que obviamente o elogiaria. Ninguém dentro da entidade foi consultado se valeria a pena o investimento, e Blatter chegou a ter a possibilidade de mexer no roteiro da produção.

Ironicamente, o filme foi lançado na semana da renúncia. Uma revanche do destino contra o homem que tentou controlar o futebol mundial e que, acima de tudo, achava que o esporte era dele. Em *United Passions*, do diretor francês Frédéric Auburtin, Blatter é apresentado como a pessoa que revolucionou o futebol. Seu papel é interpretado por Tim Roth, enquanto Gérard Depardieu assume Jules Rimet e Sam Neill é João Havelange. Uma semana depois, a produção foi retirada de cartaz, tendo arrecadado menos de US$1 mil nos EUA, um dos piores desempenhos de um longa em muitos anos. Antes de deixar a Fifa, Havelange chamou-o e alertou-o sobre a comercialização da entidade e do futebol: "Você está criando um monstro". Foi esse monstro que o devorou.

... OU NÃO

O fim do reinado de Blatter não significaria o fim da guerra. De fato, sua declaração no dia 2 de junho, de que deixaria o cargo, reabriu uma intensa disputa pelo poder na entidade. Do lado de seus inimigos na Uefa, a ordem era acelerar os debates e tratativas para, de uma vez por todas, retirar do poder não apenas Blatter, mas seus aliados também. Do outro lado, o grupo de 133 federações que apoiaram o suíço nas eleições de 2015, entre elas o Brasil, passou a buscar um nome que pudesse suceder o cartola e manter todos os aliados blindados.

A Europa já se posiciona para concorrer à presidência da Fifa. Mas deve enfrentar uma séria oposição dos ex-aliados de Blatter, que querem evitar a concentração de poder nas mãos dos europeus. No mesmo dia em que o suíço revelou que deixaria o cargo, nomes passaram a ser buscados, enquanto cartolas disparavam telefonemas para costurar novas alianças. Antes dessa virada na Fifa, o sucessor de Blatter seria Jeff Webb, hoje preso por suspeita de corrupção.

Outra disputa estava relacionada com a manutenção das Copas de 2018, na Rússia, e de 2022, no Catar. Blatter era um dos maiores defensores do Mundial da Rússia em 2018, e, não por acaso, Putin foi um dos primeiros a comprar sua tese de que a operação policial na Fifa havia sido um complô dos EUA. Agora, sem Blatter, a pressão por uma investigação sobre a compra de votos por parte da Rússia aumentou, e até mesmo o auditor-chefe Domenico Scala chegou a anunciar que, se ficasse provada a suspeita, o Mundial poderia ter de mudar de lugar. No Ministério Público da Suíça, que apura o caso, esse cenário era conhecido. Mas o procurador-geral do país, Michael Lauber, não escondia que pouco se importava com o impacto da investigação: "Esse problema não é meu", declarou.

Quem também demonstrou preocupação foi a delegação do Catar, que, dias depois da renúncia, enviou uma comitiva até Zurique para tentar entender o que estava ocorrendo na Fifa. Até mesmo a Bolsa de Valores do Catar havia comemorado a reeleição de Blatter. Quatro dias depois, o clima era de tensão e os mercados no país do Golfo desabaram. Para o Catar, a Copa não é um torneio esportivo, mas uma estratégia política e econômica de inserção na comunidade internacional. O lado oposto dessa moeda é que, se eventualmente o Mundial mudar de lugar, a imagem do Catar, construída ao longo de muitos anos, será manchada.

Mas o problema da nação do Golfo não se resume à queda de Blatter. Se nova eleição for convocada para a escolha de um novo local para a Copa de 2022, o emirado árabe dificilmente voltará a vencer. Praticamente todos os nomes que o elegeram como sede do Mundial daquele ano foram expulsos da Fifa, estão presos ou morreram. Ricardo Teixeira, Julio Grondona, Nicolás Leoz, Rafael Salgueiro, Mohammed Bin Hammam e Franz Beckenbauer são alguns dos homens que hoje estão fora de cena. A esperança dos árabes está no fato de que alguns dos opositores de Blatter também votaram pelo Catar. Entre eles, Michel Platini, presidente da Uefa.

Diante dessas incógnitas e do impacto de sua saída, Blatter deliberadamente começou a manipular seus discursos para criar confusão entre os adversários. Duas semanas depois de dizer que deixaria o cargo, ele pegaria o mundo de surpresa ao declarar: "Eu não renunciei". Seu adeus se desenhava como mais demorado do que se previa. "Eu me coloquei e coloquei meu gabinete nas mãos do Congresso da Fifa", explicou. Blatter passou a alertar pessoas próximas de que nada estava definido e de que, se o Congresso da Fifa desejasse, ele poderia voltar a ser presidente. Durante seu discurso do dia 2 de junho, Blatter, de fato, não usou a palavra "renúncia", apenas declarou que "não seria candidato". Ele também deixou claro que não tem o mandato "de todo o mundo do futebol" para continuar. Mas, dias depois do anúncio de sua saída, delegações começaram a pensar na construção de alianças, principalmente na África e na Ásia. Fontes também apontaram que dirigentes aliados a ele estariam dispostos a apresentar seu nome como o único que poderia ter o apoio de mais de 50% dos membros da Fifa.

A reviravolta deixou até mesmo seus assessores e ex-assessores em estado de alerta. Walter de Gregorio acabou demitido do cargo de diretor de Comunicação depois de ter se oposto a uma possível volta do suíço à presidência. Já o auditor da Fifa, Domenico Scala, que conduz o processo eleitoral, deixou claro que uma reforma da entidade — com fim de mandatos sem limites e exigência de candidatos com "ficha limpa" — só pode ocorrer se Blatter deixar de fato o cargo.

Depois de permitir, de maneira deliberada, que a dúvida pairasse por alguns dias, o dirigente confirmou que não voltaria a ser candidato. Mas, num golpe de mestre, Blatter dava demonstrações de que ainda estava no comando, pelo menos dos rumores. Poucos ousam enfrentá-lo em eleições, pois sabem que sua base de apoio é grande. Suas declarações contraditórias, portanto, adiaram a campanha dos adversários.

A despedida também seria demorada porque Blatter prometia uma última manobra antes de deixar o poder: reformar o governo da Fifa para impedir que a Europa controle o futebol mundial. Sua ideia era ampliar o Comitê Executivo da entidade e, assim, dar mais votos para África e Ásia. Isso significa diluir a influência dos europeus, um golpe derradeiro naqueles que sempre quiseram ocupar seu trono.

Numa de suas colunas na revista oficial da Fifa, Blatter ainda usaria o exemplo do ex-jogador Tostão para dar outro recado enigmático. Segundo ele, o brasileiro deixou os campos para ser médico, escrever livros e virar colunista. "Ele demonstrou de uma forma impressionante que a vida não acaba quando o apito final é dado", escreveu Blatter.

O suíço queria provar que, apesar da pressão por sua queda, ainda era ele que determinava o futuro da entidade. Seria apenas no final de julho de 2015, quase dois meses depois das prisões em Zurique, que Blatter anunciaria a data das novas eleições: 26 de fevereiro de 2016. Ele ampliava seu adeus, ganhando tempo para construir um sucessor e minar seus adversários. Michel Platini, presidente da Uefa, entraria pela primeira vez na disputa. Outros potenciais candidatos incluíam os nomes do ex-jogador brasileiro Zico e do magnata da Hyundai, Chung Mong-joon. A guerra estava lançada.

3. O império sedutor

As Ilhas Cayman têm uma das piores seleções do mundo. O futebol não é o principal esporte do país e sua população inteira caberia no Maracanã. Ainda assim, a Fifa enviou para lá, desde 2008, quase US$2 milhões para a construção de dois campos de futebol. Em março de 2014, mais US$500 mil foram destinados ao país, com a promessa de que a verba seria usada para a produção de grama artificial. Sete anos depois da primeira remessa de valores, nem os campos nem o gramado existem.

A Fifa está presente nos rincões mais esquecidos do planeta, nos locais menos tradicionais para o futebol e nas cidades mais marginais dos centros de poder. Nos últimos vinte anos, Joseph Blatter consolidou sua base de poder construindo campos de futebol pelo mundo. Junto com eles, enviava agrados, dinheiro, cheques em branco e supostos subornos a cartolas, que passaram a ser aliados incondicionais do suíço. Na prática, esse esquema garantiu a ele cinco vitórias seguidas em eleições, além de lhe conferir imunidades, prestígio, poder e ampla cobertura na imprensa local.

Em troca, Blatter não questionava o destino do dinheiro que, oficialmente, seria usado no "desenvolvimento do futebol". O suíço, porém, parecia guardar, no canhoto de cada cheque, o nome do beneficiário. Sempre que se via em apuros, recorria a essas pessoas para garantir sua blindagem.

No total, os dados financeiros da Fifa indicam gastos de mais de US$284 milhões na construção de 668 campos de treinamento pelo mundo. Cada um deles custa, em média, US$565 mil, um investimento que oferece um retorno esportivo medíocre, pouco acesso à população e um número limitado de empregos. Mas, acima de tudo, uma aliança política sólida. Esse dinheiro, somado, chega a US$2 bilhões em duas décadas, incluindo fibra ótica para a sede da Federação Espanhola de Futebol e carros novos para a entidade responsável pelo futebol da África do Sul.

No centro do escândalo está o projeto Goal, destinado a levar o futebol a locais pobres, com a construção de centros de treinamento, campos e infraestrutura. Mas a realidade é que, segundo auditores revelaram em informes mantidos sigilosos, em muitos casos o dinheiro jamais chegou aos países destinatários. Em cada um desses locais veem-se bustos, fotos e placas em homenagem a Blatter. Mas os escândalos sobre o uso dessas verbas proliferaram rapidamente. Auditorias internas da Fifa revelaram que, em muitos dos casos, parte do dinheiro acabou no bolso dos dirigentes locais ou foi usado para enriquecer os oligarcas da bola.

Uma das entidades envolvidas em escândalo é a Federação de Futebol do Nepal. Uma auditoria encomendada pela Fifa constatou que a federação nepalense realizou "movimentos inapropriados de fundos". Seu presidente, Ganesh Thapa, passou a ser investigado. Na Fifa, nenhum aliado é punido. Zurique enviou auditores da KPMG àquele país. Eles sugeriram "mudanças importantes" no funcionamento da entidade e nos gastos com projetos sociais. A ordem, porém, era que qualquer irregularidade fosse mantida dentro da Fifa e que nada fosse divulgado. Mais uma vez, a palavra "corrupção" nem sequer entrou nos informes públicos ou no vocabulário dos cartolas.

Um dos casos mais escandalosos de desvio de dinheiro teria ocorrido com Manilal Fernando, ex-membro do Comitê Executivo da Fifa e presidente da Federação de Futebol do Sri Lanka. Ele simplesmente teria usado a verba destinada às vítimas do tsunami na Ásia para enriquecimento pessoal, conforme revelaram investigações realizadas pelo Tribunal Arbitral dos Esportes (TAS).

No Paquistão, depois de um terremoto em 2005, a Fifa também decidiu mandar dinheiro e realizar um total de nove projetos Goal em cidades como Peshawar. Dez anos depois, apenas um deles tinha sido inaugurado: o prédio da sede da Federação Paquistanesa de Futebol, em Lahore. Campos de futebol para quê? Para quem?

Jack Warner, vice-presidente da Fifa até 2011, é suspeito de ter desviado recursos em dinheiro doados para as vítimas do terremoto no Haiti. No dia 12 de janeiro de 2010, o país sofreu um dos piores terremotos da história, que deixou mais de 200 mil mortos. Mais de 3 milhões de pessoas foram afetadas, 250 mil casas foram destruídas e 30 mil prédios comerciais desabaram. Dias depois, a Fifa anunciou o envio de US$250 mil para ajudar as vítimas e, em especial, o futebol, também afetado pela catástrofe. Parceiros sul-coreanos completariam a doação, que chegou a quase US$1 milhão.

No momento do terremoto, a cúpula do futebol haitiano estava reunida para planejar as atividades de 2010 e reforçar a meta de criar um time nacional competitivo. O terremoto destruiu a Federação de Futebol do Haiti e matou pelo menos trinta de seus integrantes, entre jogadores, técnicos e cartolas. Um dos treinadores mais famosos do país, Jean-Yves Labaze, foi uma das vítimas. Em 2007, ele havia conseguido a classificação histórica da seleção para o Mundial Sub-17. Muitos dos dirigentes que estavam no prédio haviam sido jogadores da seleção no início da década.

Segundo as investigações do FBI, o dinheiro doado ao Haiti acabou sendo desviado por cartolas. Os investigadores suspeitam que Warner tenha ficado com US$750 mil. Naquele momento, ele era o presidente da Concacaf, entidade da qual o Haiti faz parte. Esse dinheiro, de acordo com o FBI, foi enviado a contas pessoais de Warner. "Os recursos foram colocados sob a direção de Warner e, no final, desviados para seu uso pessoal", relatou o indiciamento do Departamento de Justiça dos EUA, em maio de 2015.

Em 2012, diante de acusações que já começavam a ser lançadas por seus opositores, Warner tentou se antecipar e produziu um informe que supostamente mostraria o uso do dinheiro no Haiti. Mas a Federação Haitiana de Futebol contestou os dados, alegando ter recebido cerca de US$5 mil apenas, destinados ao tratamento médico de um dos dirigentes. Warner atacou: "Não preciso responder a ninguém. Aqueles que queiram fazer alegações que o façam". A investigação jamais foi concluída.

Na Tailândia, o chefe da entidade local de futebol, Worawi Makudi, usou os US$860 mil doados pela Fifa na compra de um terreno para a construção de quatro campos. Desse dinheiro, US$400 mil foram gastos em uma sede para que a Tailândia tivesse, segundo a Fifa, "o espaço necessário para uma liderança profissional".

O que Makudi não contou, porém, foi que o terreno encontrado para erguer a sede era dele mesmo. A venda do local levou o dinheiro para a conta bancária do dirigente, segundo a investigação conduzida pelo Comitê de Ética da Fifa. Em 2009, Blatter ignorou a polêmica e fez questão de viajar até a Tailândia para inaugurar os campos construídos no terreno de seu aliado. Dois anos depois, em 2011, a Fifa optou por encerrar o caso diante de provas apresentadas por Makudi indicando que ele teria "doado" o terreno. Em julho de 2015, o cartola foi condenado a um ano e quatro meses de prisão por uma Corte de Bangcoc, que o acusou de corrupção durante seu mandato como presidente da Federação de Futebol da Tailândia.

Escândalos parecidos também foram registrados com os projetos Goal em Harare, no Zimbábue. A federação local decidiu abrir investigações depois que a estrutura física de sua sede começou a dar sinais de franca decadência. E isso somente dois anos depois de uma reforma no prédio. A entidade recebeu US$250 mil da Fifa para a criação de um complexo esportivo, que se chamaria Zifa Village.

Em Antígua e Barbuda, um pequeno aglomerado de ilhas na América Central, o presidente do Tryum Football Club, Keithroy Black, escreveu para a Fifa em 2013 solicitando que o financiamento do projeto Goal na cidade de Paynters fosse investigado. A suspeita do dirigente era de que o dinheiro enviado pela Fifa à federação nacional jamais tivesse sido usado para os fins estabelecidos. Até hoje nada foi feito.

A escolha de quem recebe dinheiro parece não se basear nas condições das ligas ou dos países. A All India Football Federation (AIFF) recebe um cheque anual da Fifa para promover o futebol de base. Apenas para a modernização do estádio Cooperage foram mais de US$2 milhões. E isso para uma das economias que mais crescem no mundo e que promove hoje um torneio milionário.

Blatter não respeitou nem mesmo as resoluções do Conselho de Segurança da ONU ou as sanções unilaterais impostas pelos EUA e pela Europa

O império sedutor

às ditaduras pelo mundo. Em 2011, ele fechou um contrato para apoiar a construção de um estádio em Mianmar, na Ásia. O problema é que as obras seriam tocadas pela empresa do presidente da Federação de Futebol de Mianmar, o empresário Zaw Zaw.

Se esse não fosse argumento suficiente para frear o envio do dinheiro, haveria outro, talvez ainda mais forte: Zaw estava na lista suja das sanções dos governos europeus, da Suíça e dos EUA. Ou seja, não poderia receber dinheiro ou assistência estrangeira por causa de seu papel na repressão promovida pelo governo. A Fifa tentou se esquivar: quem estava na lista era Zaw, não o futebol de Mianmar. Questionada sobre quem teria recebido o dinheiro, a Fifa manteve sigilo: "Os detalhes do contrato são confidenciais".

Dentro e fora da Fifa, não são poucos os que há anos denunciam esse sistema de doações como uma campanha permanente de Blatter por votos. Em 2002, o ex-braço direito do suíço, Michel Zen-Ruffinen, preparou um informe aos membros da Fifa revelando o esquema. "O presidente usou e abusou dos projetos Goal para seus interesses pessoais e os utilizou como meio para fazer campanha", escreveu o então secretário-geral da Fifa. Dias depois, ele seria demitido.

Em Lusaka, capital da Zâmbia, o ex-presidente da Federação de Futebol do país, Simataa Simataa, concedeu em junho de 2015 uma entrevista no mesmo tom a jornais ingleses, denunciando o clientelismo de Blatter pelo mundo. "Uma boa ideia está sendo usada contra os princípios da democracia", disse Simataa. "As pessoas tendem a favorecer qualquer pessoa que esteja fazendo algo bom. Elas aceitariam receber casas de Pablo Escobar mesmo que tivessem sido construídas com o dinheiro do tráfico de drogas. Lamentavelmente, é nisso que o projeto Goal se transformou", declarou o ex-dirigente. "Eu esperava que esse fosse um projeto institucional. Mas ele favorece Blatter, lhe dá vantagens. E todos pensam que, se um novo candidato vier, não haverá mais projetos Goal", completou Simataa.

Na Zâmbia, o projeto foi aprovado em 2010, mas nada foi feito. A prefeitura de Lusaka decidiu cobrar mais pelo terreno onde seriam feitos os campos, e tudo parou. Em Trinidad e Tobago, a federação local resolveu de forma relativamente simples seus problemas com eventuais escândalos relacionados à construção de um centro de treinamento financiado pela Fifa: impediu a entrada de jornalistas. O local, que custou US$22 milhões, é mais usado hoje para eventos como casamentos e reuniões de partidos. Em 2012, nem mesmo a proibição à entrada da imprensa resolveu: uma auditoria realizada pela Concacaf mostrou que o local não estava registrado no nome da Federação de Futebol de Trinidad e Tobago, mas no de Jack Warner, indiciado pelo FBI por corrupção. Não por acaso, uma das salas para 5 mil pessoas no centro esportivo ganhou o nome de um velho amigo de Warner: Joseph Blatter.

Se a Fifa jamais fez questão de examinar essas contas e se Blatter usou esses programas "sociais" para consolidar seu poder, tudo mudaria em maio de 2015. Diante do volume de dinheiro movimentado, o Ministério Público da Suíça decidiu investigar as doações e os programas de desenvolvimento da Fifa. Os procuradores querem saber até que ponto o dinheiro enviado para cartolas de diferentes partes do mundo foi de fato usado no futebol ou se acabou se transformando numa ferramenta para a compra de aliados e favores.

Os suíços, por exemplo, investigam se os recibos e as notas de obras são reais ou apenas fraudes para justificar o dinheiro enviado. Se entre 1999 e 2014 a entidade distribuiu cerca de US$2 bilhões nesses programas, até 2018 a promessa era gastar mais US$900 milhões nessas iniciativas. Mas a Justiça quer saber quanto desse valor pode ter sido fruto de lavagem de dinheiro.

A preocupação dos suíços contrasta com o que Blatter define como corrupção. Em março de 2011, num jantar com aliados em Genebra, ele respondeu a uma pergunta sobre a crise que já naquele momento assolava a Fifa. Sua resposta revelou parte do que ele acredita ser o papel da democracia e, acima de tudo, do dinheiro: "Existe *a corrupção* e a corrupção. Se eu quero ser eleito prefeito de meu vilarejo, o que devo fazer? Eu vou ao bar da praça central, digo um olá e pago uma rodada a todos. É assim que funciona", declarou na presença da imprensa suíça.

UMA JUSTIÇA CEGA

Se a democracia não é um valor exatamente compreendido na Fifa, tampouco o é o sentimento de justiça. Reconhecendo desde o início do ano

O império sedutor

2000 que a pressão era cada vez maior sobre a instituição e que existia o risco real de um processo legal por corrupção, a entidade optou por uma jogada de efeito: criar seu próprio tribunal, seu próprio juiz, suas próprias regras. A promessa era de que o organismo seria independente tanto do Comitê Executivo da Fifa — uma espécie de poder executivo — como do Congresso — o equivalente ao poder judiciário da entidade. Ironicamente, seus membros vestiam o mesmo terno com o logotipo da Fifa usado pelos cartolas que deviam julgar.

Não foram poucas as vezes que escutei do próprio Blatter que "os assuntos da Fifa são assuntos da Fifa". Ou seja, qualquer intervenção da Justiça seria uma aberração. Na Suíça, ele ainda contava com uma enorme vantagem: seu prédio tinha imunidade, como uma embaixada. Até 2014, toda ação da polícia precisava ser submetida à entidade. Cansados de ter seu nome prejudicado pelos escândalos da Fifa, o governo e o Parlamento, suíço votaram uma mudança nesse estatuto, o que permitiu a ação de maio de 2015. A antiga condição, porém, blindou a entidade por décadas.

A estratégia de Blatter foi levar a Justiça e a polícia para dentro da entidade, na condição de quase cúmplices. Para a Interpol, a organização internacional da polícia criminal, a Fifa anunciou em 2011 um pacote de US$20 milhões em doações, sob a justificativa de "combater apostas ilegais" no futebol. Nos últimos quatro anos, o programa conjunto da Interpol e da Fifa supostamente "contribuiu para prevenir a manipulação de eventos esportivos pelo crime organizado".

Quando ocorreram as prisões de maio de 2015, foi justamente a Interpol que teve de colocar em seu site os rostos dos "procurados", entre eles alguns dos cartolas que haviam concordado em fazer a parceria com a organização policial. Dias depois, o diretor da Interpol, Jurgen Stock, que acabava de assumir a instituição, se apressou em anunciar que estava "rompendo" o contrato com a Fifa. A entidade, segundo ele, não compartilhava dos mesmos "princípios" da polícia mundial. Até a Interpol havia sido seduzida pelo canto da sereia de Zurique.

Blatter também se aproximaria de algumas ongs, da onu e de especialistas em combate à corrupção na esperança de ter a chancela dessas organizações e assim camuflar suas operações ilegais. Uma das entidades que também caíram no conto do vigário foi a Transparência Internacional, referência no combate à corrupção no mundo. O suíço os convenceu de que seu compromisso em reformar a Fifa era real, e a entidade foi convidada a fazer parte de um grupo que iria propor mudanças. Menos de um ano depois, os representantes da sociedade civil, de maneira sábia, romperam o contrato e passaram a evitar envolvimentos com o organismo máximo do futebol. A constatação da Transparência Internacional era evidente: não existe reforma na Fifa.

Oficialmente, a Transparência encontrou uma saída honrosa para romper o acordo: a rejeição à tentativa da Fifa de bancar o salário do suíço Mark Pieth, um dos especialistas que liderariam o Comitê independente da reforma. "Alguém pago pela Fifa não pode fazer parte de uma comissão que se diz independente", justificou Sylvia Schenk, representante da Transparência. Um problema ainda maior, porém, foi que o grupo não obteve autorização para investigar o histórico da entidade. Ou seja, a Fifa aceitaria formar um grupo independente, contanto que estivesse sob seu controle financeiro e que não pudesse investigar seu passado.

Dois anos depois, em 2013, outro membro do grupo anticorrupção da Fifa abandonaria o barco, frustrado com a falta de avanço: a canadense Alexandra Wrage, presidente da Trace, entidade que colaborava com Pieth. "A Fifa continua sendo uma sociedade fechada", declarou ela aos jornalistas em Zurique. No final daquele ano, o próprio Pieth daria um basta ao seu trabalho, depois de ver que parte de sua proposta de reforma não fora sequer considerada pelos dirigentes. Entre suas ideias estava a de colocar um limite aos mandatos eternos de cartolas, algo inaceitável para aqueles que há vinte anos ocupam os mesmos postos.

CABO ELEITORAL

Blatter tinha outro trunfo, que usou por décadas: a capacidade de não assumir posições políticas. Desse modo, montou um império cortejado por ditadores, democratas de esquerda e direita, coronéis, líderes religiosos e todo político que decidisse usar a popularidade do esporte em busca de votos. A regra era simples: Blatter oferecia o futebol como palanque e, em troca, recebia tratamento de chefe de Estado.

O império sedutor

Presenciei isso pela primeira vez em 2006, na sala VIP do Estádio Olímpico de Berlim. Era a final da Copa do Mundo, vencida pela Itália. Uma falsa aparência de diplomacia reinava entre convidados, presidentes, políticos e autoridades. Apenas o futebol tinha a capacidade de colocar em uma mesma sala ex-inimigos políticos e adversários. Alguns deles, como o ex-presidente francês Jacques Chirac e o ex-presidente italiano Giorgio Napolitano, trocaram até apertos de mão, apesar das conhecidas desavenças entre os dois devido, por exemplo, ao poder que Chirac achava que a França deveria exercer dentro da União Europeia (UE).

Na sala relativamente pequena mas luxuosa do estádio, desfilaram personalidades como Kofi Annan, então secretário-geral da ONU, a chanceler alemã Angela Merkel, o presidente alemão Horst Köhler, o chanceler austríaco Wolfgang Schüssel e o ex-presidente americano Bill Clinton. Romano Prodi, ex-primeiro-ministro italiano, lamentou para a imprensa, em Roma, não comparecer ao evento, uma vez que a lei italiana exigia que ou ele ou o presidente do país permanecesse na capital. Também estavam presentes o presidente da África do Sul na época, Thabo Mbeki, como representante do país da Copa seguinte, em 2010, além de modelos, artistas, o promotor da Fórmula 1, Bernie Ecclestone, Jacques Rogge, presidente do Comitê Olímpico Internacional, além da realeza do planeta, como o príncipe Alberto de Mônaco e xeques árabes.

Blatter posava como anfitrião de um dos únicos eventos mundiais que permitem tais encontros inusitados. Na ONU, diplomatas de países supostamente inimigos fazem de tudo para que seus líderes não se cruzem nos corredores da entidade durante as reuniões em que todos são convocados. Na Fifa, a história é um pouco diferente. O ex-secretário de Estado americano Henry Kissinger sentou-se a poucos metros do presidente sul-africano Mbeki no estádio de Berlim. Kissinger, amante declarado de futebol, é acusado de ter apoiado o apartheid da África do Sul nos anos 1970 — e Mbeki foi uma das lideranças perseguidas e presas durante o regime racista em seu país.

Lembro-me de observar o presidente Chirac, no final da Copa de 2006, afundado em sua poltrona e visivelmente nervoso durante os pênaltis que levaram a Itália a derrotar a França. Além de ter de reconhecer a vitória de seu rival político na Europa, o francês teve de dividir as atenções da imprensa francesa com a então favorita nas pesquisas para as eleições presidenciais na França em 2007, Ségonèle Royal, que também foi a Berlim e estava na ala VIP.

A sala de convidados do estádio de Berlim era um microcosmo da realidade criada pela Fifa: um verdadeiro poder paralelo, bilionário e que confiscou uma das maiores paixões do mundo, o futebol. Diante dele, líderes são meros espectadores. Em Berlim, nenhum dos chefes de Estado imaginava concorrer em popularidade com Zidane, Materazzi, Pirlo ou qualquer outro astro. E a Fifa sabia disso. Cenas parecidas se repetiriam na final da Copa de 2010, na África do Sul, e em 2014, no Brasil. Alguns desses políticos circulavam sem ser notados, como o vice-presidente dos EUA, Joe Biden, enquanto a atenção dos demais convidados estava focada no campo. O secretário-geral da ONU, Ban Ki-moon, também caminhava sem ser abordado.

Paradoxalmente, para permitir que todos usem o futebol como palanque e ofereçam algo em troca, Blatter insiste em uma regra de ouro: esporte e política não se misturam. Aparentemente, isso pode fazer sentido, no esforço de proteger o futebol da manipulação partidária ou ideológica. Mas a lógica é justamente a contrária. Ao estabelecer tal regra, Blatter tem para si o monopólio do uso político do futebol e pode oferecer a governos de diferentes tendências o mesmo palco. Sem preferência. O dinheiro não tem ideologia, e Blatter adotou o mesmo princípio para o futebol, desde que o comando fosse dele.

Durante a década de 1970, Blatter e Havelange perceberam esse papel estratégico que a Fifa poderia ter no cenário político internacional. O mundo vivia a era da descolonização da África e da Ásia. Habilidosa, a entidade procurou cada novo Estado para fazer uma proposta simples: nenhum país é soberano de fato se não contar com uma seleção de futebol que aglutine o sentimento popular e nacionalista. Ter um assento na ONU pode ser importante, mas ter uma seleção na Fifa é fundamental.

Com a ajuda da Adidas, a Fifa ajudou a criar federações nesses novos nichos, apoiou seleções, deu uniformes e organizou jogos. Mais tarde, abriu vagas na Copa do Mundo para esses países, e Havelange e Blatter criariam sólidos laços de amizade com a elite local. Com isso, a Adidas ganharia novos mercados e a dupla de dirigentes somaria fiéis escudeiros.

A lógica era clara: ninguém faz amigos em meio a uma crise. É na crise que você sai em busca dos amigos já consolidados.

O interesse pelo continente africano começou com João Havelange, quando ele ainda era o mandachuva do esporte no Brasil. No comando da entidade que levou a Seleção ao tricampeonato do mundo, Havelange percorria o continente africano em amistosos realizados em países aliados. Sua generosidade era tão grande que ele deixava a renda da partida inteiramente para os organizadores do jogo.

Em casa, ele ainda contava com o respeito dos generais que comandaram o Brasil nos anos 1970. Afinal, com sua Seleção, o cartola garantia o pouco de prestígio que o país ainda tinha no exterior. Em troca do apoio dos generais, Havelange fez questão de permanecer em total silêncio quando dezenas de entidades internacionais criticaram a decisão da Fifa de sediar a Copa de 1978 na Argentina, controlada na época por um dos piores regimes militares da América Latina. Nas raras vezes que tratou do assunto em público, Havelange se limitou a dizer que o Mundial mostrava "finalmente a verdadeira cara da Argentina". Vinte anos depois, ele enfrentou organizações de direitos humanos ao realizar o Mundial de Juniores de 1997 na Nigéria, então sob o regime do ditador Sani Abacha.

Ao propagar o ideal de que futebol e política não se misturam, a Fifa blindou o esporte mais popular do planeta e abriu a possibilidade de que fosse usado por todos — inclusive por ditadores — para se promover. O resultado seria nada menos do que uma dívida implícita dessas pessoas com a Fifa.

PRIVATIZANDO O FUTEBOL

Além dos votos, da polícia e dos políticos sob suspeita de terem sido comprados, um quarto pilar do império construído por Blatter garantiria seu oxigênio para poder administrar a Fifa sem depender de ninguém: dinheiro. Muito dinheiro. Nos anos 1970, Blatter adotou uma estratégia que revolucionou o esporte mundial. A Copa daquele ano, realizada no México, foi a primeira a ser transmitida em cores pela televisão. A Fifa chegou a criar os cartões amarelos e vermelhos, aproveitando a "nova tecnologia".

Mas a televisão e as transmissões representavam algo ainda mais importante: a imagem do futebol ganharia o planeta, inclusive em locais que jamais teriam uma seleção competitiva. O mundo poderia acompanhar Pelé e Beckenbauer. Mas, nos bastidores da Fifa, o que rapidamente se percebeu é que o mundo também veria as imagens dos patrocinadores. O pacote estava fechado: o futebol seria transmitido ao mundo pela nova tecnologia e, junto com ele, o capitalismo poderia ter uma vitrine privilegiada para expor suas marcas.

Restava apenas uma medida a ser tomada: privatizar o futebol para poder vendê-lo nesse esquema. E foi justamente isso que a Fifa fez. A entidade passou a ter um controle absoluto sobre a venda dos direitos de imagens de suas competições, em especial a Copa do Mundo. Para exibir jogos de futebol, as televisões teriam de pagar a quem os organizava — a Fifa. A mesma exigência era feita a quem quisesse ter sua marca vinculada ao futebol e ao Mundial: pagar à Fifa, a autodenominada dona da Copa do Mundo. Não haveria nenhum problema desde que todo o dinheiro arrecadado por esse esquema fosse de fato utilizado no futebol, como uma espécie de imposto que teria de ser pago para desenvolver o esporte pelo mundo. Mas, como ficou claro pela investigação do FBI, parcelas milionárias desse dinheiro foram desviadas para o bolso dos dirigentes por meio de extorsões e ameaças.

A receita funcionou e a entidade conseguiu multiplicar seus lucros. A Copa da Itália de 1990, por exemplo, teve uma renda de US$95 milhões somente com a venda de direitos para as emissoras. Quatro anos mais tarde, o valor chegou a US$110 milhões, passando para US$135 milhões em 1998 e US$1,3 bilhão na Copa de 2002. Em 2014, superava a marca de US$2,5 bilhões. Empresas multinacionais estavam dispostas a pagar cada vez mais para ter o benefício exclusivo de ver suas marcas associadas ao maior evento esportivo do planeta. Sabendo disso, a Fifa passou a cobrar um valor ainda mais elevado por esse "direito".

Nos Estados Unidos, a ABC e a ESPN se uniram para pagar US$100 milhões extras a fim de exibir as Copas de 2010 e de 2014, mesmo que na época não soubessem nem mesmo onde os eventos ocorreriam. Ainda no mercado americano, a Univision Communications pagou US$325 milhões pelos direitos de transmitir, apenas em espanhol, duas Copas, incluindo sinais para celulares.

O império sedutor

Privatizar o sinal dos jogos ou a Copa do Mundo, porém, não era suficiente. Para melhor explorar comercialmente os eventos, a Fifa montou outro esquema: registrar todos os produtos, emblemas e até o troféu do vencedor. Tudo teria de ser transformado em marcas protegidas e, acima de tudo, negociadas e vendidas por muitos milhões. Uma pesquisa feita pela própria entidade apontou que o troféu da Copa é reconhecido por 90% da população mundial. Assim, colocar a marca de uma empresa ao lado do objeto de cobiça do planeta poderia ser um bom negócio, com a condição de que o uso da imagem fosse pago. Nem mesmo a bola ficaria de fora do esquema milionário. Antes de Blatter desembarcar na Fifa, a entidade já tinha percebido que tudo podia ser vendido, até mesmo o objeto considerado pelo dramaturgo Nelson Rodrigues como "um reles, um ínfimo, um ridículo detalhe".

Em 1970, pela primeira vez a Copa teria uma "bola oficial". Ou seja, a Adidas poderia promover em todo o mundo o fato de que era seu o produto que percorria os gramados do México de pé em pé. E, para isso, contava com a televisão. A transmissão foi feita em cores pela primeira vez, mas milhões de pessoas ainda tinham aparelhos em preto e branco. A estratégia da Adidas e da Fifa foi modificar a bola e incluir gomos pretos, permitindo sua melhor visualização. Ela também ganhou um nome: Telstar, numa referência aos satélites lançados nos anos 1960 pela Nasa, que tinham uma aparência muito semelhante à das novas bolas da Adidas.

Ali começaria uma parceria que renderia milhões para a Fifa e, por anos, transformaria a Adidas na maior empresa de produtos esportivos do mundo — antes de ser confrontada pela Nike. Quatro anos depois, quando o Mundial foi disputado no país sede da Adidas, a Alemanha, a empresa seria autorizada pela Fifa a colocar seu logotipo na bola. Atualmente, para mostrar que é a fornecedora das bolas oficiais da Copa, a multinacional concordou em depositar anualmente US$80 milhões na conta da Fifa, num acordo que foi prolongado até 2030 e divulgado pela organização. Nos próximos quinze anos, portanto, a Adidas encaminhará para a entidade um total de US$1,2 bilhão.

A questão do marketing e do monopólio é tratada com tanta seriedade na Fifa que a entidade decidiu criar, nos anos 1990, um departamento com mais de 150 especialistas exclusivamente para proteger suas marcas e processar violadores de direitos. A Fifa sabia que só seria capaz de aumentar o valor das marcas "Fifa" e "Copa do Mundo" se garantisse ao pequeno número de empresas que assinassem os contratos que elas seriam as únicas a colocar seus produtos ao lado dessas grifes. Para assegurar esse direito, a Fifa registrou o logotipo da Copa em 153 países. Como um termômetro do sucesso do futebol no mundo e da própria entidade, a Fifa identificou às vésperas da Copa do Mundo da Alemanha, em 2006, mais de 3,3 mil empresas em 84 países que teriam usado ilegalmente suas marcas. E isso somente naquele ano! Em 1994, no Mundial dos Estados Unidos, essas violações somaram 258 casos em 39 países. Se, por um lado, a Fifa apenas está protegendo sua marca para poder explorar o evento comercialmente, é a amplitude dos nomes registrados e a submissão dos poderes locais a essa força econômica que chamam a atenção até mesmo de especialistas em propriedade intelectual. Diante das regras draconianas estabelecidas pela Fifa, até mesmo a Organização Mundial de Propriedade Intelectual — que registra e regula as normas de patentes — optou por se distanciar da entidade esportiva, considerando suas práticas abusivas.

A Fifa criou uma verdadeira patrulha durante os Mundiais para vistoriar as áreas próximas aos estádios e garantir que só fossem exibidas as marcas de seus patrocinadores, que pagam milhões pelos direitos de unir seus nomes ao prestígio das Copas. Nos jogos realizados na Alemanha em 2006, por exemplo, cerca de cem pessoas foram destacadas para inspecionar as ruas de Berlim, Munique ou Hamburgo. Até mesmo as cervejas tradicionais das cidades que sediavam a Copa e as salsichas — quase sagradas para um torcedor alemão — foram proibidas. Isso porque a rede McDonald's tinha obtido a exclusividade de servir lanches nas áreas próximas aos estádios.

Blindada e bilionária, a Fifa viveu sua expansão sob a presidência do brasileiro João Havelange. Mas foi com Blatter, a partir de 1998, que se transformou em um verdadeiro centro de poder. Quando a Copa de 2014 terminou, ela estava sentada sobre uma fortuna, com reservas de US$1,5 bilhão. Se fosse um país, a entidade com sede em Zurique teria um PIB superior ao de nações como Cabo Verde, Guiana, Libéria, Timor Leste, Gâmbia ou Guiné-Bissau, por exemplo. Se Blatter exigia um tratamento de chefe de Estado era porque, de fato, assim se sentia. Com o mundo a seus pés.

ALUGANDO JOGADORES

Em alguns aspectos, a Fifa teve de ceder, mas sempre para conservar o monopólio sobre o futebol. Um desses casos foi sua relação com os grandes clubes europeus, que a partir do fim dos anos 1990 acumularam um poder que passou a ameaçar a Fifa. Desde o final daquela década travou-se uma guerra nos bastidores entre a entidade e os maiores clubes do mundo, que reivindicavam mais poderes dentro da oligarquia do futebol. Esses times julgavam-se os atores centrais do esporte e, no fundo, os responsáveis pelos salários e pela saúde dos jogadores. Pela hierarquia da Fifa, são as confederações nacionais, e não os clubes ou os jogadores, que participam de suas decisões. Qualquer ameaça a esse modelo passou a ser considerada uma ameaça ao poder da Fifa.

Mas foi cada vez mais difícil ignorar a pressão desses clubes. Real Madrid, Barcelona, Lyon, Arsenal e outros formaram, ainda na década de 1990, o G-14, grupo cujo objetivo era lutar pelos direitos das equipes e que chegou a ameaçar criar um campeonato paralelo, sem seguir o calendário da Fifa e sem ter de dividir seus lucros com a entidade. Blatter, em um artigo no prestigioso jornal *Financial Times*, acusou esses clubes de "gananciosos" e o assunto acabou parando nos tribunais.

Os argumentos das agremiações eram válidos. Afinal, deixaram de ser organizações amadoras para se transformar em empresas cotadas nas bolsas de valores. Portanto, queriam garantias de que poderiam contar com seu capital — os jogadores —, de que teriam tempo para desempenhar suas funções mais lucrativas e de que não teriam de se submeter às vontades políticas da Fifa ou das federações nacionais. Clubes como o Real Madrid chegam a perder mais da metade de seu time em dias de amistosos entre seleções. Além de fornecer jogadores para a seleção da Espanha, o clube também conta com alguns dos principais craques de seleções de diversas partes do mundo. Os dirigentes se queixavam de que seus jogadores voltavam exaustos de partidas internacionais apenas para forrar os cofres da CBF e de outras entidades em jogos contra equipes sem expressão. Os clubes ainda corriam o risco de perder algum atleta por contusão e reclamavam de acabar sendo punidos por ter grandes jogadores, uma vez que eram obrigados a pagar seus altos salários e lidar com a realidade de que muitos atletas retornavam dos amistosos sem poder atuar no time em consequência de problemas físicos. A ameaça de uma ruptura no futebol era a cada dia mais iminente.

Foi assim que, com senso de sobrevivência, Blatter aceitou um acordo com os clubes no início de 2008, depois de mais de uma década de insultos mútuos. Ele sabia que tinha duas opções: gerar uma fratura grave no futebol mundial ou levar para a Fifa o poder financeiro que já estava nas mãos dos clubes. Em uma negociação realizada em total sigilo, Blatter e os cartolas de Barcelona, Real Madrid, Porto, Ajax, Milan, Juventus, Chelsea e da Uefa selaram o reconhecimento de que esses clubes passavam a ter peso político dentro do futebol. Isso, porém, com a promessa de que o poder supremo da Fifa sobre o esporte não seria questionado.

Pelo "acordo de paz", os clubes europeus finalmente foram reconhecidos pela Fifa e pela Uefa como parte da cúpula que toma as decisões do futebol. Depois de anos de conflitos sobre a liberação de jogadores e processos nos diferentes tribunais europeus, os cartolas se reuniram para firmar uma carta de intenções e aceitar a criação de uma entidade formada apenas pelos clubes europeus para influir nas decisões da Fifa. De um lado, os clubes aceitavam retirar todos os processos existentes nas cortes contra a Fifa e contra a Uefa. Em troca, as entidades cediam e reconheciam a criação de uma nova organização internacional composta exclusivamente por clubes. A nova entidade reuniu mais de cem times europeus e passou a se chamar Associação de Clubes Europeus, inclusive com um representante na estrutura da Fifa.

Além disso, o pacto determinou que os clubes deveriam receber um valor em dinheiro sempre que um de seus jogadores fosse cedido a uma seleção para um Mundial. Inicialmente, um total de US$252 milhões foi colocado em um fundo para atender a essas necessidades e pagar os times cujos atletas fossem convocados para Copas do Mundo e para as Eurocopas de 2008 e 2012. Numa mudança de discurso, a organização comemorou o entendimento como um sinal do "novo capítulo nas relações entre as entidades e os clubes". "Os clubes, que são a célula básica do jogo, estão finalmente se tornando parte da organização piramidal do futebol", afirmou Blatter, ao assinar o entendimento. O espanhol Joan Laporta, então presidente do Barcelona, afirmou que o acordo era uma "vitória de todos".

A partir de 2010, o aluguel pago pela instituição aos clubes aumentou de maneira exponencial a cada torneio realizado. Para 2022, por exemplo, a previsão já feita pela entidade é que os times receberão um total de US$214 milhões por emprestar seus jogadores às seleções nacionais. E o acordo valerá para todos os clubes no mundo. O valor é quatro vezes maior do que aquele que foi pago em 2010.

Seja qual for o futuro dessas compensações, e afora o debate sobre se é moralmente aceitável que um clube alugue seu jogador para uma competição entre nações, a realidade é que a Fifa conseguiu, com o acordo, blindar-se mais uma vez e evitar ser levada à Justiça. Um dos pontos mais destacados pelos negociadores foi o de que o entendimento prevê, basicamente, que nenhum clube pode processar a Fifa na Justiça comum. Se os maiores times do mundo não podem questionar o que ocorre dentro da organização, quem, então, teria força para isso?

A IMPUNIDADE

O poder, porém, não conseguiu afastar as brigas internas que, diante de cofres cada vez mais cheios, começavam a proliferar. Se as prisões de maio de 2015 representaram o maior golpe na história da Fifa, vinte anos antes a entidade viveria um primeiro teste de estresse. Nesse momento ficaria claro que a impunidade reinaria num império construído com base em clientelismo, relações pessoais e muita suspeita de suborno.

No centro dos escândalos estava a ISL-ISMM, parceira de marketing de longa data da Fifa. O caso quase levou a entidade máxima do futebol à falência e envolvia a empresa que, oficialmente, existia para revender ao mundo os direitos de transmissão para as Copas. Era o sangue da Fifa que passava por ali. Sem esse dinheiro, sem esses acordos, a Fifa não existiria. A ISL-ISMM, portanto, não era apenas uma empresa. Era o banco paralelo e submerso da organização.

Uma troca de cartas entre a instituição e uma empresa alemã que também queria obter os direitos de transmissão para a TV da Copa de 2002 evidenciaria a sensibilidade da organização com relação ao tema. Em 18 de agosto de 1995, o belga Eric Drossart, vice-presidente da IMG, líder mundial em produção e distribuição de programas esportivos na TV, enviou uma carta ao então secretário-geral da Fifa, Blatter. Nela, a empresa oferecia US$1 bilhão pelos direitos em todos os mercados. "Estamos em posição de fazer uma oferta conjunta com a Uefa para a aquisição dos direitos de exclusividade de transmissão da Copa do Mundo de 2002", afirmava Drossart.

Onze dias depois, Blatter respondeu, agradecendo a "valiosa oferta". Na mesma carta, porém, revelava que não havia gostado do fato de que a proposta tivesse circulado também entre os 24 membros do Comitê Executivo. "Temos de expressar nossa surpresa de que cópias da carta foram enviadas a todos os membros do Comitê Executivo. Não estamos convencidos de que essa seja a melhor maneira de negociar", afirmou. Blatter deixava claro que os demais dirigentes não deveriam ser informados das propostas e decisões da cúpula, um sinal evidente da tensão e da desconfiança entre os cartolas dentro da Fifa.

Um ano depois, a IMG recebeu mais um comunicado, com as condições para a licitação. A Fifa não venderia apenas os direitos para 2002; o mesmo pacote seria válido também para 2006. O prazo para que a oferta fosse feita era bem curto: um mês. Drossart respondeu sem pudor: "Estou assustado com o conteúdo de sua carta. Há claras inconsistências relativas à base sobre a qual os direitos serão negociados. Além disso, o texto mostra um tratamento preferencial para outras empresas".

Na verdade, essa preferência era dada a uma única empresa, a ISL--ISMM, que acabou ganhando os contratos para 2002 e 2006. A ISL-ISMM foi fundada em 1982 pelo presidente da Adidas, Horst Dassler, o mesmo que apoiou a candidatura de Havelange nos anos 1970 e, mais tarde, a de Blatter. Ele foi provavelmente um dos primeiros a recorrer ao esporte como veículo de propaganda para seus produtos. Seu assistente direto, Jean Marie Weber, conhecia Blatter desde os anos 1970. Depois da morte de Dassler, em 1987, Weber ficou responsável pelo relacionamento com a Fifa e com o COI dentro da Adidas e até hoje perambula pelos corredores dos hotéis dos cartolas, sempre levando uma pasta de couro que só pode ser aberta com um código que apenas ele conhece. Não por acaso, ele é conhecido como o *"bag man"*, ou o "homem da mala", entre os dirigentes.

Mas o problema é que em 2001, às vésperas da Copa do Mundo no Japão e na Coreia e às vésperas das eleições na Fifa, a ISL-ISMM pediu falência, deixando uma dívida de US$300 milhões. Investigadores suíços passaram três anos examinando o segundo maior caso de falência na história do país, tentando responder a uma pergunta que causava muita controvérsia: como é que a empresa que detinha os direitos do maior evento do mundo poderia quebrar? Em 2000, a empresa tinha um saldo negativo milionário na conta. Ninguém entendia.

Na pequena cidade de Zug, no centro da Suíça, o procurador Thomas Hildbrand denunciou um esquema de corrupção, com base em inúmeras evidências. Sua suspeita era a de que a empresa teria sido usada por anos para fazer pagamentos paralelos, a fim de garantir contratos para os dirigentes da Fifa. Para chegar a essa conclusão, Hildbrand viajou ao Brasil e a vários outros países coletando informações, pois parte do dinheiro supostamente desviado teria vindo de um pagamento feito por emissoras de televisão brasileiras à ISL-ISMM, em troca dos direitos de transmissão da Copa.

Depois de uma ampla investigação, Hildbrand concluiu que os dirigentes da empresa haviam praticado fraude, desvio de dinheiro e falência fraudulenta, e pediu a prisão de alguns deles. Por ironia do destino, Hildbrand e Blatter eram do mesmo povoado, Visp, no cantão do Valais. Suas famílias tinham até mesmo túmulos vizinhos no cemitério da pequena e pacata cidade.

Sete anos depois, em março de 2008, a Corte de Zug acusou formalmente a ISL-ISMM de pagar propina por meio de uma fundação em Liechtenstein, um principado na Europa. Seis executivos teriam distribuído cerca de US$18 milhões a pessoas responsáveis por negociações de direitos de transmissão para vários eventos e, se condenados, poderiam pegar até quatro anos de prisão.

Um dos envolvidos era o presidente da Confederação Sul-Americana de Futebol, o paraguaio Nicolás Leoz, que teria recebido propina. Duas semanas depois da revelação, Leoz não compareceu a uma reunião do Comitê Executivo da Fifa, da qual era um dos vice-presidentes. O Comitê decidiria, entre outras coisas, questões fundamentais para a América do Sul, como a autorização para jogos em campos acima de 3 mil metros de altitude. A Fifa chegou a explicar que Leoz seria submetido a uma cirurgia, mas se recusou a dar detalhes de qual seria o problema de saúde do paraguaio.

Política, propina e futebol

O Ministério Público da Suíça apresentou à Corte de Zug a denúncia de que a ISL-ISMM teria feito depósitos suspeitos a fundações com nomes como NUNCA e Sunbow, a primeira registrada em Liechtenstein e a segunda, nas Ilhas Virgens Britânicas. A Sunbow teria aberto suas contas no banco LGT e, em maio de 1999, o equivalente a US$32 milhões teria sido depositado na conta 193 223-31, com apenas uma informação: "Custos para a aquisição de direitos". Dessa conta, 18,1 milhões de francos teriam sido transferidos para pessoas envolvidas em contratos com a ISL-ISMM, dos quais 211 mil francos suíços teriam ido para Leoz. O restante do dinheiro foi supostamente distribuído para fundações registradas em Vaduz, capital de Liechtenstein.

Dentro da Fifa, o assunto começaria a criar turbulência. A denúncia já era pública, mas o batalhão de advogados de Blatter trabalhou no sentido de manter em sigilo os nomes daqueles que receberam propina. Pela lei suíça, há uma manobra legal que permite isso: reconhecer a culpa, pagar uma multa e ter o processo arquivado para sempre. Foi o que aconteceu. Em 2010 foi fechado um acordo com a Justiça, e o caso da ISL-ISMM acabou sendo lacrado, teoricamente para sempre. Dois dirigentes envolvidos fizeram um acordo com o procurador suíço e devolveram US$2,5 milhões à Fifa. Seus nomes não foram revelados.

Em dezenas de coletivas de imprensa desde 2010, Blatter insistia: o caso está encerrado e a Fifa deve olhar para o futuro.

O que nem a entidade nem os cartolas envolvidos imaginavam é que um jornalista suíço lançaria uma operação que teria um profundo impacto. Jean François Tanda, repórter de grande prestígio e um dos poucos que ousaram desafiar a Fifa, entraria, por conta própria, com um processo na Justiça exigindo acesso ao acordo da ISL-ISMM. Advogado, ele se basearia em um processo similar registrado anos antes e que também havia sido lacrado. Outros jornalistas entraram com um recurso e conseguiram convencer o Supremo Tribunal Federal suíço de que a informação era de relevância para o público.

Tanda, no caso da Fifa, seguiu a mesma lógica, assim como o Tribunal. Em 2012 a Justiça publicaria o acordo e não deixaria dúvidas: a entidade e a empresa estavam envolvidas em propina, subornos e um esquema de evasão fiscal. O Tribunal Federal da Suíça entendeu que o assunto era de "interesse público" e, em 42 páginas, mapeou o esquema de corrupção que tomara conta da Fifa. Foram João Havelange e Ricardo Teixeira os responsáveis pelo fechamento do acordo que deveria manter seus nomes em segredo. O escândalo do pagamento de propina escancarava trinta anos de um sistema de corrupção pesada. Segundo as conclusões da Justiça suíça, os brasileiros cometeram vários crimes, como enriquecimento ilícito e prejuízo para a Fifa, além de colocar seus interesses pessoais acima dos interesses do futebol. Eles fraudaram a Fifa e, em consequência, fraudaram também o futebol e o torcedor.

Documentos oficiais da Justiça suíça apontaram para o pagamento de comissões no valor de US$122,5 milhões feito pela ISL-ISMM a cartolas de várias partes do mundo. A Fifa foi acusada de omissão por não conseguir controlar os subornos. Em 2012, depois de anos tentando abafar o escândalo e esconder a realidade, decisões judiciais públicas revelaram a dimensão da corrupção no período em que Havelange esteve no poder.

Num incidente que demonstra como a Fifa funciona, um dos depósitos do suborno a Havelange foi feito, de forma equivocada, para uma conta oficial da entidade no dia 3 de março de 1997. Quando o departamento financeiro constatou a entrada inexplicável de US$1,5 milhão vindo da ISL-ISMM, decidiu chamar o então secretário-geral da entidade, Joseph Blatter. A investigação da Justiça apontou que, ao ver do que se tratava, sua ordem foi clara: ninguém vira aquele dinheiro, que deveria seguir imediatamente para a conta de seu chefe, Havelange, sob o nome de Renford Investments.

De uma maneira constante, segundo a Justiça, a propina teria sido paga a Teixeira e Havelange para que influenciassem a Fifa na decisão de quem ficaria com os direitos de transmissão das Copas de 2002 e 2006, incluindo o mercado brasileiro. Uma rede de televisão no Brasil é citada como uma das envolvidas no suborno, ainda que seu nome tenha sido mantido em sigilo no documento público, uma vez que o processo não era contra ela. Naqueles Mundiais, os direitos de transmissão eram da Rede Globo. Para os suíços, o serviço dos dois cartolas teria sido comprado por essa e outras empresas que queriam manter contratos e relações com a Fifa.

O documento revela uma movimentação milionária nas contas de Teixeira e Havelange. Ambos receberam subornos no valor total de pelo menos 21 milhões de francos suíços, depositados em contas abertas em paraísos fiscais. Os pagamentos ocorreram entre 1992 e 2004, e o tribunal decidiu processar os brasileiros por "atos criminosos em detrimento da Fifa". "Eles causaram prejuízos para a Fifa por seu comportamento e enriqueceram ilicitamente", diz um trecho.

Parte substancial da denúncia é dirigida a Havelange, acusado de não repassar pagamentos aos cofres da Fifa. Ele também foi denunciado por "administração desleal". "Havelange usou ilegalmente ativos confiados a ele para seu próprio enriquecimento em várias ocasiões", apontou o documento. O cartola recebeu propina de uma empresa brasileira para garantir o contrato de transmissão da Copa de 2002. De acordo com a denúncia, Havelange "embolsava o dinheiro" das empresas que compravam sua influência como presidente da Fifa para garantir contratos.

Teixeira também recebeu propinas de empresas interessadas em usar seus serviços para obter contratos na Fifa. Segundo a Justiça suíça, ele presidia a federação de futebol "mais poderosa" do mundo: a CBF. Os subornos compravam influência na Fifa e garantia de contratos no Brasil. O pagamento ao ex-presidente da CBF ocorria por meio de uma empresa que ele teria estabelecido em Andorra, outro paraíso fiscal. Um intermediário era usado para transferir, em nome do brasileiro, o dinheiro para suas contas. O agente retirava os ativos em espécie e alimentava as contas de Teixeira. Antes da Copa de 2002, o Brasil fez uma parada em Andorra para um amistoso contra a seleção local. Pessoas que faziam parte da CBF me disseram que o jogo foi uma forma de Teixeira agradecer aos atravessadores locais pelo serviço de suposta lavagem de dinheiro. O uso de Andorra pelo ex-dirigente teria perdurado até 2004.

A exemplo de Havelange, o documento apontou que "Teixeira usou ilegalmente ativos confiados a ele para seu próprio enriquecimento em várias ocasiões". Somente entre 1992 e 1997 ele teria recebido US$12,7 milhões. O dinheiro teria vindo de comissões de acordos entre empresas e a Fifa para o uso do nome da Copa do Mundo, assim como para "a transmissão da Copa de 2002 no Brasil".

A investigação conduzida pelo procurador Thomas Hildbrand evidenciou, ainda, um esquema de corrupção presente na Fifa desde os anos 1970, quando Havelange assumiu o poder. Testemunhas contam que a ISL-

O império sedutor

-ISMM foi utilizada como caixa 2. Abriu contas em paraísos fiscais para receber e pagar propinas. O dinheiro vinha, em grande parte, de empresas que pagaram pela transmissão das imagens das Copas de 2002 e 2006. No caso do Brasil, o valor do contrato era de US$220 milhões. Outros contratos chegavam a US$750 milhões.

Tão reveladora quanto os valores do suborno foi a forma pela qual os advogados dos envolvidos e da Fifa tentaram explicar as acusações de corrupção. Em um dos trechos da defesa, publicado no documento oficial da Corte, a Justiça relata como os advogados da Fifa tentaram convencer os juízes, em uma audiência, de que não havia problemas na atitude de Teixeira e Havelange. Além disso, eles alegaram a impossibilidade da implementação da proposta da Justiça para que os cartolas restituíssem US$2,5 milhões aos cofres da organização. Entre os vários motivos para a não devolução do dinheiro, os advogados da Fifa apresentaram um argumento surpreendente: o de que a "maioria da população" de países da América do Sul e da África tem nos subornos e propinas parte de sua renda "normal":

> Os representantes legais da Fifa são de opinião, ainda, de que implementar a devolução do dinheiro seria quase impossível. Eles justificam isso, *inter alia* [termo usado no meio jurídico para designar "entre outras coisas"], com o argumento de que uma queixa da Fifa na América do Sul ou na África dificilmente seria aplicada, pois pagamentos de subornos pertencem ao salário recorrente da maioria da população.

Ou seja, Teixeira não devolveria o dinheiro porque todos temos parte da renda completada por subornos. Seria essa a suposta "cultura" dos brasileiros. Mais do que um absurdo e uma ofensa a milhões de pessoas, a estratégia da defesa revela, no fundo, a imagem que a entidade tem do país e de seus representantes. Essa imagem, de tão enraizada, foi usada até mesmo diante da Justiça.

O acordo entre os cartolas e a Justiça significou que houve condenação, mas impediu o processo de ir adiante. A multa foi paga por Teixeira e Havelange para que seus nomes permanecessem em sigilo. Não houve nem mesmo confissão de culpa.

Mas o terremoto era de grandes proporções. Blatter não resistiu à pressão e foi obrigado a reconhecer que sabia do esquema de corrupção. Os documentos da Justiça mostram com clareza que ele, ex-braço direito de Havelange, também foi citado. A Corte apenas falava de um indivíduo marcado como P1, sem apresentar seu nome. Mas, diante das cobranças, Blatter decidiu reconhecer que P1 era ele: "Sim, sou eu", afirmou em uma entrevista publicada no próprio site da Fifa.

Para se defender, Blatter também usou um argumento surpreendente. Alegou que, nos anos 1990, o pagamento de subornos não era crime na lei suíça e que, portanto, não tinha o que denunciar. De fato, a lei suíça e a de diversos países europeus não puniam o pagamento de subornos e permitiam até que comissões fossem incluídas no imposto de renda.

Na época, Blatter não falou com a imprensa. Para se explicar, apenas respondeu a perguntas feitas pela própria assessoria de imprensa, em uma mensagem controlada:

> Assessoria: O senhor supostamente sabia [do pagamento de propinas]?
> Blatter: Saber o quê? Que comissões eram pagas? Naquela época, tais pagamentos podiam ser deduzidos até mesmo de impostos, como gastos de negócios. Hoje, seriam punidos pela lei. Não se pode julgar o passado com base nos padrões de hoje. Caso contrário, estaríamos falando de justiça moral. Eu não poderia saber de uma ofensa que na época não era ofensa.

O objetivo de Blatter era colocar um ponto final à crise e se blindar. Mas, para isso, precisava dar um sinal ao mundo de que a entidade estava sendo administrada com ética e que as maçãs podres seriam excluídas. Ironicamente, ele só poderia agir de uma maneira: expulsando da Fifa seu mentor e ex-chefe, João Havelange, naquele momento considerado o "grande padrinho" de todos os cartolas e detentor do título de presidente de honra da entidade.

O brasileiro avisou: não aceitaria traição nem humilhação pública. A solução encontrada foi um acordo pelo qual Havelange deixaria a Fifa, renunciando a seu cargo. Assim, ele não seria punido nem recriminado publicamente, enquanto continuaria a receber sua aposentadoria.

Assim, em abril de 2013, teve um fim melancólico o homem que chegou a ser considerado o dirigente esportivo mais poderoso do planeta. Havelange deixou a Fifa no dia 18 de abril, aos 97 anos. Nenhum comu-

O império sedutor

nicado foi feito para explicar a saída da pessoa que traçou os caminhos do futebol por quarenta anos. Nenhum anúncio e, claro, nenhuma festa de despedida. A Fifa reconheceu publicamente a renúncia em 30 de abril, data em que publicou os resultados de uma investigação interna sobre a ISL-ISMM. Sem alarde, em segredo, a entidade vinha realizando, paralelamente ao julgamento nos tribunais suíços, uma investigação própria. O resultado dessa investigação foi a constatação da existência das propinas, a exemplo da conclusão a que chegou a Justiça da Suíça. Mas o tribunal da Fifa optou por um julgamento de valor diferente.

A averiguação interna comprovou que Havelange recebera milhões de dólares em propinas. No relatório que apresentou, o presidente da câmara decisória do Comitê de Ética da Fifa, o alemão Hans-Joachim Eckert, indicou que tanto Havelange como Teixeira tiveram uma "conduta moral e eticamente reprovável". Mas Eckert optou por enfatizar que aceitar propina não era considerado um crime na Suíça na época do ocorrido. Ao mesmo tempo, o alemão pontuou: "Entretanto, é claro que Havelange e Teixeira, como dirigentes do futebol, não deviam ter aceitado nenhum tipo de suborno, e teriam de devolvê-lo desde que o dinheiro estivesse em conexão com a exploração de direitos de mídia". Ainda assim, Eckert entenderia que qualquer medida ou sugestão de punição a ser tomada contra o brasileiro teria caráter "supérfluo", já que os efeitos de uma suspensão em quem já está fora do esporte seriam de pouco impacto. O Comitê de Ética informou ainda que, como Havelange havia renunciado dez dias antes, não haveria como puni-lo. A renúncia silenciosa blindou o cartola. Uma vez mais a Fifa provava que suas leis existem apenas para os inimigos.

A renúncia de Havelange também encerrou o caso ISL-ISMM, evitando que a Fifa tivesse de votar, em maio daquele ano, se expulsaria o brasileiro, o que seria um vexame global. Depois de pagar um acordo na Justiça, Havelange também seguiria em total impunidade ao impedir, por meio da renúncia, que a entidade o condenasse.

Ele já havia conseguido fugir de punição semelhante em 2011, no Comitê Olímpico Internacional, do qual fez parte por 48 anos e que também o investigava. O COI, com sede em Lausanne, na Suíça, atravessara, vinte anos antes, uma crise de corrupção semelhante à da Fifa e criara seus próprios órgãos internos de controle. Mas, assim como na entidade do futebol, o que prevaleceu no final foi a impunidade. Pelas regras do COI, o Comitê também era obrigado a abrir uma investigação sobre o envolvimento de Havelange com a ISL-ISMM. Os documentos oficiais da Corte suíça ainda nem tinham sido publicados. Mas o COI dispunha de informações suficientes para investigar o caso. Só que, alegando problemas de saúde, o brasileiro deixou a entidade em dezembro de 2011, dias antes de o Comitê Olímpico anunciar sua eventual condenação contra ele. Fora da entidade, Havelange conseguiu que o COI arquivasse para sempre o caso, sob a alegação de que não poderia julgar alguém que já não faz mais parte da entidade.

Num encontro com a imprensa em Lausanne, o então presidente do Comitê, o belga Jacques Rogge, era a imagem do constrangimento. Questionado sobre o motivo da saída de Havelange, Rogge se limitou a indicar um problema de saúde, sem dar detalhes sobre a suposta doença que o afetava. Pálido, Rogge não conseguiu nem mesmo esconder a vergonha quando lhe perguntaram se a saída de Havelange tinha alguma relação com o caso ISL-ISMM.

Outra vítima do escândalo do futebol seria o paraguaio Nicolás Leoz, obrigado a deixar a presidência da Conmebol e seu posto no Comitê Executivo da Fifa uma semana antes das revelações feitas pela entidade em 30 de abril de 2013. A decisão também teria sido tomada para evitar possíveis punições, embora o dirigente tenha igualmente alegado motivos de saúde para renunciar aos seus cargos no futebol. Ele teria recebido US$730 mil em subornos, mas nunca enfrentou uma investigação da Fifa.

Como num grupo mafioso, os aliados protegem uns aos outros e garantem que ninguém seja humilhado. Um ano depois de deixar a Fifa, Havelange recebeu Blatter para um jantar no Rio de Janeiro, em meio à tempestade de protestos contra os gastos relativos à Copa do Mundo. Sem nenhuma vergonha de ter visitado o homem que fraudou a Fifa, Blatter me contaria, dias depois, suas impressões sobre o ex-chefe. "Ele está muito bem e já me convidou para seu aniversário de cem anos, em 2016", disse, no hall do Copacabana Palace.

Havelange já estava velho quando se afastou do mundo da bola. Não tinha mais influência nos acordos, tratativas e subornos do futebol internacional. Sua queda seria, acima de tudo, simbólica. Muito mais ativo que o ex-comandante da Fifa era Ricardo Teixeira, com planos inclusive de assumir a entidade. No entanto, sua carreira também seria interrompida pelo escândalo da corrupção. Mas o homem que dirigiu a CBF como se fosse uma empresa privada — apoderando-se dela como um bem particular — não seria surpreendido pelos acontecimentos. Quando percebeu que poderia ser alvo de uma denúncia pública e ter seu nome revelado pela Justiça, Teixeira preparou sua saída.

Primeiro, ainda em 2011, deixou de ser o presidente do Comitê Organizador da Copa. No Natal daquele mesmo ano, em sua fazenda, Teixeira fechou os últimos acordos e os últimos detalhes, ampliou contratos com parceiros até 2022 e escolheu seu substituto. Estabeleceu ainda, com a administração que o sucederia, um salário anual de US$200 mil por seus trabalhos de "consultoria". Jamais foi explicado o serviço prestado por ele. Com um esquema montado para continuar comandando à distância o futebol brasileiro, Teixeira renunciou em março de 2012 a seu cargo de presidente da CBF. Deixaria a entidade com os cofres cheios. E o futebol brasileiro em plena decadência, a ponto de não mais ser possível distinguir seu estilo. A seleção perdera seu antigo brilho.

O dirigente não ficou aqui nem para entregar a faixa. Viajou para o sul da Flórida, onde se situava uma de suas mansões. Acuado, não teve nem mesmo coragem de comunicar a renúncia pessoalmente. Limitou-se a escrever uma carta, que mais tarde seu sucessor leria.

> Presidir paixões não é tarefa fácil. Futebol em nosso país é sempre automaticamente associado a duas imagens: talento e desorganização. Quando ganhamos, despertou o talento. Quando perdemos, imperou a desorganização. Fiz, nestes anos, o que estava ao meu alcance, sacrificando a saúde, renunciando ao insubstituível convívio familiar. Fui criticado nas derrotas e subvalorizado nas vitórias.
>
> Não há sequência de ataques injustos que se rivalizem à felicidade de ver, no rosto dos brasileiros, a alegria da conquista de mais de cem títulos, cinco Copas do Mundo, cinco Copas América e três Copas das Confederações. Nada maculará o que foi construído com sacrifício, renúncia e dor.

Teixeira se diria vítima de "injustiça generalizada" e completaria: "O espírito é forte, mas o corpo paga a conta. Me exige agora cuidar da saúde".

Quem leria a carta diante dos jornalistas seria um esquecido cartola que na época tinha oitenta anos e que por décadas esteve encostado, sem nenhum poder e nenhuma influência. Ainda por cima, chegava com um capital político complicado: havia sido governador de São Paulo e participara, a partir da tribuna da Assembleia Legislativa, da campanha de denúncia da "infiltração comunista da TV cultura" que culminou com o assassinato sob tortura de Vladimir Herzog, diretor de jornalismo da emissora. Esse cartola era o folclórico José Maria Marin, designado por Teixeira para assumir a presidência da CBF. Nos anos que antecederam sua gestão, ele teve espaço nos jornais apenas no início de 2012, quando colocou no bolso uma medalha ao entregar o prêmio ao vencedor da Copa São Paulo de Futebol Júnior.

Ao assumir a CBF, Marin esclareceu o incidente à imprensa, dizendo que a medalha havia sido uma "cortesia" dos organizadores do torneio. A Federação Paulista de Futebol, presidida naquele momento por Marco Polo Del Nero, confirmou sua versão. Mas os dirigentes do time campeão, o Corinthians, revelaram que nem todos na comissão técnica do clube tinham recebido a medalha. Indignado, Marin rebateu: "Vocês jornalistas vasculharam a minha vida e acharam só essa verdadeira piada".

O que ele não poderia prever era que a interrupção de sua aposentadoria seria o início de uma história que terminaria numa cela de prisão. Se os jornalistas não tinham encontrado nada além da medalha, o FBI tinha suspeitas bem mais consistentes.

4. Os caudilhos do futebol

Chuck Blazer lamentaria o dia 9 de maio de 2008. Por causa do enterro de um amigo da família, ele perdeu o casamento da modelo brasileira Isabella Fiorentino com o jovem Stefano. O noivo é filho de um de seus grandes amigos, o brasileiro José Hawilla, dono da Traffic, uma empresa brasileira de mídia esportiva. Duas décadas antes, Hawilla queria entender como funcionava a estrutura do futebol nos EUA e, claro, Chuck era a pessoa certa para tratar desses assuntos.

Foi o ex-capitão da seleção brasileira Carlos Alberto Torres quem os apresentou, e os dois acabariam construindo uma relação de amizade enquanto os negócios prosperavam. Os interesses convergiam. Chuck buscava uma empresa que entendesse de futebol e que apostasse no esporte nos EUA. Hawilla queria construir seu império naquele país, mas precisava de alguém que o levasse aos bastidores do esporte. Para isso, não mediria esforços — nem propinas — para ganhar contratos.

Em seu blog, no dia do casamento de Stefano, Chuck revelaria a dimensão das relações com a família Hawilla. "Seu pai e eu trabalhamos juntos há duas décadas e ele é um homem de caráter extraordinário. Eu diria que seu aperto de mão vale mais do que muitos contratos assinados", escreveu. Mas era justamente sobre esses contratos assinados e os tantos apertos de mãos que o FBI queria saber. Quando, em 2011, Chuck caiu na rede da Justiça americana, não demoraria para que Hawilla também fosse denunciado e condenado.

Vinte anos depois de entrar nos EUA, Hawilla já era dono de uma potência esportiva, que ele administrava da ilha artificial de Brickell Key, em Miami. Seu poder era tão grande que Hawilla conseguiu que sua empresa criasse, em 2009, uma divisão inteira do futebol, a North American Soccer League (NASL), uma espécie de Segunda Divisão.

O investimento inicial, de US$4,5 milhões, foi rapidamente recuperado quando Hawilla cobrou US$450 mil de cada um dos dez times que passaram a fazer parte da liga. O objetivo era desafiar a Major League Soccer (MSL), torneio equivalente à Primeira Divisão. Nos EUA, porém, as ligas são fechadas e não existe possibilidade de rebaixamento para os clubes. A estratégia de Hawilla, portanto, era dar prestígio ao próprio campeonato e, assim, fazer concorrência à MLS. A NASL ainda ganhou um forte impulso em 2012, quando o Cosmos de Nova York aderiu à liga ao ser refundado depois de anos sem atividades.

Essa influência também era mantida graças a outro aspecto importante: os executivos de marketing de sua empresa eram também os dirigentes esportivos das entidades que administravam os torneios. Um deles, Aaaron Davidson, acumulava os cargos de presidente da Traffic USA e *chairman* do Conselho de Governadores da NASL.

Hawilla conseguiu colocar seus executivos até mesmo na Concacaf, entidade que vendia os direitos de transmissão pela TV dos maiores torneios da América do Norte. Em 2012, o então vice-presidente da Traffic, o colombiano Enrique Sanz, ganhou o poderoso cargo de secretário-geral da Concacaf, havia anos ocupado por Chuck — que, de fato, comandava o futebol em toda a região. O resultado financeiro dessa manobra não demorou a aparecer. Os direitos de transmissão da Copa América de 2016, que seria disputada nos EUA, foram dados justamente para a Traffic, e não para a concorrente Soccer United Marketing.

Hawilla, portanto, estava no auge de sua influência sobre o futebol mundial. Nascido em São José do Rio Preto, o brasileiro começou sua carreira no esporte como repórter de campo, ainda nos anos 1970. No fim daquela década, depois de dirigir a área de esporte da Rede Globo, ele foi demitido por ter aderido a uma greve e chegou a vender cachorro-quente. Mas encontraria um nicho que o tornaria milionário: o marketing esportivo.

Em menos de trinta anos, Hawilla construiu uma das empresas mais importantes do setor, administrando filiais da TV Globo no interior do estado de São Paulo, comprando jornais e, acima de tudo, comercializando direitos de grandes eventos esportivos. Hawilla também passou a intermediar acordos de marketing entre a CBF e grandes multinacionais, como a Nike. Com Ricardo Teixeira na CBF, seu poder se expandiu, enquanto nos EUA seu controle da Copa América e de dezenas de outros torneios o transformou num dos pilares do financiamento do futebol em todo o continente. Ao final de 2014, suas empresas faturavam anualmente US$500 milhões e seu patrimônio estimado era de mais de US$300 milhões. Hawilla, porém, foi traído por aquele que lamentou, em 2008, ter perdido o casamento de seu filho: Chuck. O americano, pelo acordo fechado com o FBI, gravou também as conversas com o empresário brasileiro e com os demais diretores da Traffic.

Assim, não demorou muito para que a Justiça americana também indiciasse Hawilla. As investigações revelaram um esquema de corrupção que dominou o futebol no continente por nada menos que trinta anos. Relataram também que alguns dos maiores eventos das Américas envolveram, de alguma forma, supostos subornos. As suspeitas apontam que esses cartolas se apropriaram do futebol para lucrar. A expansão das propinas coincide justamente com o momento em que a renda da televisão e do marketing do esporte decola.

Em 3 de outubro de 1994, por exemplo, a Traffic fechou um contrato com a Concacaf para ter os direitos sobre a Golden Cup, pagando US$9,5 milhões até 2000. Em 15 de novembro de 2013, esse mesmo contrato, em sua renovação, já valia US$60 milhões para as edições do torneio até 2022. O que a Justiça dos EUA revelou, porém, foi que em cada uma delas, supostos subornos foram pagos pela Traffic aos "donos" da bola para a exploração comercial dos torneios.

Mas o grande esquema na região veio da Copa América, um torneio disputado desde 1916, mais antigo inclusive do que a própria Copa do Mundo. Por ele, nações travaram alguns dos confrontos mais espetaculares do futebol. A rivalidade entre Argentina, Uruguai e Brasil veio justamente desses eventos, por longos anos os únicos do futebol mundial. Para os torcedores do continente, nos anos 1940 a Copa América foi um substituto para a Copa do Mundo, que não aconteceu por causa da Segunda Guerra Mundial. Numa sociedade que, como disse o escritor uruguaio Eduardo Galeano, "nasce gritando gol", o torneio era também uma referência que misturava rivalidades políticas, além de um teste real da qualidade esportiva de cada nação. Até mesmo seu nascimento teve um cunho que ia além do esporte. Seis anos antes do evento de 1916, um torneio entre algumas seleções sul-americanas deu aos dirigentes da época a ideia de montar uma competição continental. Esse torneio de 1910 foi organizado pelos argentinos para comemorar os cem anos da Revolução de Maio de 1810, o início do processo de independência da Argentina.

No final dos anos 1980, com as transmissões em cores dos jogos ganhando uma força inédita, havia chegado o momento de lucrar com a Copa América. Por pouco mais de US$1,5 milhão, a Traffic comprou da Conmebol em 1987 os direitos de transmissão do torneio, um negócio mantido por décadas. Os eventos trouxeram em pouco tempo lucros milionários, coincidindo com a elevação do nível do futebol em todo o continente e com a descoberta do mercado americano.

Em 1991, porém, Hawilla foi chamado pelo presidente da Conmebol, Nicolás Leoz, para uma reunião privada. Segundo as investigações americanas, o recado do paraguaio foi claro: ele não assinaria o contrato se um suborno não lhe fosse pago. Na conversa, Leoz argumentou que "não era justo" que Hawilla ganhasse tanto dinheiro com o torneio e não o dividisse com os dirigentes. Diante da ameaça de perder o contrato, a suspeita é de que Hawilla tenha pagado a quantia pedida por Leoz, numa cena que se repetiria por anos e que passou a fazer parte de uma estrutura de negócios. A cada momento de renovação do contrato da Copa América, a regra de ouro precisava ser respeitada: o suposto depósito para Leoz, numa conta do Banco do Brasil de Assunção. Ao fim de vários anos, ele acumulou uma fortuna de tal dimensão que comprou o próprio prédio do Banco do Brasil na capital paraguaia.

Para camuflar esses pagamentos, Leoz transferiu parte do dinheiro para contas em nome de sua mulher, María Clemencia Pérez Muñoz, e comprou edifícios inteiros, fazendas e carros. Uma de suas secretárias ainda teve uma frota de catorze veículos em seu nome, o que, suspeitava-se, era apenas um modo de Leoz lavar dinheiro.

Os caudilhos do futebol

O exemplo de Leoz foi seguido por diversos cartolas, segundo o indiciamento do Departamento de Justiça dos EUA. Rafael Esquivel, presidente da Federação Venezuelana de Futebol, teria exigido de Hawilla US$1 milhão para que o torneio de 2007 em seu país, promovido pelo então presidente Hugo Chávez, fosse explorado comercialmente pela Traffic. O brasileiro pagou o valor solicitado, numa relação que seria repetida nos anos seguintes, mesmo com a competição não ocorrendo na Venezuela. A manutenção do pagamento era uma forma de garantir que o venezuelano daria seu voto na Conmebol para que a empresa continuasse a ter a exclusividade na venda dos direitos de TV ao evento. Para que os pagamentos não fossem registrados, Hawilla criou toda uma estrutura de intermediários, de contas em diversos países e de empresas de fachada.

Por 28 anos presidente da Federação Venezuelana, Esquivel ainda ocuparia mandatos na Comissão de Disciplina da Fifa em duas ocasiões. Em 2007, depois da Copa América em seu país, ele foi recebido com honras no Palácio Miraflores, sede da presidência da Venezuela, e condecorado por Chávez.

Naquela mesma cerimônia, outro cartola foi homenageado: Joseph Blatter. Em seu discurso, o suíço arrancou efusivos aplausos de Chávez ao insistir que foi o povo venezuelano que fez a Copa América. E ainda completou, num discurso quase bolivariano: "A televisão mostrou ao mundo não apenas a qualidade da infraestrutura da Venezuela, mas também a qualidade de vida de seus cidadãos e a qualidade de seu grande líder, o senhor Chávez. Sou seu servidor, um suíço com o coração na Venezuela". Essas mesmas empresas de televisão haviam garantido, segundo o FBI, subornos milionários àqueles que estavam recebendo honras do Estado. Blindados, condecorados por governos e donos do maior esporte do planeta, os caudilhos de diferentes federações nacionais elevariam suas fortunas de uma maneira impensável para um dirigente esportivo.

A partir de 2013, na América do Sul, a institucionalização das propinas ganharia um estágio inédito. Aquele foi o ano em que a Traffic se uniu a empresários argentinos para criar a Datisa, uma empresa que poria fim a todas as concorrências no mundo do futebol e se transformaria no monopólio mais lucrativo do setor. Juntos, os empresários teriam concordado em pagar um total de US$110 milhões em propinas aos cartolas sul-americanos para deter todos os direitos da Copa América até 2023, em plena expansão na então maior economia do mundo: os EUA.

Em conjunto com os dirigentes, a Datisa criou até mesmo uma tabela de pagamento de subornos, baseada na influência de cada federação. Segundo a investigação do FBI, a propina à Associação de Futebol da Argentina, à CBF e ao presidente da Conmebol seria de US$3 milhões a cada edição da Copa América. Os demais sete dirigentes da entidade sul-americana levariam US$1,5 milhão cada.

Com esses valores sobre a mesa, a Datisa fechou um acordo milionário para explorar comercialmente as edições do torneio em 2015, 2019 e 2023. Mas, acima de tudo, ficou com o evento que marcaria os cem anos da Copa América: nos EUA, em 2016.

O mercado americano dava todos os sinais de que em pouco tempo poderia ultrapassar valores até mesmo de economias tradicionais do futebol, como Espanha ou Itália. Durante a Copa de 2014, a média de audiência para os jogos dos Estados Unidos superou nas cidades americanas as finais da NBA, e até mesmo a disputa de World Series, as finais do beisebol de 2014.

"Essa Copa é um divisor de águas nos EUA", declarou Niclas Ericson, diretor de televisão da Fifa. No total, o jogo entre Portugal e EUA teve uma audiência superior a 25 milhões de pessoas. "Isso é maior que a média dos jogos das finais da NBA", disse Ericson. Segundo ele, a média dos seis jogos da final do beisebol fora de 15 milhões de pessoas. No caso da NBA, a média chegou a 19,9 milhões de espectadores por jogo. "O que estamos vendo é uma marca importante na história do futebol", afirmou o dirigente. Entre os estrangeiros, os torcedores americanos estiveram na lista daqueles que mais compraram ingressos para a Copa no Brasil. Assim, no total, a Datisa pagou a fortuna de US$352 milhões pelos torneios. Nunca no futebol sul-americano tanto dinheiro esteve em circulação. Nunca a audiência dos jogos foi tão elevada. E nunca a corrupção foi tão estruturada.

A investigação do Departamento de Justiça dos EUA revelou que Hawilla, que fechou um acordo de delação premiada e passou a ser réu confesso, "usou várias técnicas sofisticadas de lavagem de dinheiro, incluindo o uso de contas secretas num banco suíço, o uso de doleiros [negociantes de moedas], intermediários em quem confiava, para de fato subornar e fazer pagamentos de propinas de uma maneira que protegesse sua real fonte e natureza e promovesse os esquemas de corrupção". Para o FBI, Hawilla estava envolvido em "várias atividades criminais, incluindo fraude, corrupção, o uso de contratos para criar uma aparência de legitimidade para pagamentos ilícitos". Na investigação, ele também é acusado de "criação de empresas de fachada".

Um dos pagamentos identificados pelas autoridades ocorreu em 11 de setembro de 2013, transferindo US$1,666,667 de uma conta do Datisa, no Banco Hapoalim Ltd., em Zurique, para outra conta no banco Julius Baer, também de Zurique. A transação teria sido intermediada pelos bancos Citibank e JP Morgan Chase. Mas Hawilla não cairia sozinho. Da mesma forma que Chuck aceitou um acordo com os EUA, o brasileiro também fechou um entendimento com a Justiça americana. Além de prometer pagar US$151 milhões, Hawilla aceitou colaborar. Isso incluiria gravar conversas e negociações com seus principais parceiros.

Uma das vítimas das escutas foi Jeff Webb, o homem apontado por muitos dentro da Fifa como aquele que poderia substituir Blatter. A seu favor, ele tinha a qualidade de ser um administrador ousado, ciente de que o futuro do dinheiro do futebol estava nos EUA, e que se mostrava disposto a modernizar a estrutura do esporte na América do Norte. Com a queda de Jack Warner da Fifa e da Concacaf, Webb assumiu a presidência da entidade continental com a promessa de limpá-la e ainda ocupou o posto de vice-presidente na Fifa. Seus discursos defendendo a ética no esporte, suas eventuais críticas à Fifa e seu jeito simpático enganaram muita gente, inclusive grande parte da imprensa mundial, que passou a tê-lo como fonte de informações e como o homem que seria a esperança de dias mais transparentes na entidade. Ele chegou a comandar um grupo criado dentro da Fifa especialmente para lutar contra a discriminação racial e até defendia que fossem publicados os informes secretos de como o Catar teria comprado a Copa de 2022. Por anos, Webb de fato criou em torno de si uma aura de "Mr. Clean" [senhor Limpeza], a ponto de só aceitar cortar o cabelo em um local que cobrava dele apenas US$10.

Ele também contava com cúmplices dentro dos governos. Quando foi eleito para a presidência da Concacaf, o ministro dos Esportes das Ilhas

Cayman, Mark Scotland, classificou o momento como um "orgulho" para o país. Webb só não enganaria o FBI.

Com apenas 27 anos, em 1991 ele já era o presidente do clube Strikers Football Club, em sua cidade natal nas Ilhas Cayman. Com menos de trinta anos, tornou-se o principal dirigente da Associação de Futebol de um país onde a modalidade é insignificante. Mas também ganhou o apoio de muita gente dentro da Fifa. Em Zurique, seu primeiro cargo foi a vice-presidência do Comitê de Finanças — um posto apropriado para um banqueiro do maior paraíso fiscal do planeta.

Webb foi preso no dia 27 de maio de 2015, quando ocupava a vice-presidência da Fifa. Sua carreira havia sido meteórica, e, se a ascensão foi rápida, a queda também foi. Oficialmente, ele foi eleito para colocar um ponto final em uma era de corrupção na Concacaf e limpar o local, mas a realidade é que apenas perpetuou o sistema, inclusive pedindo mais dinheiro. Em troca de US$3 milhões, ele assinou um contrato com a Traffic cedendo à empresa do brasileiro José Hawilla os direitos exclusivos de transmissão pela TV dos jogos das eliminatórias do Caribe para as Copas do Mundo de 2018 e 2022. O dinheiro era parte de um pacote de US$23 milhões em subornos que, segundo as investigações do FBI, Hawilla teria pagado para a União de Futebol do Caribe.

Outros US$2 milhões, ainda de acordo com o FBI, foram dados a Webb nos contratos da Concacaf para a realização da Golden Cup desde 2013 e para a Liga dos Campeões da região. "Quase imediatamente depois de assumir suas funções, Webb retomou o envolvimento com os esquemas criminosos", revelou o indiciamento do dirigente. Naquele momento, seu secretário-executivo era Enrique Sanz, também vice-presidente da Traffic.

O que surpreendeu os investigadores americanos foi que, em 2012, parte do dinheiro foi transferida para Webb por intermédio da empresa que construía uma piscina em sua casa de Loganville, nos EUA. Outra parcela caiu na conta de um assessor e amigo de Webb, o grego Costas Takkas. O laranja, porém, depois transferiu os recursos para a conta do dirigente esportivo.

Mas não foi apenas Webb que manteve o esquema de corrupção. Na América do Sul, a queda de Leoz da Conmebol havia aberto um período de certa esperança de que a entidade no Paraguai começaria a mudar. Em seu lugar assumiu o uruguaio Eugenio Figueredo.

Diminuto em estatura mas com um ego monumental, Figueredo havia sido jogador do Huracán Buceo, clube que viveu seu auge nos anos 1960, mas que em 2009 saiu da lista de times do futebol profissional uruguaio. Foi esse mesmo clube que ele presidiu nos anos 1970. Nos anos 1990, foi eleito presidente da Associação Uruguaia de Futebol, antes de chegar à Conmebol e à vice-presidência da Fifa. As convicções absolutas e o ar de dono da verdade sempre foram algumas de suas principais características, inclusive em nossas conversas. No hall de entrada do hotel Copacabana Palace, durante a Copa do Mundo de 2014, o uruguaio se sentou comigo e pediu que eu lhe desse um instante de atenção. Figueredo insistia que eu precisava entender que não haveria nenhum risco de a polícia fazer uma operação no hotel ocupado pela Fifa. "Sabe por quê? Porque não existe nada contra nós", assegurou. "Isso tudo é um grande blefe. Jamais encontrarão algo."

O uruguaio se referia a um escândalo que marcou aquele Mundial. Enquanto os jogos eram disputados, a polícia do Rio desmontava uma organização criminosa que faturava milhões de dólares vendendo ingressos no mercado negro. Naquele momento, a suspeita era de que os cambistas não atuavam de forma isolada e que tinham cúmplices dentro da estrutura da Fifa. Grampos realizados pela polícia naquele momento apontavam para o britânico Ray Whelan, diretor da Match, empresa escolhida pela Fifa para vender pacotes de hospitalidade e organizar os hotéis no país. O caso seria arquivado meses depois, sem explicação e sem o indiciamento de Whelan.

Mas, naquela altura da Copa do Mundo, o que Figueredo não sabia era que, enquanto ele se sentava para me convencer de que não existia nada que pudesse incriminá-lo, também se sentaria à nossa mesa um policial à paisana, vestido com uma bermuda de turista, camiseta e chinelo. Nem o policial sabia quem era Figueredo, nem o uruguaio sabia quem era o policial. Tratava-se de um dos agentes que aguardavam para liderar, no hotel, a operação sobre a venda de ingressos no mercado negro. Eu o conhecia de outro trabalho, e, ao me ver, ele aproveitou minha presença ali para confirmar quem era quem entre os cartolas.

Ansioso, o policial fazia sinal para que eu me livrasse do dirigente falastrão, que insistia em não deixar o local e em declarar sua inocência. Quando finalmente consegui convencê-lo de que precisava voltar a trabalhar, Figueredo deixou a mesa, visivelmente satisfeito com a "aula" que tinha me dado. Bastou ele sair do local para o policial me perguntar, confundindo a nacionalidade do cartola: "Quem é esse argentino mala?".

Instantes depois, a operação começou. Whelan acabou sendo levado para uma delegacia, suspeito de colaborar com o esquema da venda de ingressos no mercado negro. Mas, no meio da madrugada, conseguiu um habeas corpus. Dias depois, uma nova operação ocorreu no mesmo hotel. Dessa vez, Whelan fugiu pelas portas dos fundos e a operação policial se transformou em uma novela à parte daquela Copa do Mundo repleta de histórias.

O mesmo Figueredo, que insistia que a polícia "jamais" encontraria algo contra ele, teria dado início, naquele ano, a um novo esquema de corrupção. Ao lado de Webb, ele forjou a aliança entre a Concacaf e a Conmebol para um torneio conjunto em 2016, justamente a Copa América do Centenário. Em maio de 2014, Figueredo pediu uma "América sem fronteiras", numa coletiva de imprensa na Flórida. "São os homens que criam as fronteiras", disse, em tom profético. Atrás dele, um cartaz trazia o nome de um dos patrocinadores do evento, a Datisa.

Segundo o FBI, o que ele não contou foi que a Datisa lhe pagaria US$3 milhões em propina a cada Copa América. Semanas depois, Figueredo usou sua influência dentro da Fifa para incluir o torneio no calendário mundial do futebol, ou seja, obrigando os clubes europeus a liberar os jogadores de cada uma das seleções.

Havia só um problema. Esses mesmos craques e essas mesmas seleções teriam de optar: ou levavam Messi e Neymar para o torneio nos EUA ou escalariam os craques para os Jogos Olímpicos de 2016, no Rio. Pelas regras da Fifa, seleções podem exigir seus craques para apenas um torneio oficial por ano. Os jogadores teriam de escolher e, claro, de uma forma ou de outra suas seleções seriam afetadas. Mas, para os cartolas, esse problema não era deles.

A SELEÇÃO DA CBF

As gravações de Hawilla criaram grande impacto não apenas nos EUA e na Conmebol. Sobre o Brasil, o empresário acabou revelando à Justiça americana aquilo de que muitos já desconfiavam fazia anos: o futebol nacional, em plena decadência, havia sido privatizado por um grupo pequeno de pessoas que, ao longo dos anos, enriquecera de um modo que beira a vulgaridade. Um dos meios de lucrar era a venda dos direitos de transmissão da Copa do Brasil, torneio realizado desde 1989. Se por anos o monopólio sobre o evento pertenceu a Hawilla, em 2011 ele começou a sofrer a concorrência de outra empresa brasileira de marketing esportivo, a Klefer, de Kleber Leite, amigo pessoal de Ricardo Teixeira.

Para o período entre 2015 e 2022, a Klefer supostamente pagou à CBF R$ 128 milhões pelo torneio, minando a posição privilegiada que Hawilla tinha desde 1989. Para evitar uma guerra comercial, Hawilla e a Klefer chegaram a um entendimento. Segundo a apuração da Justiça americana, foi só nesse momento que a Klefer informou que havia prometido o pagamento de uma propina anual ao maior cartola da CBF, Ricardo Teixeira.

Essa mesma propina teria de ser elevada a partir de 2012, quando dois outros membros da CBF entrariam em cena. Num dos relatórios, um empresário "informa Hawilla que o pagamento de propinas aumentou quando outros dois executivos da CBF — especificamente o CoConspirador #15 e o CoConspirador #16 — pediram propinas também". A figura do coconspirador, na Justiça americana, identifica pessoas envolvidas no esquema de corrupção. Mas, porque ainda se encontram sob investigação, seus nomes são mantidos em sigilo.

O documento explica que o CoConspirador #15 era membro do alto escalão da CBF e integrante da Fifa e da Conmebol, descrição que só pode ser preenchida por José Maria Marin. Naquele momento, ele era o presidente da CBF, além de membro da Fifa e da Conmebol. Já o CoConspirador #16 seria membro do alto escalão da Fifa e da CBF. Apenas Marco Del Nero mantinha um cargo na CBF (vice-presidente na ocasião e atualmente presidente da entidade) e na Fifa (membro do Comitê Executivo).

"Hawilla concordou em pagar metade da propina, que totalizava R$ 2 milhões por ano, para ser dividido entre o CoConspirador #13, o CoConspirador #15 e o CoConspirador #16", indicou o indiciamento do empresário. Se os coconspiradores #15 e #16 eram Marin e Del Nero, a descrição apresentada pelos EUA sobre o coconspirador #13 aponta para apenas um nome: Ricardo Teixeira.

O mesmo caso é contado no documento que serve de base para o indiciamento de José Maria Marin, e, nesse caso, é apresentado o nome do ex-presidente da CBF. Nele, a Justiça traz até mesmo um diálogo entre Marin e Hawilla, em que o cartola grampeado pelo empresário insiste que o dinheiro precisa ir para ele também, e não mais para Teixeira.

A reunião gravada ocorreu na Flórida, EUA, em abril de 2014. Com mais de oitenta anos, Marin tinha uma ânsia inesgotável por mais dinheiro. Segundo o indiciamento do cartola brasileiro, "em determinado momento, quando [Hawilla] perguntou se era realmente necessário continuar pagando propinas para seu antecessor na presidência da CBF", o diálogo prosseguiu assim:

Marin: Está na hora de vir na nossa direção. Verdade ou não?
Hawilla: Claro, claro, claro. Esse dinheiro tinha de ser dado a você.
Marin: É isso.

Uma série de contas bancárias passou a ser rastreada para determinar como essa propina era paga e dividida entre os dirigentes, mas uma delas chamou a atenção especial do FBI. Trata-se de uma transferência da Klefer, avaliada em US$500 mil, no dia 5 de dezembro de 2013. O dinheiro saiu de uma conta no banco Itaú Unibanco de Nova York com destino ao HSBC, em Londres. A quantia não seguiu para uma determinada pessoa, mas para uma empresa fabricante de iates de luxo. Naquele mesmo ano, dirigentes do futebol nacional começaram a ser fotografados em iates de luxo. Entre eles estava Marco Polo Del Nero.

Não seria apenas a Copa do Brasil que seria usada para enriquecer os dirigentes. Marin, segundo as investigações do Departamento de Justiça dos EUA, receberia também US$3 milhões a cada Copa América realizada.

O suborno independia dos resultados da seleção brasileira em campo. A quantia que Marin embolsaria seria muito maior do que qualquer jogador da seleção ganharia, mesmo que a seleção chegasse à final e levantasse a taça. Em 2007, por exemplo, cada atleta brasileiro levou pelo título continental um prêmio de R$ 100 mil. No torneio de 2011, o valor foi elevado para R$ 180 mil, mas ainda assim ficava distante do suborno que o chefe da CBF teria negociado para si mesmo a partir de 2013.

Em março de 2015, numa entrevista que fiz com Marin no mesmo hotel onde ele seria preso dois meses depois, o dirigente atacou os salários dos jogadores no Brasil, apontando que esse "exagero" iria levar os clubes à falência. O que a Justiça americana mostrou, no fundo, foi que o dinheiro que deveria ir para o futebol nacional estava sendo redirecionado para esses dirigentes. O futebol nacional, em crise, sem futuro e sem público, havia sido privatizado por um grupo cujas prioridades eram particulares.

O processo de sequestro da seleção brasileira por empresários e cartolas não é novidade. O próprio Departamento de Justiça dos EUA alertou em seu indiciamento que a CBF havia fechado com a Nike um acordo milionário, que previa um pagamento extra de US$40 milhões, em uma conta na Suíça, para a Traffic. No total, o contrato estava avaliado em US$160 milhões e, em 1996, foi considerado o maior acordo de marketing da história do futebol. Um dos homens que mais se beneficiaram com esse acordo foi o chefe da Nike no Brasil, Sandro Rosell i Feliu. Uma década depois de fechar o contrato Nike-CBF, ele seria eleito presidente do Barcelona FC.

Entre 1996 e 1999, Hawilla emitiu notas por serviços supostamente prestados para a Nike no valor de US$30 milhões. Em troca, a fabricante fazia os depósitos. O empresário brasileiro ainda se comprometia a pagar metade dessa quantia a Teixeira. Para a Justiça americana, esse valor se refere a "propinas e subornos" que o chefe da CBF e o empresário brasileiro receberam da Nike por lhe terem concedido o contrato com a seleção brasileira.

Mas a venda da seleção não é apenas um caso de polícia nos EUA. Três semanas antes da operação de 2015 em Zurique, eu recebi uma ligação de uma pessoa que não conhecia. Em seu primeiro contato, ele me pediu, acima de tudo, sigilo total sobre seu nome, sua profissão e mesmo de onde falava. "Há anos leio suas reportagens sobre os escândalos do futebol e tenho documentos que acredito que possam ser de seu interesse", me disse.

Eu não sabia do que se tratava. Tinha apenas a intuição de que poderia ser algo relevante, pelo tom preocupado na voz de quem me ligava. No mesmo dia, propus que a fonte me enviasse a documentação por e-mail. Mas a pessoa se recusou, alegando que precisaria explicar o que cada contrato significava. Eu logo entendi: não queria os documentos circulando pela internet.

Fechamos um acordo: eu iria até a cidade onde essa pessoa estava, ainda sob a garantia de que nem mesmo o local seria revelado. Eu não tinha opção. Ou me arriscava e fazia a viagem, ou jamais saberia o que diziam aqueles documentos. Pensei que, se não fossem relevantes, o máximo que teria desperdiçado seria uma passagem aérea.

O encontro foi revelador. Uma primeira pessoa me deixou em uma ampla sala, com uma mesa de pelo menos dez metros. Sobre ela, mais de quinhentas páginas de documentos, contratos, e-mails e mensagens internas da CBF e de parceiros comerciais da entidade. "Pode ficar tranquilo", disse a fonte. "Leia tudo e depois nos falamos."

Comecei a devorar aquele material, como se o tempo fosse se esgotar e eu tivesse de abrir mão do que não havia lido. Rapidamente me dei conta de uma realidade a que poucos têm acesso: a seleção do Brasil não era mais do Brasil. E ninguém tinha sido avisado disso.

Os contratos secretos da CBF com empresários que lucram milhões de dólares com a realização de amistosos deram a investidores estrangeiros o controle total sobre a maior seleção da história do futebol, explorando a camisa amarela mais famosa do mundo, transformando em cifras a emoção do torcedor e limitando os jogadores a meros atores de uma indústria do entretenimento. A seleção não se preparava mais. A seleção não disputava jogos. Ela fazia "world tour" como se fosse um grupo de cantores vendendo discos ou um circo que percorre as cidades em busca de renda. A seleção brasileira era apenas um show, sem nenhum compromisso esportivo.

Enquanto lia, eu sentia ao mesmo tempo indignação como torcedor e excitação como jornalista. Mas também me sentia enganado por anos ao acreditar que, ao entrar em campo, a seleção representava um país. Mentira. Ela apenas entra em campo para alguém lucrar. Sentia-me também desonesto com os leitores e ouvintes que por anos acompanharam minhas coberturas de jogos amistosos do Brasil pelo mundo. Cobria a partida como se fosse "pra valer". Como se o técnico de fato estivesse testando jogadores e táticas. O que os contratos mostravam era que não era exatamente assim.

Pelos acordos que obtive de forma exclusiva, a lista de jogadores convocados precisa atender a critérios estabelecidos pelos parceiros comerciais, e qualquer substituição precisa ser realizada em "mútuo acordo" entre a CBF e empresários. Num comunicado repleto de ofensas a mim, a CBF insistiu que sempre primou pelas considerações esportivas para escalar o time e que sempre entraria em campo com os melhores jogadores de que o país dispõe.

Mas o contrato deixava claro: o jogador que substituir um "titular" precisa ter o mesmo "valor de marketing" do atleta cortado. As condições fazem parte de minutas de contratos secretos que revelaram, de forma inédita, como a CBF leiloou a seleção brasileira em troca de milhões de dólares em comissões. Os documentos também mostraram como intermediários e cartolas travaram uma guerra interna pelo poder e por contratos milionários, num enredo de traições, reuniões sigilosas no meio da noite, distribuição de agrados e o envolvimento de empresas em paraísos fiscais, longe do controle da Receita Federal brasileira.

Desde 2006, a CBF mantém um contrato com a companhia saudita ISE para a realização dos amistosos da seleção. O entendimento foi mantido em total sigilo por quase dez anos. Aqueles documentos revelavam que a ISE é apenas uma empresa de fachada com sede nas Ilhas Cayman. Não existem escritórios nem funcionários. A companhia que de fato detém todos os direitos sobre os amistosos da seleção é uma mera caixa postal, número 1111, na rua Harbour Drive, em Grand Cayman.

Como o contrato revela, a ISE é apenas uma subsidiária do grupo Dallah Al Baraka, um dos maiores conglomerados do Oriente Médio, com 38 mil funcionários pelo mundo. Investir no futebol não era sua especialidade. Ela apenas buscava nichos capazes de gerar lucros, e a CBF parecia ser uma oportunidade.

Em 2011, esse contrato de 2006 foi renovado por dez anos pelo então presidente da CBF, Ricardo Teixeira, em um encontro em Doha, capital do Catar, no dia 15 de novembro. O documento seria oficializado no dia 27 de dezembro daquele mesmo ano. Entre 2006 e 2012, a ISE sublicenciou a operação para a companhia Kentaro, que passou a implementar cada partida da seleção segundo o acordo de base.

Em 2012, o contrato de operação passou para as mãos da Pitch International, depois de uma negociação com a ISE e a CBF, e continua em vigência. Até o momento da publicação da reportagem no *Estado de S. Paulo* revelando o acordo, em maio de 2015, porém, todos os detalhes eram mantidos em sigilo, já que os contratos tinham cláusulas de confidencialidade. Se nos

Política, propina e futebol

primeiros acordos e emendas entre a CBF e a ISE os termos não faziam menção às regras para a convocação de jogadores, tudo mudaria em 2011.

O novo modelo revelou a consolidação de uma indústria que colocou os aspectos esportivos em segundo plano. Tratava-se, acima de tudo, de um esquema para explorar a marca da seleção em todos os seus limites, independentemente do resultado em campo ou do significado de uma partida para a preparação do time brasileiro. Em todo o contrato não existe nenhuma menção à necessidade de usar as partidas como treino para uma competição.

Pelo acordo secreto, ficou estipulado que a CBF deveria entrar em campo sempre com seus principais jogadores, sem possibilidade de experimentar jovens promessas que não fossem já conhecidas em seus clubes e sem usar os amistosos para preparar o grupo olímpico. "A CBF garantirá e assegurará que os jogadores do Time A que estão jogando nas competições oficiais participarão em qualquer e toda partida", diz o artigo 9.1. Qualquer violação desse acordo significaria um pagamento menor a entrar nos cofres da CBF. "Se acaso os jogadores de qualquer partida não são os do time A, a taxa de comparecimento prevista nesse acordo será reduzida em 50%", alerta o contrato. Obedecendo ao acordo, a CBF receberia, por jogo, US$1,05 milhão.

Alguém poderia dizer: mas isso é obvio, a seleção deve sempre entrar em campo com os melhores jogadores de que dispõe. Será? E como montar um time ideal, no auge de seu desempenho, em quatro anos, sem testar novos talentos? Diante de um contrato como esse, como fazer para deixar de fora grandes jogadores da atualidade, mesmo que no próximo Mundial estejam velhos demais para entrar em campo?

O que se revelou ainda mais chocante foram as regras em caso de um jogador ter de ser cortado por contusão. A CBF precisaria provar aos empresários da ISE, com um certificado médico, que o atleta de fato não tinha condições de entrar em campo. Só assim o corte seria aceito. Na substituição por um novo nome, o contrato é ainda mais explícito sobre o papel da empresa na lista dos convocados:

Qualquer alteração à lista será comunicada por escrito à ISE e confirmada por mútuo acordo. Nesse caso, a CBF fará o possível para substituir com novos jogadores de nível similar, com relação a valor de marketing, habilidades técnicas, reputação.

Por mais incrível que possa parecer, os critérios falam abertamente no "valor de marketing" de um jogador convocado. E, obviamente, a pergunta que se segue é lógica: quem define o valor de marketing de um jogador?

Para deixar claro o significado de "Time A", a ISE alerta que não aceita mais o que ocorreu em novembro de 2011, quando o Brasil foi ao Gabão e a Doha enfrentar o Egito. Naquele momento, o então treinador Mano Menezes não contou com Neymar, Ganso, Lucas, Marcelo, Kaká e Leandro Damião, nomes da lista original para os amistosos. Do que era o time titular da época, jogaram apenas David Luiz, Diego Alves, Hernanes e Hulk. A empresa deixou claro que, no novo contrato, tal situação seria punida com uma redução em 50% do cachê pago ao time brasileiro.

O controle da empresa sobre a CBF era total. Pelo acordo secreto, "a CBF cede à ISE os direitos exclusivos para organizar, hospedar, realizar, administrar, comercializar e produzir as partidas que serão disputadas em qualquer país ao redor do mundo, inclusive no Brasil". Isso tudo até 2022.

Todos os direitos de transmissão, copyright e qualquer outro aspecto ficam sob controle total da empresa de fachada registrada nas Ilhas Cayman. Num dos artigos do contrato, estipula-se ainda que, mesmo se o acordo for suspenso, os direitos de copyright são mantidos, sem data para acabar. Qualquer violação ao contrato significaria que a CBF teria de pagar uma multa de US$1 milhão.

O contrato ainda prevê que os períodos de preparação da seleção brasileira para as Copas de 2018 e 2022 também serão de exploração exclusiva da ISE. Além disso, nada garante que o acordo com os investidores sauditas termine em 2022. Pelo contrato, a CBF terá de dar prioridade ao grupo com registro nas Ilhas Cayman ao renegociar o acordo. Se a CBF passar o contrato a uma nova empresa, terá de provar que o novo grupo ofereceu de fato mais dinheiro que a proposta feita pelos sauditas.

Os locais dos jogos e os adversários do time brasileiro também seriam determinados pela empresa, não de forma independente pelo treinador e por sua comissão técnica. Ao ler esse trecho, rapidamente me lembrei de uma conversa que tive com Zico, quando ele ainda era o treinador do

Iraque. Em outubro de 2012, o Brasil viajou até a Suécia para enfrentar o Iraque. Para o time brasileiro, a partida não faria sentido, diante da fragilidade do adversário, que acabou sendo goleado por 6 x 0. Um dia antes do jogo, Zico me confessaria, no hall do hotel onde estava hospedado em Malmo: "Saímos de 35 graus no Catar para cinco graus aqui, com dez horas de viagem, e temos de voltar logo para jogar na semana que vem pelas eliminatórias [da Copa do Mundo]. Não era o momento de fazer esse jogo", disse. "Era o adversário que deveria ter feito a viagem. Mas, como é o Brasil... Para preparar minha seleção, pedi País de Gales e me deram o Brasil", contou, inconformado.

Se nem Zico nem Mano Menezes ganhava com a partida, a pergunta é natural: quem ganharia? O contrato secreto da CBF era uma pista para começar a entender esses amistosos.

Outro documento também ajudaria a compreender a indústria dos amistosos da seleção. Tratava-se, na verdade, de um roubo institucionalizado, estipulando que a cada jogo da seleção brasileira uma parcela da renda fosse desviada. A ISE fechou um acordo envolvendo 24 amistosos do Brasil com a empresa Uptrend Development LLC, com sede em Nova Jersey, nos EUA. Em nome da empresa nos Estados Unidos, a assinatura é de Alexandre R. Feliu, o nome oficial de Sandro Rosell i Feliu. Sim, o mesmo sujeito que intermediou o acordo da Nike com a CBF e que, em 2014, foi indiciado por crimes fiscais na Espanha. A Uptrend Development LLC também era de fachada e não tinha nem funcionários nem sede. Rosell, porém, era amigo íntimo de Teixeira.

A cada jogo do Brasil seriam repassados para a ISE, como lucros da partida, cerca de US$1,6 milhão. Desse total, US$1,05 milhão seguiria para a CBF como pagamento pelo cachê. Mas o restante não seria contabilizado para a entidade. Pelo contrato obtido por mim, US$450 mil seriam encaminhados para contas nos EUA, a uma empresa de propriedade de Rosell.

No total, o contrato aponta que, por 24 jogos, o valor previsto para o pagamento — em euros — seria de 8,3 milhões para a empresa de fachada. Na época, Rosell daria declarações à imprensa espanhola garantindo que aquele dinheiro não era suborno, mas "comissões" por serviços prestados. O que nem ele nem o contrato explica é qual foi o serviço prestado que mereceu um pagamento milionário.

Dentro da CBF, tudo parecia permitido. O leilão da seleção chegou perto de entregar a entidade aos donos do mercado de jogadores. Em 2012, quando Teixeira renunciou, um dos maiores agentes no comércio internacional de atletas de futebol, o Grupo Figer, propôs um acordo com a CBF para também se envolver nos amistosos da seleção brasileira.

Assim que José Maria Marin assumiu a CBF, em 2012, o grupo de Juan Figer e seus filhos, André e Marcel, entrou em contato com o então vice-presidente Marco Polo Del Nero para tentar intermediar um acordo entre eles e a empresa Kentaro, que organizava os amistosos. De acordo com o documento, o contrato seria feito por meio de uma empresa no exterior, a Plausus, sediada em Londres. Os agentes ficariam com US$132 milhões por permitir mais de cem jogos da seleção entre 2012 e 2022. O que e-mails e documentos revelam é a audácia de empresários que ganham a vida vendendo jogadores e que, ao mesmo tempo, buscam também controlar a seleção brasileira.

A negociação começaria diante do temor da empresa Kentaro de perder o contrato feito em 2006 com a CBF. O receio vinha do fato de que a administração do futebol brasileiro estava prestes a mudar de mão num momento que coincidia com o fim desse acordo, em 2012. Para negociar a extensão, Juan, André e Marcel entraram no processo para convencer a CBF a fechar com a Kentaro. A empresa, por sua vez, apostava na influência dos Figer para se manter no jogo.

Ainda que realizasse amistosos, foi no mercado de jogadores que seus executivos fizeram fama. Em 45 anos de percurso, o Grupo Figer foi responsável por mais de mil transferências de jogadores e se transformou em uma potência vendendo craques e inflacionando seus preços. Em seu site, a empresa também aponta que "gere a carreira dos mais renomados jogadores de futebol do mundo, com atuação abrangente em todas as áreas de gerenciamento de carreira necessárias a uma completa e eficaz assessoria ao futebolista".

Depois de uma série de discussões, a Kentaro, o Grupo Figer, Marin e Del Nero marcaram um encontro no hotel Claridge, em Londres, no dia 25 de abril de 2012. No início de maio, Del Nero e Marcel voltariam a se reunir na sede da Federação Paulista de Futebol.

No dia seguinte, Marcel visitou José Maria Marin em seu apartamento na rua Padre João Manuel, em São Paulo, para convencê-lo a derrubar o acordo de Teixeira, que previa dar à ISE um contrato até 2022. A estratégia da Kentaro e dos Figer era substituir os sauditas, abocanhar o contrato completo e não ficar mais na dependência de a empresa querer sublicenciar o negócio.

Quase um mês depois, em 21 de maio, o advogado do Grupo Figer, Alexandre Verri, elaborou a minuta do contrato entre Figer e Kentaro, prevendo as condições para a intermediação na renovação do contrato com a CBF. Para figurar como agente no contrato, o Grupo Figer optou por indicar a Plausus UK LTD, com sede em Londres. Quanto ao valor que receberiam, o contrato deixa claro que a Plausus teria uma ampla participação em cada jogo. Apenas pela assinatura do contrato com a CBF, o pagamento seria de US$2 milhões para os Figer.

"Comissões" de US$1 milhão iriam para os agentes nos dez primeiros jogos da seleção. O valor seria incrementado de maneira gradual até chegar a US$1,4 milhão a partir de 2018. No total, mais de US$132 milhões em dez anos.

Dois dias depois, André e Marcel Figer teriam viajado para Londres e, dali, usado um jato privado da Kentaro para ir até Budapeste, ao hotel Four Seasons, onde ocorria uma reunião da Uefa, com Marin e Del Nero entre os convidados. A meta era fechar os últimos detalhes e impedir a contraofensiva de Teixeira.

Foram necessários mais cinco dias para que uma versão final do contrato fosse aceita, por e-mail, tanto pela Plausus, por meio de seu representante legal Santiago Baraibar, como pela Kentaro, através de seu CEO Philipp Grothe. Entre os itens do acordo estava confirmada a comissão de US$132 milhões que a Kentaro pagaria para o Grupo Figer.

A negociação só não prosperou por causa de uma negativa de Ricardo Teixeira, que à distância ainda influenciava as decisões da CBF. O dirigente não queria ver o esquema que construíra na entidade ser desfeito pelos homens que ele mesmo escolhera para liderar o futebol nacional. No dia 16 de agosto de 2012, um acordo da CBF foi anunciado com a empresa Pitch International, depois de uma intermediação de Teixeira com os sauditas da ISE.

Em um e-mail de esclarecimento solicitado por mim em junho de 2015, o Grupo Figer indicou apenas que "tem quase meio século de história e experiência no gerenciamento da carreira de jogadores de futebol, sendo essa sua atividade empresarial principal". Sobre o envolvimento da Plausus para intermediar o negócio, os empresários se limitaram a dizer que "acerca da empresa mencionada, confirmamos e afirmamos, como pode-se constatar em visita ao nosso sítio na internet, que a mesma não faz e nunca fez parte do Grupo Figer". Insisti em um novo esclarecimento sobre o motivo pelo qual uma empresa em Londres foi usada na negociação. A resposta nunca chegou.

Pela CBF, fui publicamente chamado de "mentiroso" e "infantil", entre outros ataques. Colegas de diversos meios de comunicação sugeriram que eu deveria acioná-los na Justiça pelos termos usados num comunicado. Mas não seria necessário. Duas semanas depois, a entidade teria um problema bem maior para resolver: seu vice-presidente, Marin, estava detido, acusado de fraude, lavagem de dinheiro, corrupção e gestão desleal de recursos. Ele teria seu nome retirado da sede da CBF, seria banido temporariamente do futebol pela Fifa e corria o risco de pegar vinte anos de prisão nos EUA. O homem que sobreviveu a todos os regimes políticos e que jamais enfrentou a Justiça no Brasil estava numa cela. A acusação: Marin teria enriquecido vendendo contratos de forma ilegal e se apoderado de um bem público: a seleção brasileira.

A Marco Polo Del Nero, que estava na Suíça naquele momento, não havia alternativa senão a de retornar imediatamente ao Brasil, de onde não sairia por meses, nem para encontros na Fifa e nem mesmo para acompanhar os jogos oficiais da seleção.

Se Marin deixou seu hotel apostando que rapidamente resolveria o caso, sua situação acabou ganhando novos contornos. Num primeiro momento, ao se encontrar com seus advogados ainda na prisão, ele esbravejou e garantiu que era vítima de uma injustiça. Mas, num segundo encontro e ao ser apresentado os fatos do indiciamento, mudou de tom, fechou o rosto e passou a negociar sua extradição, em condições mais suaves.

Foram necessários cinco meses para selar um acordo com a Justiça americana e Marin pode deixar a prisão de Zurique em direção aos EUA.

O brasileiro tem um apartamento em Nova York, na 5ª Avenida, estimado em mais de US$2 milhões. Ao ir para o território americano, poderia pagar uma fiança milionária que lhe permitiria ficar em prisão domiciliar enquanto o julgamento ocorresse.

Mas sua extradição deixou a situação de Del Nero ainda mais complicada. Ao anunciar o envio do brasileiro aos EUA, o Departamento de Justiça da Suíça informou que o Marin era "suspeito de ter aceito e compartilhado" propinas para a Copa do Brasil. "Seus atos prejudicaram financeiramente a CBF", indicaram as autoridades suíça.

O alerta era uma clara mensagem: Marin estava sendo extraditado. Mas as investigações seriam ampliadas para saber quem mais no Brasil teria recebido o suborno.

A Justiça americana estava dando um basta a um esquema que, por anos, operou no Brasil sem nenhum questionamento. Operou com a cumplicidade de parte das autoridades. Operou em um sistema em que as retribuições eram dadas de diversas maneiras: pagando os custos de uma campanha eleitoral, levando a seleção para jogar em determinadas regiões do país, concedendo direitos a determinados empresários, promovendo certos políticos e se beneficiando de aliados na imprensa que optavam por não revelar esse lado do futebol.

Havelange, Teixeira, Marin e Del Nero sequestraram a seleção brasileira e eram suspeitos de ter enriquecido com isso. Sequestraram o futebol brasileiro, largando os clubes em uma bancarrota inédita. Transformaram a CBF em uma potência econômica, rodeada por um esporte sucateado. Pior, roubaram o torcedor. Roubaram não apenas sua emoção, mas também seu dinheiro.

A cada jogo assistido pela televisão e a cada ingresso adquirido, a cada camisa da Nike e a cada produto de marketing vinculado à CBF comprado, o torcedor transferia, sem saber, parte de sua renda aos cofres desses cartolas. E com a cumplicidade de muita gente.

5. Quanto custa uma Copa?

Quando governos e entidades anunciam que vão concorrer para organizar uma Copa do Mundo, a pergunta que todos fazem é a mesma: quanto isso vai custar? A realidade é que a resposta, absurda ou não, é sempre uma mentira. Nenhum governo e nenhuma associação esportiva incluem na conta final um elemento fundamental e que existe para todos: a compra de votos para garantir que o evento ocorra no seu país.

Um dos aspectos mais importantes revelados pelas investigações realizadas pelo Departamento de Justiça dos EUA foi deixar claro que não é o legado que garante uma Copa do Mundo a um país. Também não é a beleza de seus estádios nem um pensamento estratégico sobre como aquele Mundial poderá fortalecer a cultura do futebol. Os aspectos técnicos das candidaturas também não contam.

O que se revelou diante das prisões dos dirigentes é que a chance de receber o maior evento do planeta aumenta de maneira considerável para quem paga mais. A Copa do Mundo é rifada pelos cartolas que têm o poder de escolher a sede. E tal constatação tem sido a realidade há mais de trinta anos, no mínimo.

No fundo, comprar uma Copa do Mundo não é caro. A decisão até a escolha do Mundial de 2022 era tomada pelo Comitê Executivo da Fifa, uma espécie de governo do futebol formado por apenas 24 pessoas. Garantir treze votos, portanto, já seria suficiente para declarar vitória.

Pessoas com as quais conversei durante anos e que estiveram envolvidas em candidaturas nos últimos tempos são unânimes: não é a perfeição técnica de um estádio nem seu uso depois do Mundial que vai garantir votos. "O objetivo era fazer o dirigente feliz e descobrir o que lhe agradaria", contou-me Bonita Mersiades, ex-executiva de alto escalão da candidatura derrotada da Austrália para receber o Mundial de 2022. "Isso era mais importante do que ter um projeto perfeito para a Copa do Mundo ou um legado."

Ela chegou a ser entrevistada por Michael Garcia, investigador da Fifa que examinou a corrupção na entidade. E garante que o que repassou a ele poderia por si só invalidar o processo de escolha das sedes. No entanto, acabou sendo traída pela cúpula da Fifa e, apesar de o depoimento ter sido secreto, seu nome foi revelado ao público pela organização, em 2014. Sua tese é de que isso aconteceu como punição pelo fato de ela ter entregado as práticas das candidaturas e dos cartolas em Zurique.

Segundo Bonita, em 2009 os australianos gastaram US\$2,5 mil para dar um colar de pérolas para a mulher de um vice-presidente da Fifa, Jack Warner, que também tinha direito de votar na escolha da sede. Outras mulheres receberam presentes parecidos. Em outra ocasião, conta ela, os australianos pagaram US\$300 mil para que a seleção Sub-20 de Trinidad e Tobago viajasse para um torneio em Chipre. Quem recebeu o dinheiro das passagens e da operação foi justamente a agência de turismo de propriedade de Warner, um homem com diversos negócios em seu país.

Mas por que Chipre, um país sem tradição no futebol? A resposta era simples: um dos membros do Comitê Executivo da Fifa, que votaria para a escolha da sede, era Mario Lefkaritis, de Chipre. Bonita Mersiades contou ainda como o então primeiro-ministro australiano, Kevin Rudd, viajou até o Caribe para se reunir com Warner. Antes da viagem, o que se debatia no gabinete do chefe de governo com dirigentes esportivos era o presente que ele levaria. A ideia do político era uma garrafa cara de vinho. Mas ele foi desaconselhado por membros da federação de futebol do país, e, no lugar de uma só garrafa, o presente foi substituído por uma caixa inteira de vinho. Qualquer coisa inferior a isso seria considerada uma ofensa e um tiro no pé.

"Existia a candidatura oficial, que era a dos cadernos de encargos e todo o processo burocrático, e existia a candidatura extraoficial, que envolvia tudo isso", contou ela, em uma referência aos presentes, agrados e subornos. Seu escritório montou uma espécie de equipe para seduzir cada um dos dirigentes, entre os quais Ricardo Teixeira, o brasileiro que até 2012 votava na Fifa. Antes de se aproximar dos cartolas, porém, era produzido um perfil completo do "eleitor", justamente para que o país candidato pudesse adequar os presentes e agrados ao gosto de cada um. "Você pode ter certeza de que eu sei tudo sobre ele. Onde tem suas fazendas, quais são seus hobbies e até que ele tem interesse especial por certos assuntos. Fizemos um mapeamento completo de Teixeira e do que lhe agradava", disse a australiana, que em 2015 foi chamada a prestar um depoimento numa comissão de inquérito montada no Parlamento britânico. De fato, tudo isso poderia ter sido legítimo. "O problema é que, ao final, o esquema propunha que os países buscassem agradar ao eleitor e não estabelecer um sistema pelo qual o melhor venceria."

Teixeira era acompanhado pelo lobista alemão Fedor Radmann, que se ocupava em satisfazer e convencer o brasileiro da candidatura australiana. Se a Austrália fosse escolhida, o consultor levaria US$3,6 milhões dos organizadores da candidatura. Radmann já havia trabalhado na candidatura polêmica da Alemanha para a Copa de 2006 e acabou sendo demitido em 2003. Ele foi acusado de ter dado a uma empresa de um amigo seu, Andreas Abold, sem licitação e sem concorrência, um contrato para criar o logotipo da Copa do Mundo.

1998: UM PRESENTE DO MARROCOS

As revelações de Bonita Mersiades coincidem com o que o Departamento de Justiça dos EUA descobriu e o que seria revelado nas semanas seguintes às prisões. Desde 1992, quando foi escolhida a Copa de 1998, na França, todos os processos de seleção foram alvo de suspeitas e denúncias de corrupção.

Quem daria ao FBI as primeiras pistas disso tudo seria o americano Chuck Blazer, indicando que a prática de compra e venda de votos era uma realidade na Fifa desde os anos da presidência de João Havelange. Em sua confissão diante da Justiça americana e no acordo que selou para reduzir sua pena, ele revelou como a entidade agia em relação aos Mundiais de futebol.

Segundo ele, os pagamentos que recebeu em troca de seu voto começaram ainda em 1992. Naquele ano, a Fifa examinava as candidaturas da França e do Marrocos para sediar o Mundial que ocorreria seis anos depois. No início do processo, Suíça e Inglaterra também haviam se candidatado para sediar o evento. Cada qual por um motivo, suíços e ingleses abandonaram a corrida, que ficou restrita aos marroquinos e franceses. A realidade é que, para os dirigentes da Fifa, o que parecia contar era outro cálculo: o de suas contas bancárias. A confissão de Chuck diante de um juiz americano em novembro de 2013 é explícita: "Entre outras coisas, eu concordei com outras pessoas, em 1992, em facilitar a aceitação de propina em relação à escolha da sede da Copa de 1998".

Segundo a investigação, Chuck e Warner receberam US$1 milhão do Marrocos por seus votos. O acerto ocorreu em uma viagem que os dois cartolas fizeram a Rabat em 1992, convidados pelo Comitê que se ocupava da candidatura do país do norte da África. Oficialmente, a visita tinha como meta apresentar o projeto a dois dos homens mais influentes do futebol da América do Norte e convencê-los de que o Marrocos tinha amplas condições de receber o megaevento. Durante essa viagem é que o pagamento foi oferecido. E, segundo Chuck, os dirigentes aceitaram vender seus votos.

Nos meses que se seguiram, Chuck manteve contato frequente com os membros do Comitê de Candidatura do Marrocos, com encontros e dezenas de ligações telefônicas para debater como o pagamento da propina seria realizado. Algumas ligações chegaram a ser feitas de seu escritório da Concacaf em Nova York. Mas, apesar da compra de votos, o Marrocos não conseguiu apoio suficiente para bater a França. No dia 2 de julho de 1992, na Suíça, a votação na Fifa terminou com catorze votos para os franceses e sete para o Marrocos.

Assim, a França de Michel Platini recebeu pela segunda vez na história um Mundial, que seis anos depois seria vencido pelo próprio país anfitrião.

2002: O VOTO PARAGUAIO

Equivoca-se de maneira brutal quem acredita que são apenas países em desenvolvimento que se prestam a percorrer o mundo para comprar votos.

Em 1996, quatro anos depois do voto marroquino, a Fifa voltaria a examinar novas candidaturas, dessa vez para o Mundial de 2002. Uma vez mais surgiram suspeitas de corrupção.

A denúncia partiu de um ex-alto funcionário da Conmebol que, depois de anos servindo de assistente para pagar propinas, decidiu refugiar-se na Espanha. De forma anônima e mais de uma década depois dos pagamentos, optou, em junho de 2015, por contar a jornais espanhóis tudo o que sabia dos bastidores de uma entidade corroída pela corrupção.

Segundo ele, os dirigentes esportivos do Japão pagaram US$1,5 milhão para que países sul-americanos escolhessem o país como sede do Mundial de 2002. O dinheiro jamais entraria na conta das federações e teria sido desviado pelo então presidente da Conmebol, Nicolás Leoz, que o teria repartido entre seus assessores mais próximos. Segundo o delator, a realidade é que as contas de Leoz se confundiam com a da instituição sul-americana, com sede em Assunção e que até pouco tempo atrás tinha imunidade diplomática.

Em seu relato, o delator, que trabalhou por uma década e meia na Conmebol, conta como transferências de todo o mundo chegavam até as contas de Leoz em Assunção, no Brasil, nos EUA e no Panamá. "Às vezes, para maquiar as operações, ele usava laranjas e alguns de seus parentes", revelou.

Quanto ao dinheiro enviado pelos organizadores japoneses para que a Conmebol distribuísse aos cartolas da região, o autor do depósito teria sido o presidente da Federação Japonesa, Ken Naganuma, já falecido. "Mas esse dinheiro foi distribuído de outro modo: US$1,2 milhão para a conta de Leoz, US$200 mil para seu secretário-geral, Eduardo de Luca, e US$100 mil para Zorana Dannis, que fazia a ligação com a Fifa", descreveu o delator.

No caso de Leoz, o dinheiro, conforme a denúncia, foi depositado em sua conta pessoal 1596-2 da agência do Banco do Brasil em Assunção. Outros valores foram para o Northern Trust International Bank, de Nova York, e o Citibank, em Nova Jersey. Ainda segundo o delator, essa teria sido apenas "uma das operações". "Outras mais ocorreram e nem todas passaram por mim", explicou. "Essas práticas eram habituais e seguidas."

O ex-funcionário acreditava que, depois das prisões dos cartolas da Fifa, havia chegado sua vez de contar a história. "Carreguei isso por muito tempo", disse. "Deixei o Paraguai preocupado. Quando eu quis parar de fazer o trabalho que eles me pediam, dos subornos, o problema começou", disse, sobre o fato de ter tentado abandonar o esquema dois anos antes. "Eles passaram a me observar, carros sem placas me seguiam e meu telefone tocava", afirmou. Para ele, a sede da Conmebol, com imunidade diplomática, "era o lugar mais seguro do Paraguai". "Mas trabalhar dentro dela também significava correr riscos", completou.

O delator conta que, mesmo quando já estava fora do Paraguai, tiros foram disparados contra sua casa. Sua fuga para a Espanha ocorreu depois que foi orientado por um senador a deixar o país, em circunstâncias que ele ainda guarda em segredo.

No dia 31 de maio de 1996, Japão e Coreia foram escolhidos para sediar a Copa de 2002, violando um princípio fundamental da Fifa: a de que um Mundial não deve ocorrer em dois países. Originalmente, a corrida envolvia uma disputa entre coreanos, japoneses e mexicanos. Mas Tóquio enfrentava um sério problema: sua seleção jamais havia se classificado para uma Copa do Mundo e um Mundial jamais havia sido dado a uma nação que nunca esteve no torneio.

Dias antes da votação na Fifa, os dois gigantes asiáticos se uniram e foram escolhidos por aclamação. Essa foi a primeira e a última vez que a Fifa realizou uma Copa em dois países. E até hoje ninguém soube explicar por que a exceção foi feita no caso do Mundial de 2002.

2006: A PRESSÃO INTOLERÁVEL

Poucas escolhas seriam tão controvertidas quanto a que ocorreria em 2000. Na agenda da Fifa estava a votação para a sede do Mundial de 2006. Os sul-africanos eram os favoritos, por causa da opção pessoal de Joseph Blatter, que precisava retribuir ao continente africano o apoio que recebia nas eleições para a presidência na Fifa.

No páreo estavam também Brasil, Alemanha, Inglaterra e Marrocos. Os brasileiros abandonariam a corrida três dias antes da votação, e tanto os marroquinos como os ingleses sabiam que tinham poucas chances. Em uma primeira rodada de votações, a Alemanha apareceu em primeiro lugar, com dez votos, contra seis para os sul-africanos e cinco para a Inglaterra. Nessa rodada, o Marrocos foi eliminado por ter apenas dois votos.

Na votação seguinte, os dois votos do Marrocos foram para os sul-africanos. Mas algo surpreendente ocorreu: três dos dirigentes que haviam votado pela Inglaterra optaram por mudar de ideia e também votaram pela África do Sul, mesmo com o país inglês ainda na disputa. De maneira espetacular, a votação empatou: onze votos para a Alemanha e onze para os sul-africanos.

Uma terceira rodada foi necessária, dessa vez sem os ingleses, eliminados. Se os cenários mais lógicos se confirmassem com base nas promessas de apoios de cada dirigente, haveria mais um empate: 12 a 12. Isso levaria a Fifa a dar o voto de Minerva a seu presidente, Blatter, que já havia indicado seu apoio aos sul-africanos.

Algo de inédito, entretanto, estava prestes a ocorrer em Zurique. No momento em que os votos foram registrados, um dos eleitores simplesmente não votou. Tratava-se do representante da Nova Zelândia, Charlie Dempsey, que tinha instruções da Confederação de Futebol da Oceania para votar nos sul-africanos caso a Inglaterra fosse eliminada. De fato, o líder sul-africano Nelson Mandela tinha telefonado para o cartola no dia da votação, às 6h30, para pedir seu apoio caso Londres caísse antes. "Ele me disse para fazer o que eu achasse que era o correto", contou Dempsey, anos depois.

Momentos antes de a terceira rodada de votos começar, o dirigente abriu uma carta escrita com a ajuda de seus advogados e explicou que não participaria da eleição. Antes mesmo do anúncio do vencedor, Dempsey tomou um avião para Cingapura e deixou Zurique. Sua abstenção na rodada final deu a vitória para a Alemanha, por 12 a 11, e causou um terremoto dentro da entidade.

Nos dias que se seguiram, ele indicou apenas que teve "razões muito fortes" para se abster e que sofreu "tentativas de suborno". "Foi uma pressão intolerável", disse. Com uma vida inteira dedicada ao futebol da Nova Zelândia, o dirigente construiu uma relação de amizade com o ex-presidente da Fifa, João Havelange. Em 1982, seu país foi o primeiro a representar a Oceania numa Copa do Mundo e ainda levou o Mundial Sub-17 para seu território.

Dempsey se recusou a dar mais explicações sobre sua decisão. Mas coube a sua filha, Josephine King, secretária-executiva da Confederação da

Oceania, denunciar a pressão da Uefa. Segundo ela, os europeus haviam financiado por anos o futebol em sua região e cobraram apoio. Do outro lado, Dempsey também estava sob forte pressão de Blatter e de Havelange, a quem tanto devia, para dar seu voto aos sul-africanos.

A disputa, contudo, também foi política. Mandela telefonou naqueles dias para o rei da Tailândia, para o rei da Bélgica e para o emir do Catar, três países com representantes entre os 24 eleitores da Fifa. Mohammed bin Hammam, que representava o Catar na Fifa, chegou a explicar de forma bastante clara que seu voto pertencia a seu governo e que o emir havia optado pela Alemanha em função das relações econômicas e estratégicas entre os dois países.

Naquele mesmo ano, em uma tensa reunião de quatro horas em Auckland, Dempsey renunciou a seu cargo de presidente da Confederação da Oceania e deixou a Fifa. A indignação dos membros de sua entidade era clara: "Quando uma ordem é dada, um executivo precisa segui-la", declarou Sahu Khan, o então representante de Fiji, sobre a "desobediência" de Dempsey.

Mas nada consolava os africanos. "Fomos golpeados por trás pelos asiáticos", acusou Ismail Bhamjee, representante de Botsuana. Irvin Khoza, presidente da candidatura sul-africana, também não media palavras para atacá-lo. "Ele traiu o povo sul-africano. Não entendo como um homem pode votar em duas rodadas e deixar de votar numa final. A Fifa precisa investigar isso", defendeu.

Como de costume, a Fifa abriu um processo. E, como de costume, chegou à conclusão de que não havia nada que pudesse ser feito. "Por motivos legais, o voto é final", explicou o porta-voz da entidade naquele momento, o suíço Andreas Herren. "O Comitê Executivo tomou sua decisão sobre o procedimento, e isso ocorreu na presença de um notário e de acordo com a lei suíça", completou.

O caos, porém, não viria sem consequências. Pouco tempo depois do voto de 2000, a Fifa fechou um acordo com todas as confederações. Com o objetivo de dar uma chance real para a África e compensar a desastrosa votação do Mundial de 2006, a Fifa estabeleceu uma rotação entre continentes. Para 2010, portanto, seria a vez da África e, em 2014, a da América do Sul. Cumpridas essas etapas, a Fifa então anunciou em 2007 que a rotação estava concluída e os Mundiais de 2018, 2022 e 2026 seriam abertos a todos os países.

A abstenção de Dempsey garantiu a Copa para a Alemanha em 2006. Mas custou caro para a Europa Ocidental, que terá de esperar pelo menos até 2026 para voltar a ter a chance de concorrer ao torneio.

2010: FINANCIANDO "O DESENVOLVIMENTO"

Do outro lado do mar Mediterrâneo, a rotação estabelecida pela Fifa significava que, pela primeira vez em oitenta anos de Copas do Mundo, o evento seria disputado na África. Por si só, a decisão já seria histórica e uma retribuição à contribuição do futebol africano ao mundo. A Copa de 2010 também seria a primeira desde 1986 a ser disputada em um país em desenvolvimento, um desafio extra para a Fifa e uma oportunidade de mostrar que um megaevento esportivo podia trazer benefícios sociais.

Anos depois, ficaria claro que a Copa apenas passou pela África do Sul, criando um sentimento de orgulho por algumas semanas, deixando elefantes brancos pelo país e um resultado social inexistente. Naquele momento de definição das sedes, porém, a ordem da Fifa era camuflar tudo em nome do desenvolvimento social e usar a Copa como uma demonstração de que o futebol poderia ser uma arma para combater a pobreza. O discurso oficial era simples: a Copa de 2010 traria vantagens a milhões de pessoas, e ninguém questionou tal afirmação. Nenhum debate, portanto, tinha lugar num evento que "obviamente" traria desenvolvimento social. E nada de discursos reivindicativos. Todos estavam determinados a mostrar a grandeza de um continente que por quatro semanas seria o centro do mundo.

Até uma canção de protesto ganhou um tom de euforia e se transformou no hino da Copa.

Give me freedom, give me fire
Give me reason, take me higher
See the champions, take the field now
You define us, make us feel proud
In the streets our hands are lifting

Política, propina e futebol

As we lose our inhibition
Celebration, it surrounds us
Every nation, all around us
Singin' forever young
Singin' songs underneath the sun
Let's rejoice in the beautiful game
And together at the end of the day
We all say
When I get older I will be stronger
They'll call me freedom
Just like a wavin' flag
*Now wave your flag**

K'naan, poeta e rapper da Somália, simplesmente vendeu uma de suas poesias de maior força à publicidade da Coca-Cola, que, obviamente, transformou as palavras da música para "celebrar" a Copa na África como um momento de reviravolta na história social do continente.

Em sua versão original, porém, a letra da canção não era aquela que milhares de pessoas cantaram em 2010 num tom de alegria. K'naan, que conseguiu sair da África para viver no Canadá, denunciava a repressão, a pobreza e o desprezo das elites por seu povo. Mas isso não convinha nem à Fifa, nem aos governos, nem à Coca-Cola. Assim, a letra foi trocada para evitar versos bem mais realistas e menos adequados a uma campanha publicitária para convencer o mundo do bem que um Mundial traria à população.

So many wars, settlin' scores,
Bringing us promises, leaving us poor,
I heard them say, love is the way

---

* Em tradução livre: "Dê-me liberdade, dê-me fogo.// Dê-me razão, leve-me mais alto.// Olhe os campeões ganharem o campo agora.// Vocês nos definem, vocês nos dão orgulho.// Em nossas ruas, nossas mãos se levantam/ enquanto perdemos nossa inibição.// A celebração está em torno de nós.// Todas as nações, em torno de nós.// Cantando eternamente jovens,/ cantando sob o sol.// Vamos comemorar o lindo jogo/ e, juntos ao fim do dia,/ nós todos diremos:/ quando eu ficar mais velho, serei mais forte.// Eles me chamarão de liberdade.// Como uma bandeira tremulante.// Agora, levante sua bandeira".

Love is the answer, that's what they say
But look how they treat us, make us believers
We fight their battles, then they deceive us
Try to control us, they couldn't hold us*

No entanto, bem mais do que uma canção de forte cunho social e reivindicativo seria camuflado em 2010. Segundo a investigação americana, o Mundial também foi alvo de irregularidades, e a escolha da África do Sul não se baseou apenas na imagem acima de qualquer suspeita de Nelson Mandela. Por mais dramático e simbólico que seja, foi usando dinheiro destinado a projetos sociais que países compraram votos dos cartolas da Fifa. Na confissão de Chuck Blazer à Justiça dos EUA, esse mecanismo ficaria claro. "Começando por volta de 2004 e continuando até 2011, eu (Chuck) e outros do Comitê Executivo da Fifa concordamos em aceitar propinas em relação à escolha da África do Sul como país-sede da Copa de 2010", declarou o americano diante da Corte dos EUA, em 25 de novembro de 2013. Se o FBI precisava de elementos para desconfiar dos pagamentos, um cheque confiscado apareceria como uma das evidências mais fortes de que subornos existiram.

Esse cheque, enviado ao delator do escândalo, Chuck Blazer, seria um dos indícios de que os sul-africanos repassaram dinheiro para comprar a Copa. Chuck recebeu US$750 mil, e o cheque seria a primeira parcela de três pagamentos de US$250 mil. O documento era de um banco de Trinidad e Tobago, país de Jack Warner, ex-vice-presidente da Fifa, e foi dado ao cartola num corredor do aeroporto de Nova York. Mas a principal suspeita se referia ao pagamento de US$10 milhões, por parte da África do Sul, ao próprio Warner, em troca de votos. De acordo com o indiciamento do Departamento de Justiça dos EUA, o dirigente caribenho teria recebido uma proposta de propina de US$1 milhão do Marrocos, que concorria

---

* Em tradução livre: "Tantas guerras, ajustando contas,// Nos trazendo promessas, nos deixando pobres.// Eu os ouvi dizer que o amor é o caminho.// Que o amor é a resposta, isso é o que eles dizem.// Mas olhe como eles nos tratam, nos fazem acreditar.// Nós lutamos as batalhas deles, e eles nos decepcionam.// Eles tentam nos controlar, mas eles não conseguem nos segurar".

contra os sul-africanos, mas acabou optando pelo suborno dez vezes superior às ofertas dos marroquinos.

A questão, porém, era como fazer o dinheiro da África do Sul chegar até Warner, na época presidente da Concacaf. A votação ocorreu em 2004 e a promessa do pagamento foi feita naquele momento. Mas levaria anos até que o depósito fosse realizado. A forma encontrada não poderia ser mais irônica: criar um programa de ajuda à diáspora africana no Caribe e destinar parte do dinheiro da Copa do Mundo para essa população marginalizada e miserável. O problema é que esse dinheiro jamais chegou ao destino final.

Num primeiro momento, a África do Sul fez questão de negar a existência da verba, enquanto a Fifa insistia desconhecer o assunto. Na coletiva de imprensa de 30 de maio de 2015, Joseph Blatter reagiu com nervosismo quando jornalistas o questionaram se sabia desse pagamento e se ele era a pessoa citada pelo FBI que teria feito o depósito. Fazendo-se de ignorante no assunto, ele perguntou ao secretário-geral da Fifa, Jérôme Valcke, sentado à sua direita, sobre o teor da polêmica. "Eu não tenho US$10 milhões", disse Blatter.

Lembro-me, porém, de acordar no dia 1º de junho de 2015 com um alerta de meu telefone celular. Eu, como dezenas de outros jornalistas, ainda estava em Zurique e só depois descobriria que por muito tempo não sairia dali. Ao abrir o e-mail no aparelho, vi um anexo que poderia mudar de forma radical o discurso da Fifa até aquele momento.

Era uma carta datada de 4 de março de 2008 e direcionada a Jérôme Valcke. Nela, havia instruções muito claras sobre como o francês deveria transferir os US$10 milhões. Tratava-se de uma comunicação entre a Associação Sul-Africana de Futebol (Safa) à Fifa, sugerindo que o dinheiro fosse colocado sob a administração de Warner. O texto pedia que Valcke "segurasse" US$10 milhões do orçamento da Copa de 2010 e depois os transferisse para o programa social mencionado. O documento, assinado por M. Oliphant, presidente da Safa, ainda insistia que Warner seria o "fiduciário" do dinheiro. Valcke sabia dos pagamentos, e o FBI também suspeitava de que ele havia aprovado a transferência em 2008.

Diante da evidência, a Fifa foi obrigada a mudar seu discurso. A entidade confirmou que existiu uma transferência de recursos entre a Federação de Futebol da África do Sul, que organizava o Mundial de 2010, e países caribenhos, como forma de dar apoio financeiro à "diáspora africana" na região, mas negou que isso fosse propina. Oficialmente, tratava-se de um "programa de desenvolvimento". "A pedido do governo sul-africano, e em acordo com a Associação Sul-Africana de Futebol, a Fifa foi solicitada a processar os recursos do projeto ao manter US$10 milhões do orçamento do Comitê Organizador Local", disse uma nota da Fifa. Segundo ela, foram os sul-africanos que instruíram a entidade a mandar o dinheiro a Warner, naquele momento o presidente da Concacaf. Ele "administraria e implementaria" o projeto.

Outra estratégia da Fifa: culpar um morto pela transferência. Em sua resposta oficial, a entidade indicou que o pagamento fora autorizado pelo diretor do Comitê de Finanças à época, o argentino Julio Grondona, que morrera em 2014. Jérôme Valcke também trabalhava na Fifa naquele momento, mas, segundo a entidade, não foi ele quem assinou a movimentação. Portanto, não poderia ser responsabilizado por nada. "O pagamento de US$10 milhões foi autorizado pelo então presidente do Comitê de Finanças e executado de acordo com os regulamentos da Fifa. Nem Valcke nem nenhum outro membro de alto escalão da administração da Fifa foi envolvido na aprovação, no início e na implementação do projeto", insistiu a entidade.

O que nem a Fifa nem os sul-africanos nem ninguém mencionou foi o cargo que Warner tinha na entidade em Zurique quando o pagamento foi feito: ele era simplesmente o vice-diretor do Comitê de Finanças. E foi esse Comitê de Finanças que autorizou o envio do dinheiro para Warner. Que tipo de organização sem fins lucrativos organiza o pagamento de uma propina a um membro de seu próprio Comitê de Finanças?

Agressivo e assumindo papel de vítima, Valcke deu declarações acusando a imprensa de persegui-lo e, naquele momento, garantiu que não renunciaria. "Não tenho razão para deixar de ser o secretário-geral. Não tenho nenhuma responsabilidade [na crise]", disse Valcke em entrevista à rádio France Info. Ele também afirmou que não via razões para fazer uma autocrítica. E completou: "Para minha família está muito difícil suportar essa situação".

Perseguido ou não, a realidade é que Valcke cancelou todas as suas viagens a alguns dos principais torneios promovidos pela Fifa nas semanas que se

Política, propina e futebol

seguiram. Evitou ir à Nova Zelândia para o Mundial Sub-20 e tampouco compareceu à abertura e à final da Copa do Mundo de Futebol Feminino, no Canadá. Seu medo: ser preso e extraditado para os EUA. Apesar de garantir que não tinha nada a temer, o francês rapidamente contratou um dos escritórios de advocacia mais prestigiosos de Nova York para se defender.

A trajetória de Valcke no futebol foi marcada por questões judiciais. Ainda fora da Fifa, ele foi citado em um processo na França por chefiar uma empresa acusada de evasão fiscal na compra de jogadores. Já na Fifa, Valcke atuou de uma forma que em qualquer empresa normal teria justificado sua demissão. Foi ele que negociou uma troca de patrocinadores de empresas de cartão de crédito. Mas, processado por quem perdeu, viu a Fifa ser obrigada a pagar US$90 milhões em multas na Justiça americana. Naquele momento, ele era o diretor de marketing da entidade.

Valcke foi suspenso por alguns meses, mas nunca deixou de receber seu salário. Ao retornar, foi promovido a secretário-geral, o homem responsável pela organização de todos os Mundiais. Dono de um dos modelos de Ferrari mais caros do mundo, Valcke comprou, em 2011, um terreno na Suíça avaliado em 4 milhões de francos suíços, na cidade com os menores impostos da Europa, Wollerau.

Dias depois da primeira carta assinada por M. Oliphant, da Associação Sul-Africana de Futebol, um segundo documento revelou outro aspecto da propina: o próprio governo sul-africano sabia dos pagamentos e pelo menos dois ministros da administração do presidente Thabo Mbeki foram consultados sobre o dinheiro.

A segunda carta era de Danny Jordaan, organizador do Mundial de 2010, a Valcke. Nela, Jordaan aponta que debateu a transferência de US$10 milhões com Nkosazana Dlamini-Zuma, na época ministra das Relações Exteriores e hoje presidente da União Africana, e com Jabu Moleketi, então vice-ministro das Finanças. A carta é de dezembro de 2007, e Jordaan sugeria a Valcke opções de caminhos para que o dinheiro fosse pago aos cartolas do Caribe. Jordaan pedia ao francês que organizasse a transferência e indicava o conhecimento do caso pelas autoridades. "O governo sul-africano assumiu o pagamento equivalente a US$10 milhões para o programa de legado para a diáspora", escreveu. Segundo o cartola, o vice-ministro Moleketi "recomendou que o dinheiro passasse pela Fifa". Naqueles dias,

Moleketi insistiu que a carta era uma "fabricação" e que jamais falou disso com Jordaan.

O documento ainda revelava que o cartola "discutiu com a ministra Nkosazana Dlamini-Zuma, que defendeu que o dinheiro passasse pelo Comitê Organizador Local". "Diante disso, sugiro que a Fifa deduza do orçamento futuro do Comitê Organizador Local e que lide diretamente com o pagamento", escreveu Jordaan. Na prática, a triangulação afastaria o governo do envolvimento numa transferência de dinheiro, blindando Zuma.

Se as cartas falam do dinheiro, a realidade é que os valores jamais apareceram nos balanços financeiros do Comitê Organizador da Copa de 2010, do governo africano, da Fifa e da Concacaf, que recebeu a verba supostamente para projetos oficiais da entidade. O que os investigadores do FBI suspeitam é de que os US$10 milhões doados pela África do Sul tenham sido destinados a fins pessoais. De acordo com extratos bancários, Warner desviou os recursos ao fazer diversos depósitos, ocorridos nos dias 4 de janeiro, 1º de fevereiro e 10 de março de 2008, totalizando US$10 milhões.

Para lavar o dinheiro, porém, a suspeita é de que o dirigente tenha se valido até mesmo de uma rede de supermercados de Trinidad e Tobago, a JTA. A quantia de US$4,8 milhões seguiu para a empresa em diversos depósitos. O maior deles ocorreu em fevereiro de 2008, de US$1,3 milhão. Em seguida, o dinheiro voltou a Warner, na moeda local.

O que também chamou a atenção do FBI foi uma coincidência pouco comum. Kenny Rampersad, o contador da rede de supermercados, era também o contador pessoal de Warner. Além do esquema com a JTA, uma série de depósitos foi feita para aliados de Warner, num total de US$360 mil. Segundo a investigação, mais de US$1 milhão foi usado para pagar contas de cartão de crédito de Warner e quitar empréstimos.

Em junho de 2015, nada parecia frear a onda de denúncias. Instantes depois da revelação dos US$10 milhões, outro país que concorreu para receber a Copa de 2010 confirmou a existência de propinas: o Egito.

As autoridades esportivas sediadas no Cairo afirmavam que a candidatura egípcia fora derrotada porque o país se recusara a pagar propinas aos membros do Comitê Executivo da Fifa. Segundo representantes do Egito, os dirigentes pediram US$7 milhões por cada voto.

Em entrevista à OnTV, do Cairo, o ex-ministro do Esporte do Egito Aley Eddine revelou que Jack Warner pediu a ele o suborno para votar pelo país, uma prática que seria repetida por outros cartolas. "Eu não imaginava que a Fifa fosse tão corrupta", declarou Eddine. Segundo ele, a reunião em que o dinheiro foi solicitado ocorreu nos Emirados Árabes Unidos e envolveu ainda o presidente da federação de futebol do país, El-Dahshori Harb. "Eu disse ao presidente da federação que o Egito não poderia fazer parte desse crime", contou o ex-ministro.

O caso chegou até o serviço de inteligência do então governo de Hosni Mubarak. "Informei ao chefe de espionagem do governo, Omar Suleiman, que me confirmou que tomei a decisão certa", disse. Suleiman seria o líder, oito anos depois, da contrarrevolução na Primavera Árabe.

Até mesmo o resultado final da votação na Fifa, em 2004, foi colocado em dúvida. Oficialmente, o Mundial de 2010 havia sido dado para a África do Sul, seis anos antes, por catorze votos — contra dez para o Marrocos.

Gravações secretas realizadas pelo jornal *Sunday Times* com eleitores da Fifa provocaram um escândalo ainda maior. Em 2010, os jornalistas se passaram por lobistas para se encontrar com os delegados da entidade e, com câmaras escondidas, filmaram algumas das cenas mais inusitadas e algumas das revelações mais inesperadas. As gravações foram entregues para a Fifa.

Ismail Bhamjee, de Botsuana, ex-membro do Comitê Executivo da Fifa, foi uma das pessoas que acreditaram estar em contato com uma agência que representava uma das candidaturas para a Copa de 2022 e fez confissões surpreendentes. Ele relembra como, por engano, Warner telefonou e, pensando falar com os sul-africanos, cobrou o dinheiro da propina. "Onde está o dinheiro?", perguntou Warner. "Oi, aqui é o Ismail", foi a resposta. "Ah, falo com você mais tarde", disse Warner, encerrando a conversa.

Nos dias que se seguiram às operações policiais de 27 de maio de 2015, com a prisão dos dirigentes, Warner também seria preso em seu país natal, Trinidad e Tobago. Mas, tendo ocupado o cargo de ministro, o ex-dirigente conseguiu aguardar em liberdade uma eventual extradição para os EUA. Seu argumento era de que sofria problemas de saúde. Na noite de sua liberação, ele foi conduzido diretamente a uma festa, para comemorar sua "inocência".

Já Bhamjee, na conversa gravada pelo *Sunday Times*, ainda faria uma das revelações mais perturbadoras do caso: o Marrocos teria vencido a eleição em 2004 para a Copa de 2010, resultado que foi camuflado e modificado para dar a vitória para a África do Sul. "Depois de falar com todos [...] para quem os votos foram? Somos todos colegas, vocês sabem. E descobrimos que na realidade o Marrocos venceu por dois votos", disse Bhamjee. "Por favor, esse é um segredo total."

2018: ARQUIVO MORTO

A KGB, o serviço secreto da antiga União Soviética, por anos influenciou a forma de fazer política no país, inclusive nas suas relações internacionais. Não seria diferente quando um ex-agente da entidade, Vladimir Putin, chegasse ao poder, dessa vez no cargo de presidente da Rússia. Seu objetivo foi sempre muito claro: resgatar o prestígio de um país que chegou a ser uma superpotência, mas que acabou fortemente impactado no fim da Guerra Fria.

Depois de uma década de caos com Boris Iéltsin na presidência, era hora de voltar a ter o respeito da comunidade internacional, além de fortalecer seu arsenal militar e nuclear. Era, acima de tudo, o momento de se impor no cenário global. E, nessa estratégia, uma vez mais os grandes eventos esportivos fizeram parte dos cálculos. A meta era usá-los como vitrines de uma nova sociedade.

Em 2014, a Rússia sediaria os Jogos Olímpicos de Inverno, e, desafiando a todos, numa cidade que faz parte do imaginário coletivo dos russos por ser um destino de verão: Sochi. Era como se Putin houvesse escolhido o único ponto sem neve de todo o vasto território russo para propor como sede do evento. O Kremlin se engajaria de forma total para garantir o sucesso dos Jogos e investiria US$51 bilhões para transformar uma cidade inteira. O valor era equivalente a todas as olimpíadas de inverno juntas. E, claro, sem nenhuma auditoria externa.

Essa quantia também ficou acima do que a China gastou com os Jogos de 2008 em Pequim, do que Londres investiu em 2012, e seria 20% de tudo o que a URSS e, depois, a Rússia gastaram com seu programa espacial.

Anos antes de a tocha olímpica chegar ao balneário de Sochi, lembro-me de visitar o local onde seria erguido o estádio olímpico. Tratava-se de um campo de repolhos. Quando questionei os donos do sítio à beira do mar Negro se eles haviam concordado em vender a propriedade para os organizadores do evento, eles apenas sorriram e disseram: "Não tivemos opção".

Mas Sochi não passou de um "evento-teste" para algo muito maior em prestígio: a Copa do Mundo de 2018, o coroamento do retorno da Rússia como potência e um evento que promete custar três vezes o valor gasto no Mundial do Brasil em 2014, o mais caro da história, com uma conta que ultrapassou a marca de R$ 28 bilhões. Contra Moscou concorreram Inglaterra, Espanha, Portugal, Holanda e Bélgica. Na maioria dos casos, esses países poderiam realizar um Mundial sem praticamente fazer investimentos e sem construir novos estádios.

No dia 2 de dezembro de 2010, foram necessárias apenas duas rodadas de votação para dar aos russos o Mundial de 2018. Somando treze votos, eles superaram a campanha conjunta de Espanha e Portugal, com sete votos. Lembro-me de ver em Zurique, na primeira fila da coletiva de imprensa de Vladimir Putin, magnatas como Roman Abramovich, que passaram a influenciar a economia mundial com suas empresas e negócios. Estava claro: os aliados do Kremlin haviam sido convocados para bancar a campanha, as obras e, evidentemente, o prestígio. Ficariam também com parte dos lucros, ainda que naquele momento ninguém imaginasse que a Rússia entraria em guerra com a Ucrânia, que seria alvo do maior pacote de sanções do Ocidente desde o fim da Guerra Fria e que o preço do barril do petróleo desabaria quatro anos depois.

Eram anos de abundância, e o futebol fazia parte da estratégia de restaurar o país. Antes mesmo de conquistar a Copa, a meta era transformar o futebol russo em um dos mais fortes da Europa e recuperar o prestígio do time na época da antiga União Soviética. Para isso, os russos se lançaram em um esforço para construir estádios, inundar os clubes de jogadores estrangeiros, enfrentar o frio quase polar e mudar o calendário de seu campeonato. Vitaly Mutko, ministro dos Esportes da Rússia e ex-presidente do Zenit, de São Petersburgo, explicou-me em um encontro em Moscou, em 2010, como se daria essa estratégia: "Somos o sexto maior campeonato de futebol da Europa", afirmou. "Mas somos ambiciosos. Queremos estar entre as melhores ligas do mundo em poucos anos."

A ambição não vinha sem amplos recursos, e foi no setor primário, em pleno boom na primeira década do século XXI, que os parceiros foram encontrados. O Spartak de Moscou, com um orçamento anual de US$100 milhões, é financiado pela Lukoil, gigante do setor de petróleo. Já o Zenit, com US$150 milhões à disposição para gastar a cada ano, é o quintal da Gazprom, maior empresa de gás natural do mundo e uma das cinco grandes parceiras da Fifa.

A nova sensação russa, o Rubin Kazan, é patrocinada por uma empresa de diamantes. Em apenas sete anos, subiu para a primeira divisão, foi campeão em 2009 e, em 2010, chegou a empatar com o Barcelona na Liga dos Campeões.

"Os recursos estão vindo dos setores de diamantes, petróleo, gás e minérios", contou-me Eugeny Giner, presidente do CSKA, time que nos anos soviéticos era mantido pelo Exército Vermelho. Com o dinheiro, o número de craques internacionais aumentou. Em 2010, 53% dos jogadores em campo eram estrangeiros, como Vagner Love, atacante brasileiro que passou pelo Palmeiras e que foi transferido para o futebol russo por US$9 milhões. "Estamos pagando salários cada vez melhores", disse o presidente do CSKA. "Trouxemos jogadores de fora para elevar o nível dos clubes, o que já começa a surtir bons resultados. Mas isso precisará ser equilibrado, pois essa invasão de estrangeiros enfraquece a seleção nacional", afirmou ainda em 2010 o secretário de Esportes de São Petersburgo, Vyacheslav Chanov.

Mas os russos sabem que não poderão basear seu poder apenas na contratação de estrangeiros. Por isso, em quatro anos criaram 342 escolinhas de futebol pelo país, todas com gramado sintético, para enfrentar o frio do inverno russo. Entre 2011 e 2015, foram construídos mais de setenta novos campos por ano. O projeto envolveu dinheiro da renda do petróleo. Quase todas as escolinhas foram patrocinadas pela Gazprom, que também já construiu oito estádios de pequenas proporções no país.

A Rússia não se classificou para a Copa de 2006 nem para a de 2010. Em 2014, o time russo viajou ao Brasil para a Copa, mas decepcionou e foi eliminado nas oitavas de final pela Bélgica, que ganhou de 1 x 0 em um dos piores jogos do Mundial. O ministro dos Esportes admite que o nível do futebol russo está longe de ser o mesmo dos anos do comunismo. "Tínhamos um governo centralizado e focado em ganhar competições. Era um sistema feito para vencer", explicou. Segundo ele, a tônica mudou quando, nos anos 1990, período da transição entre o regime comunista e uma economia de mercado, o esporte deixou de ser uma prioridade no país. "Tínhamos coisas mais importantes para pensar naquele momento", reconheceu Mutko.

Em toda a sua história, a União Soviética ficou fora de apenas duas Copas. O melhor resultado foi em 1966, quando terminou em 4º lugar na competição. Em 1960, foram os primeiros vencedores da Eurocopa. Foram ainda vice-campeões europeus em 1964, 1972 e 1988. Nos Jogos Olímpicos, conquistaram o ouro no futebol em 1956 e em 1988, este último contra o Brasil de Taffarel e Romário. Agora, a ordem é recuperar o tempo e o prestígio perdidos.

Outra medida tomada pela Rússia foi enfrentar o frio quase polar e modificar seu calendário, para equipará-lo aos demais torneios europeus. Desde 2010, a liga russa tem começado no meio do ano e terminado no ano seguinte, como nos outros países europeus. A diferença é que, para seguir esse calendário, os jogadores foram obrigados a atuar em temperaturas negativas. Para garantir público e evitar pneumonias, os clubes começaram a cobrir seus estádios. Em São Petersburgo, o novo estádio do Zenit ergueu um teto que custou US$500 milhões, pagos pela Gazprom e pela prefeitura.

Mas ter um calendário igual ao do restante da Europa era fundamental para atrair interesse e, claro, patrocinadores. O dinheiro começou a chegar também às divisões inferiores. Em Sochi, o desconhecido time do Zhemchuzhina gasta anualmente US$30 milhões com a ambição de subir para a primeira divisão. No dia em que visitei o clube, em 2010, os cartolas comemoravam um dia histórico para seus cofres. Naquela noite, ocorreria a primeira transmissão pela TV de um jogo de segunda divisão da Rússia. "Vamos aumentar o número de comerciais e a arrecadação", afirmou Andrei Malozolo, presidente do time. Sua grande estrela era um brasileiro, Ricardo, que há dez anos perambula pelas divisões inferiores da Rússia.

Por todos esses fatores, quando a votação de 2010 na Fifa elegeu a Rússia para sediar a Copa em 2018, o resultado não foi uma surpresa para os russos. Era a consequência natural de uma estratégia de Estado para recuperar anos de glória. E, para isso, todo o dinheiro gasto era justificado. Portanto, questionar a maneira pela qual o Mundial de 2018 foi concedido a Moscou não fazia parte dos planos nem dos russos, nem da Fifa. Assim, quando, no fim de 2014, a entidade publicou o resumo das investigações de Michael Garcia sobre a forma pela qual os Mundiais de 2018 e 2022 foram concedidos, o capítulo russo é praticamente inexistente.

Tanto o Kremlin como a Fifa garantiram que não houve compra de votos para a escolha do local da Copa de 2018. Eles só se esqueceram de contar um detalhe: antes de a investigação começar, os russos destruíram todos os computadores utilizados na campanha da escolha da Rússia como sede do Mundial. Garcia indicou que, de fato, os russos não tinham colaborado de maneira exemplar com o processo de apuração. Mas Moscou alegou que seu sistema de informática tinha "limpado" todos os e-mails trocados entre cartolas e dirigentes. A primeira busca feita pela equipe de Garcia ocorreu na sede da campanha da Rússia. Ali, os investigadores foram informados de que os computadores usados naquela época haviam sido alugados de uma empresa de tecnologia. Os investigadores foram até essa empresa à procura das máquinas e, ao chegar lá, foram informados pelos executivos de que, lamentavelmente, todos os aparelhos haviam sido destruídos e que não existia mais registro algum da campanha. De modo inexplicável, a Fifa decidiu dar por encerrada a investigação. Não se importou nem mesmo em fazer uma solicitação ao Google para que os e-mails fossem recuperados, algo que poderia ser realizado de forma relativamente simples. Para a Fifa, um arquivo havia sido queimado e muitos respiraram aliviados.

Não contavam, porém, com o fato de que o caso não seria abafado por muito tempo. Tanto a Justiça da Suíça como a dos EUA não ficaram satisfeitas com o argumento de Garcia para encerrar a investigação e passaram a examinar o caso.

Quanto ao governo russo, a ordem era ignorar questionamentos e até mesmo as pressões de boicote em retaliação à guerra na Ucrânia. Durante a Copa de 2014, o presidente da Rússia, Vladimir Putin, desembarcou no Rio para mostrar à Fifa que, diferentemente do que ocorreu no Brasil, Moscou assumiria todo o projeto da Copa de 2018 e daria garantias ao mundo de que tudo estaria pronto um ano antes de a bola rolar.

Quatro anos depois de minha entrevista com Mutko, o ministro dos Esportes da Rússia, em Moscou, ele voltou a falar comigo, dessa vez no Rio de Janeiro. Seu inglês estava bem melhor, como também estavam melhores seus argumentos para se defender:

> O Brasil teve dificuldades com as garantias, o que deixou a Fifa nervosa. A mensagem do presidente Putin é de que tudo será cumprido e todas as obrigações serão atendidas. Foi Putin quem liderou a campanha para receber a Copa. Ele também é o presidente do Comitê Organizador e passou um decreto com todas as garantias. Somos um parceiro confiável, e Putin está envolvido ativamente nesse processo.

Seu recado era claro: a Fifa não teria dores de cabeça com a Rússia. Mas, em troca, precisaria garantir que nenhum processo fosse aberto contra Moscou. Um ano depois da declaração de Mutko e da presença de Putin no Brasil, a aliança entre a Fifa e o Kremlin ficaria ainda mais evidente. A Rússia foi o único país para onde Blatter viajou nas semanas que se seguiram às prisões dos cartolas em Zurique, em maio de 2015. Ali, tinha a garantia do presidente do país de que ninguém seria preso e extraditado para os EUA. Em troca, Blatter fez questão de anunciar que nada tiraria a Copa de 2018 das mãos de Putin.

Numa demonstração de sua ambição quanto ao Mundial de 2018, o Kremlin revelou ao mundo o logotipo da Copa não em um estádio ou em um palácio presidencial. A apresentação do símbolo do Mundial ocorreu na Estação Espacial Internacional, por um dos cosmonautas russos. Assim, para quem levou o primeiro homem ao espaço e insiste em ter pretensões que vão muito além de erguer uma bela arena, destruir alguns computadores impertinentes não era uma das tarefas mais difíceis.

E a Fifa aplaudiu. Blatter também ganhou seu afago. Enquanto o mundo sugeria que ele deixasse o poder nas semanas que se seguiram às prisões de cartolas em Zurique, Vladimir Putin declarava que o suíço merecia o prêmio Nobel da Paz.

6. A Copa do emir

O britânico Mike Lee é um daqueles assessores de imprensa que podem ser geniais e monstruosos ao mesmo tempo. Ele levou o Rio de Janeiro a ganhar a corrida para sediar os Jogos Olímpicos de 2016, fez Londres sediar o evento em 2012, foi diretor de comunicação da Uefa e, em 2 de dezembro de 2010, estava na fileira diante de mim em um centro de convenções em Zurique. Ele havia sido contratado para ser o cérebro da campanha do Catar para receber o Mundial de 2022.

Aquele era o momento de a Fifa anunciar quem ficaria com a Copa, num dos processos mais polêmicos dos cem anos da entidade. Na sala lotada de jornalistas encontravam-se o ex-presidente americano Bill Clinton, lutando para que a Copa fosse nos EUA; o príncipe William, tentando levar o evento para a Inglaterra; e dezenas de megainvestidores, modelos, artistas e jogadores, como Zidane, além de todas as câmeras do mundo. Na primeira fila estava o emir do Catar, Hamad bin Khalifa Al Thani, o homem que herdou um país de pescadores e enriqueceu diante da transformação de seu emirado em uma potência no setor de energia.

Pouco antes do anúncio, Lee virou-se para mim e fez um sinal positivo com o polegar. Deu um leve sorriso e uma piscadela. Naquele momento, pensei: "Esse sujeito está louco. Como é que ele pode saber, de antemão, que sua candidatura ganhou?". Virei-me para um colega ao lado e disse: "O sucesso subiu à cabeça do Mike Lee". O Catar tinha a pior das

Política, propina e futebol

candidaturas para o Mundial de 2022, e, segundo a avaliação técnica da Fifa, Austrália, Japão, Coreia e EUA tinham maiores chances do que o pequeno país do Golfo.

Para muitos naquela sala, ver a Copa numa nação com apenas uma cidade no meio do deserto não faria sentido. Isso sem contar o fato de que o futebol ali é mera ficção e que um dos patrocinadores da Fifa, a Heineken, teria sérios problemas para vender seu produto num país muçulmano. Mas quando Joseph Blatter abriu o envelope e leu a palavra "Catar", Lee apenas sorriu, como se soubesse do resultado havia meses. Não seria por acaso que o emir estava na primeira fila com sua exuberante mulher. Com catorze votos dos 22 possíveis na rodada final, o Catar havia levado a Copa, numa decisão que a Fifa lamentaria por anos. Em segundo lugar vieram os EUA, com oito votos.

Para o regime do Golfo, porém, aquele momento era o auge de uma decisão política: comprar seu futuro com o futebol. O governo, por meio de empresas estatais, já havia comprado o Paris Saint-Germain (PSG), fechado um contrato com o Barcelona, criado uma academia para formar novos talentos, além de financiar clubes pelo mundo, comprar direitos de transmissão em todos os países para os campeonatos nacionais, investir na expansão esportiva da Al-Jazeera e organizar uma rede de agentes que amarrava parte do futebol ao dinheiro do gás natural do emir. Derrubar o regime do Catar, portanto, era derrubar também alguns dos principais clubes do mundo, alguns dos maiores investimentos no esporte mais popular do planeta.

Comprar a Copa do Mundo era um seguro de vida a uma oligarquia do Golfo cada vez mais ameaçada diante do cenário da Primavera Árabe. Mas, ironicamente, essa oligarquia teria de convencer outra — a do futebol — a lhe dar um voto de confiança. E, para isso, precisava de muito dinheiro.

Praticamente no mesmo momento em que o resultado foi anunciado, os escândalos começaram. Lembro-me de ainda estar na sala do anúncio e constatar que se acusava o argentino Julio Grondona de ter vendido seu voto ao Catar em troca de um resgate à Associação de Futebol da Argentina, que havia quebrado naqueles dias. Grondona, que morreria em 2014, negou. Mas aquele seria apenas o início de um tsunami inédito na Fifa. A partir de 2011, os escândalos se acumularam e ganharam uma dimensão ainda maior quando um representante do Catar, Mohammed bin

Hammam, decidiu que se candidataria para suceder Blatter nas eleições de 2011. Bin Hammam havia sido um dos maiores aliados do suíço em eleições anteriores e chegara a emprestar seu jato particular para que ele percorresse o planeta em busca de votos. Em 2011, depois de levar a Copa, o Catar também queria o controle do futebol mundial.

A guerra travada dentro da Fifa iria escancarar os arranjos que permitiram que o Catar levasse o Mundial. Blatter precisava bater Bin Hammam, nem que para isso tivesse de desafiar qualquer lógica e, de forma maquiavélica, vazar informações sobre como o árabe atuara de forma ilegal para garantir que a Copa fosse em seu país. O cartola acabou vencendo e humilhando Bin Hammam. Para isso, expôs a tentativa do representante do Catar de comprar votos para as eleições para presidente da entidade. O opositor do cartola suíço tinha sido convidado a apresentar suas ideias aos eleitores das 25 federações nacionais do Caribe. Numa reunião no dia 10 de maio de 2011, em Trinidad e Tobago, Bin Hammam desembarcou com seu charme, suas propostas e 25 envelopes para distribuir aos "eleitores". Os dirigentes foram convidados para uma reunião particular com Bin Hammam no hotel Hyatt Regency. A viagem de cada um até ali, assim como a hospedagem no hotel, já havia sido paga pelo candidato.

O primeiro a subir para a reunião foi Fred Lunn, vice-presidente da Associação de Futebol de Bahamas. Ao receber o "presente", ele abriu o pacote e se deparou com quatro blocos de notas de cem dólares cada. No total, US$40 mil. Lunn imediatamente disse que não tinha autorização para receber o dinheiro, mas foi instruído pelos demais colegas caribenhos a ficar calado. Ao deixar a sala, ele enviou uma mensagem de texto ao presidente de sua associação, Anton Sealey, relatando o incidente, e ainda tirou uma foto do envelope. A opção da entidade foi a de devolver tudo, e, instantes depois, Lunn retornou ao hotel. Mas, ao chegar, se deparou com uma fila de dirigentes esperando para receber envelopes iguais àquele. "Muitos dos garotos estão levando o dinheiro", escreveu Lunn a Sealey, em mensagens que foram entregues mais tarde para a investigação na Fifa.

Na manhã seguinte, Lunn estava na reunião com todos os delegados dos 25 países para ouvir o presidente da Concacaf, Jack Warner, anfitrião do evento. Ao contar para a Fifa o que ocorrera, o representante das Bahamas indicou que foi Warner quem instruiu Bin Hammam a não dar

Política, propina e futebol

presentes, mas sim dinheiro vivo. "Foi explicado que o dinheiro poderia ser usado para qualquer objetivo, para programas de desenvolvimento do futebol ou qualquer outro objetivo pessoal que fosse adequado."

O caso rapidamente se tornou um escândalo. Sealey ligou para Chuck Blazer, o então secretário-geral da Concacaf e membro do Comitê Executivo da Fifa. O que ninguém sabia naquele momento era que Chuck já havia feito um acordo secreto com o FBI para gravar reuniões e entregar todo o esquema aos responsáveis pela investigação.

Em 2011, porém, ele ainda era membro da Fifa, e repassou a informação para o secretário-geral, Jérôme Valcke. Embora já fosse informante dos americanos, dentro da Fifa seu objetivo era derrubar o representante do Catar. O caso foi denunciado e Bin Hammam, expulso da Fifa. Blatter aniquilou seus opositores mais uma vez.

Logo após ser afastado, Bin Hammam me chamou para um jantar ao lado de outro repórter europeu, justamente no hotel Baur au Lac, o palco de tantas cenas improváveis do futebol. Calmo, insistia que era um homem milionário e que não precisava nem do dinheiro da Fifa nem de poder. Seu salário como cartola, apesar de chegar a mais de US\$200 mil por ano, nem sequer era recolhido por ele. "Eu nunca saquei esse dinheiro da conta." Já quando perguntei a ele sobre as propinas aos caribenhos, sua versão foi a de usar o relativismo cultural como explicação. "Jamil, você é descendente de árabes, não? Então sabe que na nossa cultura não podemos chegar de mãos vazias à casa de um amigo. Não é corrupção."

A queda de Bin Hammam não levaria ao fim dos escândalos envolvendo o Catar. Meses depois, a Fifa tentou dar uma demonstração de que estava se reformando ao destacar Michael Garcia para examinar a situação. Por um instante, a mensagem que parecia sair de Zurique era a de que a Fifa estava disposta a agir.

Dois anos e US\$4 milhões depois, Garcia concluiria seu trabalho, que incluía tanto a investigação sobre a Copa de 2018, na Rússia, como a de 2022, no Catar. Centenas de entrevistas pelo mundo, documentos e evidências acumularam um informe de 200 mil páginas. O americano acreditava que tinha substância para incriminar vários dos dirigentes da Fifa e colocar em dúvida a escolha do Mundial. A investigação foi então entregue ao alemão Hans-Joachim Eckert, presidente da Comissão de Ética da Fifa, contratado pela entidade para atuar como um suposto juiz independente — o mesmo Eckert que, em 2013, lidou diretamente com o escândalo da ISL-ISMM e que teve a incumbência de não punir nem Havelange nem Teixeira.

Meses depois e sem jamais ter publicado as evidências do informe de Garcia, Eckert concluiu, em novembro de 2014, que não existia base para pedir uma nova votação para a Copa do Mundo. O caso estava encerrado e a Copa seria disputada no Catar. Da totalidade do processo, foram divulgadas apenas 42 páginas, sem os nomes dos envolvidos. Eckert citava a necessidade de punir alguns cartolas e fortalecer o processo de seleção a partir da Copa de 2026. Mas não haverá um novo voto para escolher uma nova sede para 2018 e 2022, e os organizadores do Catar ou da Rússia não serão punidos.

Altamente contraditório, Eckert confirmou que empresários e cartolas do Catar de fato pagaram cerca de US$12 milhões para conseguir apoio. Mas não acreditava que os incidentes fossem graves o suficiente para justificar a retirada da Copa do país. "Assumir que envelopes cheios de dinheiro são dados em troca de votos é ingenuidade", escreveu o juiz. Segundo ele, as irregularidades do processo de seleção foram "muito limitadas em sua abrangência" e não justificariam um retorno ao voto "e muito menos à reabertura dos processos". Para Eckert, a campanha de seleção dos países fora "robusta e profissional". "A avaliação do processo de escolha das sedes está encerrada para o Comitê de Ética da Fifa", declarou.

Imediatamente depois desse posicionamento, a Fifa se apressou em colocar um ponto final à crise. "As investigações não encontraram nenhuma violação das regras", declarou a entidade em um comunicado. "Portanto, a Fifa espera continuar o trabalho para as Copas de 2018 e 2022, que estão em bom caminho." Um dos pontos centrais da investigação era o papel de Bin Hammam. No informe, a Fifa constata que de fato Bin Hammam distribuiu dinheiro a outros cartolas. Mas a investigação afirmou não conseguir provas suficientes para ligar os pagamentos à compra de votos para o Catar.

Revoltado com a decisão, o investigador Garcia decidiu entrar com um recurso. Segundo ele, Eckert simplesmente ignorou suas recomendações e suas provas da corrupção. Mas, um mês depois, foi a vez de o Comitê de Apelação da Fifa concluir que o "recurso de Garcia é inadmissível". Para a entidade, o informe de Eckert não cita "violações de regras de pessoas acusadas nem contém recomendações sobre como punir os acusados". Em sua avaliação, o informe ainda não é final e, enquanto não houver um caso contra uma pessoa acusada, mencionando as possíveis irregularidades, "não há espaço" para recursos.

Com todas as portas fechadas, Garcia abandonou o cargo e acusou a Fifa de ter abafado sua investigação. Furioso, o americano se deu conta de que havia sido usado. A Fifa acreditava que tinha colocado um ponto final ao escândalo, mas o americano confessava a pessoas próximas que não era bem assim. Casado com uma agente do FBI, ele sabia que mais gente estava de olho na entidade.

AMISTOSOS E AMIZADES

Seis meses depois, em maio de 2015, o abalo sísmico ocorreria. Quando os dirigentes da Fifa foram presos em Zurique a pedido justamente do FBI, a investigação saiu do controle de Blatter. As Justiças dos EUA e da Suíça assumiram o caso, de forma independente e sem ordens vindas da sede da Fifa. Rapidamente as suspeitas se acumularam, assim como as investigações.

Enquanto o mundo olhava para as prisões e a entidade virava alvo de um mandado de busca e apreensão, outro escritório era invadido no dia 27 de maio de 2015: o da Kentaro, a empresa que entre 2006 e 2012 organizou todos os amistosos da seleção brasileira. Um deles, porém, seria de especial interesse: Brasil e Argentina, no dia 17 de novembro de 2010. Local: Catar. A Kentaro não estava sendo processada. Mas a suspeita do Ministério Público da Suíça era de que o jogo tivesse sido usado pelos empresários do Catar e pelos organizadores da campanha de 2022 como um modo de pagamento de propina a Ricardo Teixeira, então presidente da CBF, e ao então presidente da Associação Argentina de Futebol, Julio Grondona. Alguns dias depois da partida, ambos votaram pelo Catar para sediar a Copa.

O informe apresentado por Garcia já tinha deixado claro que o amistoso no Catar foi realizado com o objetivo de transferir recursos para cartolas. Mas o investigador não conseguiu fazer a ligação entre esse dinheiro e a eventual compra de votos. Segundo a versão oficial da Fifa, foi uma empresa que pertencia a um conglomerado do Catar que "financiou o evento". "Um rico sócio da entidade do Catar organizou o apoio ao jogo, supostamente para fazer lobby por um investimento no setor do esporte", indicou o documento. De acordo com os organizadores da Copa de 2022, a instituição que pagou pelo evento não tem relação com o torneio da Fifa nem com a Associação de Futebol do Catar. Segundo esses dirigentes, "o fundo para organizar o jogo não veio da campanha do Catar 2022 nem da Associação, e o total pago para financiar o jogo era comparável às taxas que se pagam por outros jogos envolvendo times de elite".

Apesar da versão dos cartolas, a investigação de Garcia indicou que os contratos para o jogo podem ser considerados violações do Código de Ética da Fifa. "O financiamento do evento e sua estrutura contratual levantam, em parte, preocupações, em particular em relação a certos arranjos relacionados com pagamentos para a Associação de Futebol da Argentina." Para os investigadores, porém, os acordos "não estão conectados com a campanha do Catar para a Copa de 2022". Foi naqueles mesmos dias de novembro de 2010 que Teixeira assinou uma extensão do contrato com a empresa saudita ISE, prolongando até 2022 os direitos da companhia para organizar os amistosos da seleção brasileira. No mesmo ano, Teixeira havia declarado, em Zurique, que votou pelo Catar e que era um aliado de Bin Hammam.

Apesar de todos os indícios, a Fifa optou por insistir que o amistoso não servia como prova de irregularidades. Uma vez mais, a entidade manipulava sua própria investigação, escondia evidências e chegava a conclusões que lhe convinham. Afinal de contas, como punir o braço direito de Blatter, o argentino Grondona? Como expulsar o presidente do Comitê Organizador da Copa de 2014, Ricardo Teixeira? O que a Fifa omitiria de sua investigação é que a empresa que pagou pelo jogo era, na realidade, a Ghanim Bin Saad Al Saad & Sons Group Holdings (GSSG), a mesma que faria as obras da Copa de 2022. Entre elas está a pérola do projeto: a construção da cidade de Lusail, que vai sediar a final. Projetada para acolher 450 mil habitantes, a cidade custará US$45 bilhões e deve estar pronta em 2020. O financiamento para a realização das obras é garantido pelo governo e, no caso do Mundial, passa pelo gabinete pessoal do emir.

Política, propina e futebol

A empresa é presidida por Ghanim bin Saad, que também acumula a gerência de uma estatal do setor imobiliário — a Qatari Diar Real Estate Company — que está erguendo algumas das principais obras da Copa do Mundo, como o estádio da final, com capacidade para 80 mil torcedores. Poucas pessoas são tão próximas do emir quanto Saad, e sua empresa garantiu que a federação argentina fosse bem paga ao enviar o time até Doha. O grupo ainda investiria US$10 milhões em um fundo chamado Global Eleven, contratado para organizar e promover jogos de exibição. Quem também participou da operação foi uma empresa com sede em Zurique, a Swiss Mideast Finance Group, que ajudou a financiar a partida com seus parceiros ocidentais. A companhia é a mesma que presta consultoria para a Qatari Diar.

A engenharia financeira para uma partida amistosa chamou a atenção da Justiça da Suíça, que questionou a Kentaro para tentar entender como um jogo que não passava de uma apresentação poderia movimentar tantas empresas e tanto dinheiro. O que o Ministério Público rapidamente descobriria é que o esquema era ainda mais complexo do que se imaginava. Um dos documentos apreendidos pelos procuradores mostrava que o jogo de novembro de 2010 entre Brasil e Argentina envolveu três paraísos fiscais e pelo menos oito empresas ou entidades — das quais duas eram de fachada.

No total, um único jogo movimentou, oficialmente, US$8,6 milhões. No dia 27 de maio de 2015, os investigadores confrontaram o CEO da Kentaro, Philipp Grothe, com um organograma de qual teria sido o fluxo de dinheiro para aquele amistoso. Grothe confirmou conhecer o assunto; já havia repassado as mesmas informações para Michael Garcia, ex-investigador da Fifa. Segundo esse esquema, foi a GSSG que de fato pagou pelo jogo. O dinheiro foi enviado à empresa Swiss Mideast. O valor de US$8,6 milhões foi dado para a Kentaro organizar a partida e pagar as duas seleções. A empresa, porém, deu ainda uma comissão de US$2 milhões para uma sociedade de Cingapura, a BCS, pela "apresentação" das partes envolvidas, o que soou como um sinal de alerta para os investigadores.

Mais US$2 milhões teriam ido para a empresa World Eleven, contratada pela Associação de Futebol da Argentina para organizar amistosos pelo mundo. O dinheiro, então, seguiria para a associação, na época presidida por Julio Grondona, um dos que votaram pelo Catar. No caso do

Brasil, a Kentaro destinaria um valor inferior ao que foi pago aos argentinos, US$1,1 milhão, mais um depósito extra de 300 mil euros. O dinheiro foi enviado para a ISE, a empresa saudita registrada nas Ilhas Cayman, que depois repassaria os valores para a CBF. Ficou claro que se criara uma operação financeira complexa para pagar por um jogo amistoso.

Oficialmente, a Associação de Futebol do Catar informou que a partida entre Brasil e Argentina havia somado uma renda de US$534 mil em vendas de entradas. Mas os investigadores suspeitaram de que o esquema escondesse, na realidade, pagamentos aos cartolas. Um dos indícios dessa jogada, porém, estaria longe de Zurique. A suspeita recaía sobre uma conta secreta mantida por Teixeira em Mônaco. Uma apuração identificou depósitos de empresas do Golfo Pérsico na conta.

Durante a Copa de 2014, um site francês dedicado ao jornalismo investigativo, o Mediapart, revelou uma gravação em que banqueiros falavam sobre Teixeira e sua conta no principado, com 30 milhões de euros. O banco usado foi o Pasche, uma filial do grupo Credit Mutuel. O caso estava sendo investigado pelas autoridades de Mônaco como lavagem de dinheiro, em um processo conduzido pelo juiz Pierre Kuentz. Em gravações realizadas pela Justiça e obtidas pelo site francês, o diretor do banco, Jürg Schmid, cita um brasileiro que, meses depois, o Ministério Público do principado identificaria como Ricardo Teixeira. "Nós, do banco Pasche, temos condições de aceitar clientes que outros bancos certamente não aceitariam", explicaria Schmid.

> Um [desses clientes é um] grande brasileiro. Sei muito bem que nenhum outro banco de Mônaco quis abrir a conta dele. Ninguém o quer, porque se trata verdadeiramente de uma fria. Mas nós fizemos tudo, já que temos a declaração de imposto e a declaração dos tribunais que dizem que ele não foi condenado. Evidentemente, ele é conhecido, mundialmente conhecido. Portanto, existe um risco de reputação.

O banqueiro chegou a dar explicações sobre a origem do dinheiro depositado na conta: "Sabemos que ele recebeu dinheiro em troca de favores, mas não são políticos. Decidimos juntos que nós o receberíamos porque ele nos traz 30 milhões e isso não é pouco". Teixeira teria passado pelo principado em janeiro, fevereiro, abril e maio de 2014, permanecendo ali por dois ou três dias. O cartola se hospedava no luxuoso hotel Metropole, situado a poucos metros do banco.

Em 2015, dias depois de eu revelar a existência dessa conta e das dúvidas em relação ao jogo, o ex-presidente da CBF explicou ao jornalista brasileiro Silvio Barsetti, do portal Terra, o motivo pelo qual votou pelo Catar, e negou que o voto tivesse se devido a algum tipo de suborno. Segundo o ex-dirigente, houve um acordo na seguinte base: o Catar apoiaria a escolha de uma Copa compartilhada entre Espanha e Portugal em 2018 em troca dos votos para sediar o Mundial de 2022. Teixeira explicou:

> As pessoas dizem que eu votei no Catar, que a CBF votou no Catar. Por que eu? Não é bem assim. É mais claro dizer que a América do Sul votou no Catar [para 2022]. Quem estava coligado na candidatura da Espanha? Não era Portugal? Sim, eles pleiteavam uma Copa compartilhada. Então, com Portugal na disputa, lógico que o voto do Brasil (também do Comitê Executivo da Fifa) seria para eles. Aí que entra a questão.

Segundo Ricardo Teixeira, houve uma reunião entre ele, Ángel María Villar, presidente da Federação Espanhola, e Julio Grondona, presidente da Federação Argentina. Essa reunião, na versão do cartola brasileiro, teria como objetivo obter votos para o Catar ganhar a disputa de 2022:

> E qual foi o acordo? O Catar votaria conosco [com a candidatura Espanha/Portugal] para 2018 e em troca receberia nosso apoio em 2022. Foi esse o acordo. Foi somente esse o acordo. E o que se viu? A Espanha conseguiu chegar à última rodada de votação, mas perdeu para a Rússia. A história não difere um milímetro disso aí.

A versão de Teixeira não convenceu os investigadores e abriu uma nova crise dentro da Fifa. Isso porque a revelação do pacto contradizia a investigação que Garcia realizou para a entidade. O acordo era proibido e invalidaria as campanhas do Catar e da Espanha. Os primeiros sinais desse entendimento entre os países foram denunciados ainda em 2009. Mas a Fifa chegou a anunciar que uma investigação tinha sido aberta e que nada fora provado sobre um pacto entre o Catar e a Espanha.

"Depois de investigar as suspeitas contra Portugal e Espanha, não encontramos base suficiente para chegar à conclusão de que houve algum tipo de acordo", declarou, em 18 de novembro de 2010, o presidente do Comitê de Disciplina da entidade, Claudio Sulser. Naquele mesmo ano, o presidente da candidatura da Espanha, Ángel María Villar, também negou que tivesse ocorrido algum compromisso de troca de votos: "Já dissemos à Fifa que não temos nenhum acordo com outra candidatura e estou pronto para trabalhar com a Fifa para esclarecer esse fato".

Villar chegou a fazer pressão sobre a imprensa espanhola para que a notícia não fosse veiculada, alegando que se tratava de um complô da Inglaterra, que também concorria à Copa de 2018. Jornalistas de meios leais aos dirigentes espanhóis receberam ordens de simplesmente ignorar a polêmica, como se ela não existisse.

A tentativa de Teixeira de dizer que não existia dinheiro envolvido no seu voto acabou revelando outra irregularidade ao contradizer as conclusões da Fifa depois de dois anos de investigações. Em um trecho do informe publicado em novembro de 2014, o alemão Hans-Joachim Eckert admitiu que tinha "certas indicações de que a troca de votos pode ter ocorrido em uma dimensão limitada". "Entretanto, o Comitê de Ética não estabeleceu evidências conclusivas sobre esse ponto", indicou. Diante da "falta de evidências", a Fifa optou por não processar nem condenar ninguém. Teixeira, na época em que a investigação ocorreu, não cooperou. Villar, presidente da Federação Espanhola de Futebol, também não aceitou ser interrogado durante a investigação.

BANQUETE SERVIDO

Se na América do Sul parte do esquema pode ter envolvido um amistoso, a estratégia usada pelo Catar na África parece ter sido diferente. Nada de futebol. Ali, a opção foi financiar diretamente festas de gala para os cartolas locais.

Em janeiro de 2010, no ano da escolha da sede da Copa de 2022, o Catar destinou US$1,8 milhão para bancar o Congresso Anual da Confederação Africana de Futebol (CAF), em Luanda, capital de Angola. Em troca, o país do Golfo poderia apresentar sua candidatura aos dirigentes africanos. Com o dinheiro, os cartolas supostamente promoveram as reuniões e, claro, as festas de gala. Issa Hayatou, presidente da CAF e um dos 24 homens com direito a voto na Fifa, não via problemas no financiamento. Em uma entrevista à revista *Jeune Afrique* em junho de 2015, o dirigente explicou: "O Catar nos deu o dinheiro para poder mostrar seus planos. Não pedimos [o dinheiro] ao Catar. Foram eles que propuseram. Não impedimos outros candidatos de apresentar suas candidaturas".

Conhecido por controlar com punhos de ferro o futebol africano, Hayatou também negou que aquele financiamento tivesse alguma implicação no fato de a CAF ter apoiado a escolha do Catar para a Copa de 2022: "Logo depois, organizei um encontro do Comitê Executivo da CAF para dizer que aquilo não nos obrigava a nada. Não fiz nenhuma recomendação e todos votaram de acordo com suas almas e consciências", disse Hayatou.

Meses antes, o mesmo dirigente africano fora acusado por Phaedra Almajid, ex-funcionária do Comitê da Campanha do Catar, de aceitar propinas. Ela afirmou a Garcia que viu três membros africanos do Comitê Executivo da Fifa receberem US$1,5 milhão para garantir o voto ao país do Golfo. Hayatou reagiu assim à denúncia: "Nunca vi essa mulher na vida".

Na Fifa, essa visão também prevaleceu. No informe que colocava um ponto final à polêmica, Eckert desqualificou Almajid, apontando que ela acabou desistindo de prestar informações. Já sobre a festa de gala financiada pelo Catar, a opção, uma vez mais, foi a de fazer vista grossa: "Nenhuma regra de campanha proibia acordos de patrocínio como o que ocorreu entre o Catar 2022 e a CAF, e as confederações são tecnicamente independentes da Fifa". O informe admitia que "continua pouco claro quanto o evento custou" e que a falta de documentos criou uma "impressão negativa". "Mas as circunstâncias relevantes não pareciam afetar a integridade do processo de escolha da Copa de 2022", completou o texto. Ou seja, a Fifa jogava mais uma vez para debaixo do tapete qualquer tipo de evidência.

Curiosamente, aquela não seria a única festa patrocinada pelo Catar para os dirigentes africanos. No dia 8 de julho de 2010, em Johannesburgo, eu estava na porta de um centro de convenções quando me deparei com a chegada de centenas de pessoas engravatadas. Estávamos a poucos dias da final da Copa do Mundo, e a elite da sociedade sul-africana e do futebol do continente fora convidada para uma comemoração. Eram ex-jogadores, treinadores, políticos, cantores, modelos e dezenas de jornalistas. Em um salão luxuoso, os convidados tiveram uma noite de gala, com música ao vivo, três opções de comida e champanhe, muito champanhe. Oficialmente, o objetivo do encontro era "celebrar as conquistas dos heróis do futebol africano".

Seriam necessários mais quatro anos até que o jornal inglês *Sunday Times* revelasse quem havia organizado a festa: o filho de 26 anos do cartola nigeriano Amos Adamu, que em 2010 também teve direito a voto na decisão da Copa de 2022. E quem pagou? O Catar, segundo o jornal. A campanha do país entregou US$1 milhão aos organizadores para a realização da festa de gala. O acordo passou por uma empresa criada na Suíça — que recebeu o dinheiro em nome do filho do cartola. Mas quando seus representantes tentaram abrir uma conta no UBS para acolher a comissão, o banco suíço recusou o procedimento, diante da falta de garantias sobre a origem dos recursos. A solução encontrada foi fazer o depósito na conta de uma terceira pessoa. No jantar, o africano garantiu ao Catar a presença de seis dos 24 membros do Comitê Executivo da Fifa.

O que ninguém no Catar poderia prever era que, em setembro daquele mesmo ano, Adamu seria expulso da Fifa e da votação. O nigeriano havia sido pego por uma câmera secreta colocada por jornalistas ingleses, que se fizeram passar por representantes de uma campanha fictícia para sediar a Copa. O dirigente acabou sendo flagrado pedindo dinheiro aos supostos lobistas por seu voto na escolha do Mundial de 2018.

O PROJETO ASPIRE

O Catar não deixou nada ao acaso para conquistar apoios pelo mundo: apelou a todos os recursos possíveis para ganhar votos. E um deles foi usar um centro de excelência em esportes criado no país em 2003 para financiar projetos pelos quatro cantos do planeta, supostamente com o único objetivo de beneficiar crianças carentes. É claro que, desde que a campanha começou, os projetos foram realizados principalmente nos países cujos cartolas votariam nas eleições da Fifa. Um deles foi estabelecido no Paraguai, país de Nicolás Leoz, ex-presidente da Conmebol e um dos dirigentes que votariam em 2010 para a escolha das sedes das Copas. Outra iniciativa foi na Guatemala. E, aqui, outra coincidência: dos 24 eleitores na Fifa que escolhem as sedes do Mundial, um deles era Rafael Salgueiro, representante da Guatemala.

A Fifa também se debruçou sobre esse aspecto da estratégia do Catar. Michael Garcia investigou os contratos da Academia Aspire, criada pelo governo do Catar para atrair jovens talentos de todo o mundo. Mas, assim como com todas as demais evidências, a entidade optou por não tomar nenhuma medida concreta. O informe final de Eckert era o espelho dessa tática de enterrar indícios de irregularidades. Ao se referir ao centro de formação de atletas Aspire, o alemão limitou-se a confirmar o óbvio. Mas preferiu não recomendar nenhum tipo de punição, mesmo reconhecendo que "não existem dúvidas de que a Aspire foi puxada para a órbita da campanha de maneira significativa".

Mas como? Por quê? Quem ganhou com isso? Acima de tudo, por que a Fifa se recusa a esclarecer tal constatação?

A realidade é que a Aspire também tem outra função: a de ajudar o Catar a ter uma seleção de futebol. Desde 2003, olheiros contratados percorrem o mundo para realizar o que poderia ser chamado de "a maior peneira da história". Aproximadamente 2 milhões de jovens foram testados em mais de quinze países. Só em 2012 a peneira envolveu 720 mil garotos. E, para garantir que a escolha seja a melhor, o Catar contratou para a função Josep Colomer, o catalão que descobriu em Rosário, na Argentina, um certo Lionel Messi e que é considerado um dos melhores olheiros do mundo.

Por ano, Colomer pegava mais de 150 voos pelo mundo e dormia em vilarejos no interior de países pobres, sempre em busca de uma pérola rara do futebol. Outro que fez parte do projeto foi o preparador de goleiros José Luiz de Moura, ex-Flamengo e Botafogo.

A meta do Catar é montar um time que, até 2022, terá condições de competir de igual para igual com as grandes nações do futebol. Para isso, porém, o país tem causado polêmica ao recrutar pelo mundo dezenas de crianças e jovens para treinar e, eventualmente, ganhar a nacionalidade do país.

A seleção do Catar oscila entre as piores do mundo no ranking da Fifa. Mas, no país que planeja gastar US$88 bilhões em uma única Copa, não falta dinheiro para formar uma seleção que deixe os anfitriões orgulhosos.

A estratégia de importar jogadores e fornecer-lhes nacionalidade envolve investimento pesado, bancado pelo próprio governo. A importação de jogadores estrangeiros não é novidade no país. Mas, por décadas, essa prática limitou-se a nomes consagrados, cuja função era estimular o interesse da população pelo futebol, além de ensinar os atletas locais.

Agora a lógica é outra. De olho em 2022, cartolas e governo investem em crianças que até a Copa estarão no auge da carreira. O número de brasileiros que seguiram esse caminho é mantido em sigilo tanto pelo governo do Catar como pela Fifa. No caso de Brasil e Argentina, os árabes subcontratam representantes para fazer a ponte. A tese é simples: o talento não tem nacionalidade. Mas crianças de vilarejos perdidos na Savana africana ou no interior da Guatemala podem simplesmente jamais ser descobertas porque a família não tem dinheiro para chegar às cidades.

Dos milhares de senegaleses, ganeses, quenianos, vietnamitas ou paraguaios avaliados, apenas cerca de vinte são selecionados por ano e enviados ao Catar. Lá, são tratados como pequenos príncipes, uma mudança radical na vida de jovens que até então apenas lutavam para sobreviver. Oficialmente, a Fifa exige que qualquer transferência de jogadores menores de idade seja aprovada pela entidade. Porém, no esquema montado pelo Catar, a viagem das crianças não aparece como transferência, mas como parte de um projeto social. O Aspire não é nem mesmo um clube de futebol; portanto, enquanto o resto do mundo precisa cumprir regras para importar menores, no Catar essa prática não tem limites.

Os resultados desse esforço já começam a aparecer. Em 2011 o time da Aspire massacrou a equipe jovem do Manchester United por 5 x 1 na final da Milk Cup, uma espécie de Copa São Paulo da Europa. O Catar rejeita a tese de que esteja usando o projeto para montar sua futura seleção. De fato, nenhum atleta da Aspire passou para o time nacional. A organização do centro de esportes aponta que o projeto já formou jogadores para outras seleções, como os jovens que, anos mais tarde, ganhariam a Copa do Mundo Sub-20 pelo time de Gana.

Pessoas envolvidas com o projeto revelam que os melhores garotos são de fato mantidos fora da seleção do Catar, para o país não ser acusado de "roubar" craques, mas outros meninos, não tão bem avaliados, não são totalmente "desperdiçados". Em 2013, um ex-diretor da Aspire admitiu que o Catar abria as portas para esses jogadores de "segunda categoria".

A presença de jogadores nacionalizados não é rara na seleção principal do Catar. Em 2012, por exemplo, sete dos 23 atletas do grupo não eram do país, entre eles o brasileiro Fabio Cesar. Nascido em Londrina, o paranaense fazia parte do time júnior do São Paulo. Baba Malick é outro exemplo do método usado no país. O senegalês foi contratado em 2006 pelo Umm Salal, desconhecido time da segunda divisão do Catar. Naquele ano, Malick levou a equipe ao título. No ano seguinte, ganhou a nacionalidade catarense e menos de um ano depois já entrava em campo pela seleção do país asiático em um jogo contra o Irã. Em 2015, oito dos 23 jogadores eram estrangeiros.

Entre os cartolas, poucos se arriscam a fazer comentários sobre o assunto. Blatter chegou a acusar clubes ricos da Europa de promover o tráfico de escravos pelo mundo ao comprar menores. Nos últimos anos, porém, abandonou as críticas ao Catar. "A Aspire tem um plano equilibrado para o desenvolvimento de jovens, com apoio a educação e esportes", disse em 2008.

Para a Associação Foot Solidaire, que se ocupa dos direitos de centenas de jogadores africanos na Europa, o Catar ainda precisa dar "muitas explicações" sobre o que pretende fazer com esses garotos. Para John Kila, um dos integrantes da equipe de treinadores do Feyenoord, da Holanda, o impacto social do projeto pode ser "desastroso": "Alguém tem que ir lá e fazer algo. As autoridades do Catar precisam saber que essas crianças devem ser protegidas". O holandês se referia às dezenas de acusações de jovens que são recrutados, sem a garantia de escolaridade ou de um futuro caso elas não "vinguem" no futebol. De cada craque que aparece, dezenas de outros não se transformam em heróis e acabam indo parar nas periferias das grandes cidades europeias, perambulando entre o tráfico de drogas e o sonho perdido de ser uma estrela, sem dinheiro — nem coragem — de retornar para casa.

Por enquanto, porém, não parece que a entidade que zela pelo futebol internacional fará esse alerta.

OS CÚMPLICES

Diante de tantas evidências, provas, denúncias e testemunhos, por que razão Blatter tentaria abafar a investigação sobre a escolha do Catar como país-sede do Mundial de 2022? Ele, que preferia levar a Copa daquele ano aos EUA, poderia ter usado a oportunidade que Garcia deu para invalidar a escolha e recomeçar o processo do zero. Não faltavam motivos.

A realidade é que o cartola também já havia leiloado o futebol em benefício pessoal. Seu acordo era claro: o Catar seria preservado a todo custo, com a condição de que lhe desse apoio para se manter no poder. Pessoas próximas ao dirigente confirmaram que o pacto foi selado e que por isso, nos anos que se seguiram, Blatter defendeu a indefensável situação de direitos humanos no regime do Golfo, elogiou as obras e prestou homenagens ao emir.

Blatter ainda assumiu o discurso do Catar, acusando a manobra e as denúncias de serem estratégias dos EUA e da Inglaterra para retirar a Copa do Oriente Médio e levar o evento bilionário para suas cidades. O presidente da Fifa ecoou as acusações de "racismo" contra o Catar, atacou a imprensa "ocidental" por agir de forma injusta e fez questão de alertar que a campanha era, acima de tudo, dos derrotados.

Blatter ignorou até mesmo as realidades geográficas e o calor do deserto, aspectos mencionados no relatório do inspetor interno da Fifa, Harold Mayne-Nicholls. Em sua campanha para receber a Copa de 2022, o Catar insistia que não teria problemas em organizar o evento no período do ano exigido pela Fifa: o verão. O emir prometeu construir estádios com ar-condicionado, e seus assessores percorreram o mundo negando o óbvio e insistindo que o calor no verão não é tão elevado quanto se imagina. Estudos realizados pela Fifpro, a federação internacional de jogadores profissionais, revelaram que atuar sob o calor do Catar poderia ameaçar não apenas o ritmo do jogo, mas também a saúde de jogadores. Já estudos bancados pelos árabes "provavam" que jogar na umidade de Manaus em 2014 seria mais prejudicial aos atletas que no verão do Golfo.

Nada convenceu jogadores, técnicos e a imprensa mundial. Poucos anos antes, o COI havia desclassificado a capital do país, Doha, da corrida para sediar os Jogos Olímpicos, alegando que seria "impraticável" realizar um torneio esportivo no verão do deserto. Com o Catar escolhido para o Mundial, Blatter ganhou um sério problema: como mudar pela primeira vez, desde 1930, o calendário do Mundial sem criar uma revolta dos poderosos clubes europeus, que teriam de interromper seus torneios nacionais e a Liga dos Campeões?

Em 2015, anos depois do início da polêmica, o dinheiro do Catar acabou por obrigar o mundo do futebol a modificar de maneira completa seu calendário internacional, afetando dezenas de torneios e forçando a Fifa a distribuir compensações e contratos para abafar uma rebelião. Pela primeira vez o Mundial não ocorrerá em meados do ano, mas entre novembro e dezembro. Na prática, isso significará que todos os calendários de jogos terão de ser modificados nos quatro cantos do mundo a partir de 2018.

A mudança deixou claro que, ao escolher o Catar, os cartolas simplesmente ignoraram o fato de que seria impraticável jogar futebol no deserto durante o verão. Os demais concorrentes para receber o Mundial de 2022 — EUA, Austrália e Japão — se queixaram de que o Catar ganhou a Copa sem respeitar um dos principais critérios da Fifa: o de não afetar o calendário internacional. Em alguns desses países, advogados começaram a estudar a possibilidade de pedir compensações financeiras e, até 2022, a única certeza é de que não existem garantias de que novas polêmicas não apareçam.

Uma vez mais, Blatter se mostrou um negociador habilidoso, mesmo ao não defender os interesses do futebol. Para tentar atender aos ingleses, uma concessão da parte da Fifa foi encurtar a Copa de 2022. No total, serão apenas 28 dias de Mundial, contra 32 no Brasil em 2014. Isso evitará uma final às vésperas do Natal, no dia 23. Mas, acima de tudo, permitirá que a Liga Inglesa retome seus jogos em 26 de dezembro, uma velha tradição. Agora, os clubes terão um prejuízo menor.

Outra concessão foi acelerar os acordos comerciais com redes de TV dos EUA — Fox e Telemundo — para a Copa de 2026, como forma de compensar as prováveis perdas em 2022. O Mundial corre o risco de ocorrer no mesmo momento em que as finais do futebol americano são disputadas, e as empresas que já haviam pagado milhões pelos direitos de transmissão da Copa nos EUA alertaram que entrariam com processos milionários contra a Fifa pelos prejuízos que teriam. A forma de evitar uma batalha legal foi ampliar o contrato com essas redes para 2026, sem licitação e pedindo apenas 10% a mais do que elas já tinham pagado, uma verdadeira barganha.

Pelos Mundiais de 2018 e 2022, as duas redes de TV dos EUA pagaram US$425 milhões para a Fifa. Os valores contrastam com o montante que Sky e BT anunciaram que pagariam pela Premier League na Inglaterra: mais de US$7 bilhões entre 2016 e 2018. O incremento em relação ao período anterior foi de 70%.

Com a escolha do Catar, portanto, a Fifa deixou de ganhar uma quantia que poderia ser revertida em benefícios para o futebol. A entidade também aumentou o volume de dinheiro de "compensações" dadas aos clubes europeus. Em 2022, os times receberão um total de US$209 milhões por emprestar seus jogadores às seleções nacionais, quase dez vezes mais do que receberam em 2010. Ou seja, os clubes foram comprados também. A Fifa ainda optou por não iniciar uma guerra contra o COI e evitou uma proposta para o Mundial de 2022 ocorrer em fevereiro, porque o mês será destinado aos Jogos Olímpicos de Inverno. Já o Ramadã, o mês do jejum no mundo islâmico, começa em 2 de abril, o que dificultaria as operações de um evento em um país muçulmano nesse período, preferido pelos clubes europeus.

O malabarismo estava feito. A Copa ocorreria mesmo no Catar. Pelo menos até que a Justiça provasse que a Fifa vendeu seu maior evento em troca de lucros pessoais a sua oligarquia.

PROJETO DE ESTADO

Nos anos 1960, o Catar promoveu uma revolução no futebol árabe: construiu um primeiro gramado numa região desértica. Para inaugurar o campo, levou o melhor time e o melhor jogador do mundo na época: Santos e Pelé. Cinquenta anos depois, o país se prepara para se projetar ao mundo graças à bola. Apesar de toda a polêmica, receber a Copa do Mundo não é apenas mais uma iniciativa excêntrica de ditadores bilionários.

Sem Exército e sentado em uma das maiores reservas de petróleo do planeta, o Catar escolheu o futebol para comprar seu lugar no mundo, garantir-se politicamente e projetar-se no cenário internacional. Nos últimos anos, o Catar comprou clubes de futebol e redes de televisão, abriu sua marca de artigos esportivos, a Burrda, para competir com as gigantes americanas e europeias, e em 2022 culminará a estratégia com a realização da primeira Copa no Oriente Médio.

Esse investimento não é apenas uma loucura de príncipes árabes que não sabem o que fazer com tanto dinheiro. Faz parte de um plano para criar uma rede de dependência no mundo que, em uma eventual invasão ou em qualquer questionamento ao regime, afetaria a estrutura mundial do esporte de forma tal que o Barcelona, por exemplo, não teria mais como pagar o salário de Lionel Messi, além do impacto financeiro que dezenas de multinacionais ocidentais sofreriam.

Outro objetivo do país é aproveitar o Mundial para buscar alternativas de renda e tornar o país menos vulnerável ao mercado do gás e do petróleo. "O Catar é muito dependente economicamente dos hidrocarbonetos. Estamos procurando diversificar nossa economia, ter outras fontes além do óleo e do gás. E um dos pontos estratégicos do nosso grande planejamento até 2030 é investir no turismo", destaca Nasser al-Khater, diretor de marketing e comunicação do Comitê Supremo Catar 2022.

O país, embora minúsculo em termos geográficos, tem a terceira maior reserva de gás do mundo, mas, com apenas 1,1 milhão de habitantes, não consegue formar um Exército capaz nem de garantir a defesa contra uma invasão. O dinheiro e a diplomacia, portanto, são os principais ativos que asseguram a soberania da nação. Nesse processo, os grandes eventos esportivos passaram a ser estratégicos. O Catar levou para a região o Mundial de Handebol em 2015, além de dezenas de competições, treinou africanos para que ganhassem medalhas de ouro em atletismo em nome do país e quer até mesmo comprar a Fórmula 1. Para as autoridades, apropriar-se do futebol não é um exercício para satisfazer o ego do emir, mas uma maneira de garantir a sobrevivência do país em uma das regiões mais instáveis do mundo, com vizinhos temidos, como Arábia Saudita e Israel.

Com a realização da Copa, o diminuto país árabe quer também apagar a imagem de financiador de grupos terroristas e levar o mundo a esquecer que, nos últimos cinco anos, tem enviado um volume sem precedentes de armas para os grupos que vêm destruindo cidades, infraestrutura, economia e tecido social na Síria. "Você pode mudar drasticamente o perfil e a imagem de um país com um evento como este", comenta Nasser al-Khater. "É muito fácil olhar o noticiário e ver guerras, revoluções. Este é um momento único na história do Oriente Médio. Com a Copa do Mundo, queremos um renascimento da região, o surgimento de uma nova vida."

Esse desejo culminou em um plano faraônico de mais de US$200 bilhões, incluindo instalações para a Copa e uma ampla revisão da infraestrutura de um país. Se muita gente questiona a razão de o Brasil ter gastado

R$ 28 bilhões para organizar a Copa do Mundo de 2014, esse valor é uma migalha em comparação com o que será investido no projeto do Catar. No plano para 2022, a bola é apenas um detalhe. Segundo um informe da consultoria Deloitte, o projeto envolve grandes obras, como estradas, portos, aeroportos, a renovação de cidades inteiras e, claro, a construção de estádios.

Só em infraestrutura de transporte a meta é gastar US$140 bilhões, com estradas e metrô para permitir o fluxo de torcedores entre os estádios, que ficarão em uma área duas vezes maior do que o Distrito Federal. Outros US$20 bilhões serão investidos em hotéis. Em 2022, o Catar espera receber 3,7 milhões de turistas. "O Catar encarna, mais do que qualquer outro Estado, o que se pode chamar de diplomacia do esporte", declarou Pascal Boniface, diretor do Instituto de Relações Internacionais em Paris, considerado o maior pesquisador da relação entre a bola e a política internacional. "O investimento no futebol é produto de uma análise astuciosa de uma nova relação de forças no mundo e de uma vontade profunda de existir em um ambiente turbulento."

Se essa é a estratégia, não foi surpresa para ninguém quando o próprio emir assumiu a campanha do Catar. Entre 1995 e 2013, Hamad bin Khalifa al Thani transformou o país no mais rico do mundo em renda per capita, graças ao lucro da venda do gás natural e do petróleo. Ao fim de dezoito anos de reinado, ele havia investido mais de US$100 bilhões pelo mundo, comprando partes de tradicionais empresas do Ocidente, como Harrods, Barclays Bank, Siemens. Com 61 anos, optou por abdicar do trono em 2013 e entregar o emirado ao filho, Tamim bin Hamad al Thani, de apenas 33 anos, num esforço para dar uma nova imagem ao país.

Também não foi surpresa para ninguém dentro do mundo do futebol quando, no dia 23 de novembro de 2010, o então presidente francês Nicolas Sarkozy recebeu de forma secreta no Palácio do Elysée o príncipe Tamim al Thani, além de Platini, presidente da Uefa, e de um representante do fundo que controlava o PSG, um clube quebrado naquele momento. Num almoço aparentemente fora da agenda oficial, o príncipe indicou que gostaria de comprar o PSG e até de criar um canal de televisão na França para competir com o Canal Plus. Mas precisava de um favor em troca: o voto de Platini no país para sediar a Copa de 2022. A eleição ocorreria dez dias depois, em Zurique.

O ex-craque francês tendia a dar seu apoio aos EUA, mas confessou à imprensa que o próprio Sarkozy esperava que ele mudasse de opinião. Nos meses que se seguiram à revelação sobre o encontro, publicada na revista *France Football*, Platini garantiu que não mudou de voto a pedido do presidente de seu país. Ele também rejeitou a ideia de que tivesse havido algum tipo de acordo. Mas os fatos são claros: Platini votou pelo Catar. No ano seguinte, em 2011, o fundo de investimento do Catar deu 50 milhões de euros para comprar o PSG e a Al-Jazeera investiu 150 milhões de euros para criar um novo canal de esportes no país, o beIN Sport, injetando dinheiro no futebol francês.

Num comunicado emitido anos depois, Platini se defendeu: "Dizer que minha decisão foi parte de um acordo entre a França e o Catar é pura especulação e mentira". Na época, ele ameaçou abrir um processo contra quem publicasse algo "questionando a honestidade" de seu voto. O processo jamais ocorreu.

Pouco a pouco sua explicação também foi sendo moldada. Platini afirmou que compareceu à reunião no palácio do governo, em Paris, a pedido de Sarkozy. Apenas quando chegou lá, disse ele, deu-se conta de que o príncipe do Catar estava no mesmo encontro. Platini também garantiu que o presidente não fez nenhuma menção ao voto francês, mas reconheceu que Sarkozy estava interessado em ver a Copa no Catar.

Na América do Sul, a busca de apoio também envolveu o governo. O emir voou até Assunção, no Paraguai, para conversar pessoalmente com o então presidente Fernando Lugo e com a Conmebol de Nicolás Leoz. Em janeiro de 2010, foi a vez da visita ao Brasil e ao então presidente Luiz Inácio Lula da Silva. Antes, porém, uma parada obrigatória no Rio de Janeiro para conversar com Ricardo Teixeira, no dia 19 daquele mês. Um almoço foi organizado num dos locais mais reservados do Rio, o Itanhangá Golf Club, e concretizou o apoio sul-americano ao Catar. Além do brasileiro, estavam presentes Nicolás Leoz e Julio Grondona, e também o ex-presidente da Fifa João Havelange. Cada um teria saído da reunião com um relógio de ouro. Semanas depois, um deles confessaria a um agente de futebol que a peça era tão pesada "que mal conseguia levantar o braço". Mas resumir o apoio sul-americano a um relógio é tão absurdo quanto imaginar que o emir acreditaria que compraria esses votos de forma tão corriqueira.

Parte do acerto entre os sul-americanos e o país do Golfo de fato envolveu política e interesses que iam muito além do futebol. No dia 20 de janeiro de 2010, no Palácio do Itamaraty, Lula deixou claro, em um discurso na presença do emir, que as construtoras brasileiras estavam de olho nos amplos projetos em que o país se lançava com a Copa. "O Catar também se abre para a participação de empresas brasileiras no ambicioso programa de obras de infraestrutura em setores onde nossas empresas são bastante competitivas", disse Lula.

Oficialmente, a CBF vota sem nenhuma consideração política, e o voto não é do país, mas do cartola que ocupa o cargo no Comitê Executivo da Fifa. Naquele momento, esse cartola era Ricardo Teixeira. Um banco de dados feito por operadores da campanha frustrada dos ingleses para sediar a Copa de 2018 reunindo inteligência e documentos aponta que houve mais do que uma simples compra de votos. "Foi no nível de governo a governo que eles garantiram o voto de Grondona e de Teixeira, ambos corruptos", indicou a fonte citada no documento entregue ao Parlamento britânico, que também investiga as Copas de 2018 e de 2022.

Lula chegou a viajar ao Catar e visitou, ao lado do emir, um dos estádios de futebol. Não existiam dúvidas do interesse do país do Golfo pela América do Sul. Em julho de 2010, cinco meses antes da definição da Fifa, a Qatar Airways lançou um serviço altamente subsidiado com voos diários ao Brasil e à Argentina. Mas o que a Argentina e o Brasil ganhariam com isso?

No caso de Buenos Aires, a informação entregue ao Parlamento britânico confirma uma velha suspeita: a do financiamento do futebol no país. "Governo e empresas do Catar teriam fechado um entendimento para bancar as perdas da Associação de Futebol da Argentina, em função dos problemas que a economia argentina enfrentava, com um acordo de concessão de direitos", indicou o documento.

No que se refere ao Brasil, o acordo político também envolveria um financiamento. "Eles [o Catar] concordaram em pagar os déficits nos gastos com infraestrutura no Brasil. Mas o negócio pode não ser tão amplo assim. Pode ser que se trate apenas de um aspecto particular, como em um estádio em específico", apontou o texto. Esse pagamento jamais foi comprovado.

Em 2014, o então ministro do Esporte, Aldo Rebelo, também esteve em Doha e garantiu o apoio do país à organização do torneio de 2022 no Catar. "O Brasil tem todo o interesse no sucesso da Copa do Mundo que o Catar está planejando para 2022", declarou ele. "Fomos um dos primeiros países a apoiar a realização do torneio aqui."

Com ou sem acordos políticos, com ou sem compra de votos, a realidade é que a decisão de dar a Copa de 2022 para o Catar pode ter custado caro demais à Fifa, pois marcou o início de sua derrocada, provavelmente alimentada por uma cobiça exagerada de seus cartolas.

Em um só golpe, em 2010, a Fifa abriu as portas para o questionamento de sua legitimidade como nunca antes fizera e praticamente convidou o FBI e a Justiça suíça a uma investigação com o potencial de causar a ruína do império. Em uma só decisão — a de dar a Copa ao Catar —, a entidade condensou tudo aquilo em que se transformou nos últimos anos: uma empresa privada em que os executivos, ávidos por lucros, passaram a explorar o futebol para benefícios pessoais e interesses políticos.

Ainda em 2011, um e-mail vazado para a imprensa internacional chamou a atenção do mundo. Era de Jérôme Valcke, o então secretário-geral da Fifa. Tratava-se de uma mensagem que ele enviou a Jack Warner deixando claro que o Catar "comprara a Copa do Mundo". Um dia depois do vazamento, Valcke tentou se explicar, dizendo que se referia à maneira agressiva que o país usara para conquistar apoio por meio de uma campanha de marketing. Mas a palavra já havia sido lançada. Dentro da própria Fifa, a percepção era de que seu maior evento havia mesmo sido "vendido".

7. Gol comprado

18 de novembro de 2009, Stade de France, periferia de Paris.

Faltavam apenas dezessete minutos para o final da prorrogação. O jogo não valia a taça de campeão do mundo, era apenas a repescagem das eliminatórias da Copa de 2010. A França, que naquele momento era a vice-campeã do mundo, estava ameaçada de ficar de fora — uma humilhação a um grupo de jogadores que esperava participar do maior evento do planeta. O adversário não era nenhuma potência. Em campo, a modesta Irlanda jogava com toda a sua garra para voltar à elite do futebol mundial. A intensa disputa, porém, se transformaria em um escândalo.

No primeiro jogo da repescagem, quatro dias antes, em Dublin, os franceses haviam saído com a vitória por 1 x 0. No jogo de volta, bastava um empate, e o passaporte francês para a África do Sul estaria carimbado. Mas o capitão irlandês, Robbie Keane, parecia querer estragar a festa dos franceses: abriu o placar. O jogo foi para uma emocionante prorrogação.

Faltando poucos minutos para o final do primeiro tempo, Thierry Henry recebeu a bola pela esquerda, fez o cruzamento e William Gallas completou, classificando a França. Os protestos foram imediatos. Henry teria ajeitado a bola com a mão e até confessado o ato ao zagueiro irlandês Richard Dunne.

Imediatamente, o governo da Irlanda e a federação de futebol do país, a FAI, lançaram apelos para que o empate fosse anulado e o jogo voltasse a ser disputado. Sem uma resposta positiva, os irlandeses chegaram a propor que a Copa do Mundo passasse a ter 33 seleções, e não 32. Mas nada convenceu a Fifa a reabrir o debate sobre o jogo. Henry chegou a considerar abandonar a seleção diante da polêmica que se criou em torno de seu nome. Após a partida, ele confessou: "Sim, houve um toque de mão. Mas eu não sou o árbitro". Dias depois, o jogador insistiria não ter "roubado a classificação". O árbitro sueco, Martin Hansson, também cogitou abandonar o apito por causa da pressão que passou a sofrer. No mundo, o lance reabriu o debate sobre a necessidade de permitir que a arbitragem usasse tecnologias para poder apitar.

A FAI abriu um processo na entidade máxima do futebol, alegando que tanto o jogador como o comissário da Fifa em campo reconheceram a jogada ilegal. Para tentar invalidar o resultado, os irlandeses chegaram a citar o caso das eliminatórias para a Copa de 2006, quando o jogo entre Uzbequistão e Bahrein, em 2005, foi anulado por um "erro técnico de arbitragem". Naquela partida, o árbitro deu um pênalti para o time da ex-república soviética, mas, quando o jogador foi para a cobrança, o mesmo árbitro interrompeu o jogo, alegando que um atleta havia entrado na grande área. A regra estabelece que, nesse caso, o pênalti deve ser repetido. Mas o juiz japonês Toshimitsu Yoshida optou por dar a bola ao time do Bahrein.

Em Paris, entretanto, a avaliação dos donos da bola era outra. O presidente da Federação Francesa de Futebol, Jean-Pierre Escalettes, sugeriu que uma "visão filosófica" do jogo fosse adotada por todos, numa frase que até hoje é alvo de ironia entre os dirigentes, diante da impossibilidade de se entender o que ele quis dizer com isso.

Em 20 de novembro, dois dias depois da partida, a Fifa anunciou oficialmente que rejeitava a ideia de anular o resultado. No caso da classificação da França, a entidade argumentou que, pelas regras do jogo, as decisões em campo são tomadas pelo árbitro e são "definitivas". A FAI não desistiu. Apelou para o time francês, pedindo-lhe que "protegesse a integridade do esporte" e voltasse a campo. O pedido foi rejeitado, e Henry deu sua avaliação sobre o caso em um comunicado:

A solução mais justa seria a de voltar a disputar a partida. Mas isso não está sob meu controle. Naturalmente, estou envergonhado pelo modo como ganhamos e peço desculpas aos irlandeses, que certamente mereciam estar na África do Sul. Eu disse naquele momento e volto a dizer: sim, toquei a bola com a mão. Mas não sou um trapaceiro e nunca fui. Foi uma reação instintiva diante de uma bola que vinha com muita velocidade e numa área com muita gente. Como jogador, você não tem o luxo da televisão para reduzir a velocidade da bola em cem vezes para que possa tomar uma decisão consciente. Se você olhar essas imagens em uma velocidade normal, vai ver que foi uma reação instintiva.

O caso estava encerrado. Pelo menos foi isso o que o mundo pensou.

Foram necessários seis anos e uma operação policial na Fifa para que a questão ressurgisse. E de uma forma inesperada. A realidade é que a prisão de cartolas em Zurique e a renúncia de Joseph Blatter do comando da Fifa destaparam uma série de escândalos e ameaças. Dias após a eclosão da crise em 2015, a Irlanda admitiu que Blatter pagou 5 milhões de euros para pôr um ponto final à crise aberta depois da eliminação da seleção irlandesa da Copa de 2010 com um gol irregular.

O cheque de Blatter seria um "cala a boca", para que não fosse apresentado um processo na Justiça. Em entrevista em 2015 à RTE, de Dublin, o presidente da Federação Irlandesa, John Delaney, reconheceu que "fechou um acordo" com o chefe da Fifa dias depois do jogo, em 2009, mudando radicalmente de tom, em comparação com o discurso que adotara nos dias que se seguiram ao incidente. O cartola se recusou a dar detalhes dos valores, mas insistiu que foi algo "muito legítimo". No mesmo dia da entrevista, a federação reconheceu que o valor foi de 5 milhões de euros.

"Achávamos que tínhamos um caso contra a Fifa depois da mão na bola de Henry nas eliminatórias", disse o dirigente, lembrando como Blatter "rira" dos irlandeses de seu lugar no estádio e como aquela imagem dera a volta ao mundo. "Naquele dia, fui até ele e disse como me sentia", contou Delaney. "Chegamos a um acordo. Aquilo aconteceu na quinta-feira, e na segunda-feira um acordo foi assinado", acrescentou.

O entendimento, porém, deveria ter sido mantido em sigilo. Mas, diante da queda do império de Blatter, ficou claro que nenhum compromisso valeria. A guerra estava aberta e ninguém seria poupado. Em resposta, a Fifa alegou que fez o pagamento como um "empréstimo" para a construção de um estádio. O compromisso era de que, se a Irlanda se classificasse para o Mundial de 2014, teria de devolver o dinheiro. Mas os irlandeses acabaram ficando de fora também da Copa no Brasil, e a Fifa decidiu "cancelar a dívida" do país.

Para manter o acordo em sigilo, havia mais um problema: esconder os 5 milhões de euros que os cartolas receberam. Delaney jamais colocou o valor no balanço financeiro da federação, nem fez detalhamento do dinheiro, mas garante que os recursos não sumiram e que, incluídos em diferentes balanços a partir de 2009, foram camuflados.

A revelação causou indignação na Europa. Wolfgang Niersbach, presidente da Federação Alemã de Futebol, chamou o caso de "piada". "Se eu fosse um jogador irlandês, estaria revoltado", declarou Raymond Domenech, técnico da França naquele jogo. Acima de tudo, a revelação do pagamento escancarou dois aspectos até então pouco conhecidos fora da Fifa. O primeiro deles: que Blatter estava disposto a comprar tudo e todos. Para alguém que exercia um cargo de influência desde 1998 e que acumulou poder durante anos, as estruturas legais e as leis existentes pouco valiam quando o assunto era a preservação de sua imagem e de "seu" torneio.

Acima de todo valor de fair play, o que contava era a ideia de que não se podia questionar uma decisão da Fifa. Só assim a entidade poderia manter o monopólio sobre o futebol, sem pressões externas e blindada contra ameaças. Pagar 5 milhões de euros a uma federação nacional para que abandonasse uma queixa legítima, portanto, era mais que justificável. Pelo menos dentro da mentalidade de um homem que jamais aceitou ser questionado.

O cheque também revelava um segundo aspecto, ainda mais preocupante, dentro da entidade cuja principal função era preservar o futebol. Na Fifa, o resultado em campo estava à venda. Na partida entre França e Irlanda ficou claro que a legitimidade do placar poderia ser colocada em segundo plano, dependendo de quem estivesse em campo e do que estava em jogo.

No comando da Fifa, Blatter e sua cúpula não apenas administravam a evolução do futebol mundial, mas também tomavam decisões e manipulavam quem teria direitos de questionar as regras do jogo. Quanto ao futebol em si, Blatter chegou a justificar por anos que, se eliminássemos a polêmica, parte da beleza dos debates acabaria.

Não foi a primeira vez que um resultado relativo à Copa do Mundo virou alvo de questionamentos. Talvez o mais escandaloso de todos tenha ocorrido em 1978, na Argentina. O time da casa, que vivia a pressão de um dos piores regimes militares da região, chegou à final depois de ser amplamente beneficiado na escolha dos grupos, nos locais de jogo e, claro, numa diferença de gols que deixou muita gente intrigada.

Para disputar a final, os argentinos precisavam vencer o Peru por 4 x 0. Qualquer resultado inferior daria a vaga ao Brasil para enfrentar a Holanda na decisão. Apesar da boa equipe peruana, o jogo terminou em 6 x 0 para os argentinos, o que alimentou por décadas a especulação de um acerto financeiro entre os dois times. Nunca houve um esclarecimento sobre se a goleada foi de fato em campo ou resultado de um acordo. Talvez uma das versões mais debatidas tenha sido revelada em 2012, que apontava para um entendimento de natureza política. Um juiz argentino, Norberto Oyarbide, abriu em 2011 investigações sobre o ex-ditador peruano Francisco Morales Bermúdez e pediu sua prisão por crimes como sequestros e assassinatos.

Segundo publicou o jornal argentino *El Tiempo*, o ex-senador peruano Genaro Ledesma, uma das principais testemunhas do caso, revelou ao juiz que a vitória de 6 x 0 da Argentina sobre o Peru na Copa de 1978 havia sido pactuada entre os ditadores dos dois países e fazia parte de um acordo maior de cooperação entre ambos os governos.

De acordo com essa versão, o ditador argentino Jorge Videla aceitou receber treze prisioneiros peruanos que, em Lima, lideravam greves para derrubar o regime de Morales Bermúdez. Esse acordo teria ocorrido no âmbito do Plano Condor, a aliança entre os serviços secretos dos regimes militares do Cone Sul durante os anos 1970 com o objetivo de suprimir dissidentes em todo o subcontinente. Em troca, o argentino solicitava que os peruanos deixassem a Argentina vencer a partida do Mundial. Até hoje o ex-senador Ledesma insiste que sabe dos detalhes da história porque foi um dos prisioneiros da troca ocorrida em 1978. Naquele ano, Ledesma foi sequestrado pelo regime peruano.

Os detentos teriam sido enviados para o norte da Argentina em um avião militar no dia 25 de maio de 1978. De lá, foram transladados para Buenos Aires e, depois de algumas semanas, autorizados a viajar como exilados para Paris. A partida entre os dois times ocorreria no dia 21 de junho daquele ano.

Com essa saída para a França, os prisioneiros evitaram ser atirados ao mar, uma prática do governo argentino naquela época. "Videla nos aceitou como prisioneiros de guerra na condição de que o Peru permitisse o triunfo da Argentina na Copa do Mundo", disse o ex-senador ao jornal argentino. "Isso tinha importância para Videla. Ele precisava do triunfo para limpar a imagem ruim da Argentina no mundo", afirmou Ledesma.

O acordo não terminaria aí. No mesmo ano, Videla fez empréstimos ao governo de Morales Bermúdez e enviou um carregamento de 14 mil toneladas de trigo ao Peru. Videla, de fato, precisava da vitória e de um Mundial impecável, e para isso não poupou esforços. A ditadura argentina escondeu locais de tortura e presos políticos durante a Copa do Mundo de 1978 para dar a impressão de que as acusações contra o regime eram infundadas. As informações constam de documentos oficiais e sigilosos da ONU aos quais tive acesso nos arquivos da entidade. Em cartas de presos e relatos de oficiais, a ONU constatou que a operação "Limpeza" foi estabelecida durante a Copa para esconder crimes e sequestros de dissidentes. O principal relato foi prestado em 30 de setembro de 1978 ao secretário do Conselho Econômico e Social das Nações Unidas, o holandês Teodoro van Boven, pelo dissidente Jaime Feliciano Dri. Sequestrado no Uruguai, ele foi levado para a Argentina e torturado na Escola de Mecânica da Armada (Esma), em Buenos Aires. O local se transformou no símbolo da tortura ao longo do governo militar.

Na Copa de 1978, algumas seleções pensaram em boicotar o torneio. Na época, grupos de direitos humanos acusaram a Fifa de chancelar o regime argentino. Diante da discussão, a junta militar argentina fez campanha para melhorar sua imagem internacional. "Nos primeiros meses de abril, em uma operação chamada Limpeza, levaram um jornalista britânico para mostrar a ele as instalações e para que constatasse que era mentira o que se dizia da Esma", relatou Dri.

Gol comprado

O preso revelou ainda que outros jornalistas foram levados apenas até um dos andares do prédio, onde os locais de tortura eram transformados em quartos normais. Os militares escondiam os prisioneiros durante essas visitas. "Os sequestrados eram obrigados a se vestir com uniformes de oficiais e suboficiais da Marinha, alguns da Polícia Federal, para mostrar que ali não era um centro de detenção, só de inteligência contra a subversão", afirmou. Os locais de tortura eram também disfarçados. "As salas foram desmanteladas. As camas de ferro, fixadas no chão, foram arrancadas", contou Dri.

Nos meses que antecederam a Copa, o governo decidiu fiscalizar suas fronteiras por temer a fuga de dissidentes e para controlar a entrada de membros da oposição de países vizinhos. "No início de 1978, o Grupo de Tarefa da Escola Mecânica da Armada tinha pouca gente. Mas, diante dos feitos da resistência popular, eles decidiram lançar uma operação de controle de fronteiras com Bolívia, Paraguai, Brasil e Uruguai, onde realizaram sequestros políticos e colaboraram com as Forças Armadas", declarou Dri. Em outros documentos do mesmo ano, delegados da ONU confirmam o endurecimento do governo argentino antes do Mundial, além de ações em outros países.

Um dos presos políticos que estiveram na Esma em 1978, Juan Gasparin, me confirmaria a existência das salas de tortura e o esquema para escondê-las. Segundo ele, no dia da final entre Argentina e Holanda, os militares deram sinais de flexibilidade e colocaram uma TV para que os presos acompanhassem o jogo. "No fim, comemoramos e nos abraçamos", lembra Gasparin. "Mas, naquele clima de conquista, ninguém escutava os gritos dos torturados dentro dos centros de detenção. Estavam todos surdos."

Manipulação de resultados, de jogos, de emoções. Na Fifa, o limite não existe. Mas a nova crise na entidade mostrou que também não havia mais limites para a eclosão de dezenas de casos de corrupção e de suspeitas. Todos estavam dispostos a falar. O rei estava nu e em total desgraça.

A magia do futebol é que ele é feito por humanos. Ou seja, os erros, as coincidências e os fatos inexplicáveis têm seu espaço. Ainda assim, diante das revelações de compras de resultados, não seria irresponsável questionar momentos que até hoje ficaram sem explicação nesse esporte.

Na Copa de 1982, por exemplo, por qual motivo um árbitro mudou de ideia sobre a validade ou não de um gol depois que um príncipe árabe entrou em campo, interrompeu o jogo e foi falar com ele, no pé do ouvido? O jogo era entre França e Kuwait. A decisão de levar Diego Maradona, um crítico de Havelange e Blatter, para um teste de doping na Copa de 1994 foi de fato por sorteio? Na Copa de 2002, a Espanha teve dois gols legítimos invalidados no jogo contra a Coreia do Sul e acabou eliminada. Isso teve alguma relação com o fato de a Copa ocorrer na Coreia do Sul? Claro, o time da casa já havia sido beneficiado por outro árbitro nas oitavas de final ao enfrentar — e, claro, eliminar — a Itália.

A magia do futebol é que ele de fato nos surpreende. Em muitas ocasiões, a bola entra no gol por acaso. Mas, nas semanas que se seguiram às prisões na Fifa, mais revelações indicariam que não eram apenas contratos que faziam parte de negociações secretas entre cartolas.

Num dos casos mais graves, um ex-vice-presidente da Fifa e braço direito de Joseph Blatter confessou arranjos com árbitros para garantir resultados para seus aliados. Grondona, que morreu logo depois da Copa de 2014, aos 82 anos, era considerado por muitos de seus colegas o verdadeiro dono do futebol sul-americano. Ele decidia tudo, inclusive os resultados das partidas.

Lembro-me de como era "bom de papo" e driblava a imprensa com frases aparentemente sem sentido. Hábil, conseguiu se manter ileso até a morte, sem uma única condenação, apesar das dezenas de alegações. Na Copa do Mundo no Brasil, ingressos no mercado negro foram encontrados em nome de seus parentes. Mas nem isso o afetava. Na Fifa, Grondona mantinha um cargo mais que estratégico: era o presidente da Comissão de Finanças da entidade. Se Blatter era o homem mais poderoso do futebol mundial, Grondona era quem tinha a senha de todas as suas contas.

Um ano depois de sua morte, porém, gravações revelaram que ele não controlava apenas as finanças da entidade, mas também quem se classificava ou não em um dos maiores torneios de clubes do mundo: a Libertadores da América. Em 17 de maio de 2013, uma gravação realizada pela Justiça entre Grondona e Abel Gnecco, diretor da Escola de Árbitros da AFA e representante da associação argentina no Comitê de Arbitragem da Conmebol, revelou como Grondona comemorou a derrota do

Corinthians diante do Boca Juniors. O argentino insinuava que a escolha do árbitro tinha sido dele, e com resultados positivos. Naquele jogo, o time brasileiro foi eliminado nas oitavas de final da Libertadores. O juiz era o paraguaio Carlos Amarilla, duramente criticado por sua atuação contra o Corinthians.

Depois de rir da situação do time brasileiro, Grondona e Gnecco começaram um debate para o jogo entre o Boca e o Newell's, válido pelas quartas de final da Libertadores de 2013. A conversa é de dar calafrios a qualquer torcedor que acredite que uma partida é apenas disputada em campo.

GRONDONA: Olá.

GNECCO: Olá. Sim, Julio?

GRONDONA: Senhor...

GNECCO: Gnecco falando, Abel Gnecco. Como vai?

GRONDONA: Como vai, Abel? Bem, e você?

GNECCO: Sim, vou bem porque saí daquela confusão, não? Mas, bom, é o fim, sei lá.

GRONDONA: Saiu bem no final, ninguém queria esse louco de merda e jogou o maior reforço que teve o Boca no último ano, que foi Amarilla.

GNECCO: Sim, falei nisso. Mas, bom, sei lá. Estive falando com Alarcón, que me disse que este ano é meio... é novo. Sei lá. Que temos de ter... Bom, fazemos o seguinte: gostam do Amarilla na Argentina? Olhe, se eles não gostam eu não sei. Eu gosto. Coloque ele e deixe de me encher o saco. Ao Alarcón, coloque Amarilla e deixe de me foder. Bom, assim foi. Ele foi colocado e, bom... saiu bem porque, bom, tem de ser assim.

GRONDONA: E agora por quem você vai... quem tem de colocar aí para Boca e Newell's?

GNECCO: Agora cabe a você, porque Alarcón vai colocar Loustau. Loustau teve problemas com Boca-River, e, além disso...

GRONDONA: Não, Loustau não pode jogar, Loustau não pode jogar.

GNECCO: Claro, Loustau não pode jogar porque, além disso, Loustau joga na segunda em Lanús. Então, vamos supor que Loustau se equivoque, dê um pênalti a Lanús e depois de três dias vá jogar com Newell's e Boca. Vão dizer: "Como? Esse aí nos cagou e agora...".

GRONDONA: Mas me escuta: por que não coloca Delfino e ponto final?

GNECCO: Bom, Delfino... Eu não sei o Boca como está, mas eu gostaria de colocar Delfino e o outro garoto.

GRONDONA: Ceballos?

GNECCO: Sim, sim, sim, Ceballos, para Rosario. Então, bom, e o outro é Delfino.

GRONDONA: Diga que você falou comigo e eu te disse isso.

GNECCO: O senhor... não tem problema com Delfino, não? Porque o outro que tenho é Mauro Vigliano.

GRONDONA: Isso é tudo que eu sei. Você conhece esse homem.

GNECCO: Sim, eu sei muito, Julio, e o senhor sabe. Agora, o que eu te digo, Julio, Delfino jogou no campo do Boca, Delfino, porque teve problemas com Boca-River.

GRONDONA: Por via das dúvidas...

GNECCO: Ou Mauro Vigliano.

GRONDONA: Por via das dúvidas, não. Delfino teve o problema que estava contundido.

GNECCO: Claro, bom, sim.

GRONDONA: Se não chega a estar bem ou algo ou há alguma dúvida, coloque um quarto árbitro que seja internacional também.

GNECCO: Mauro Vigliano, claro.

GRONDONA: Aí está, coloque Vigliano.

GNECCO: Eu gosto, bom. Tenho que ir agora. Vou para a AFA para garantir tudo isso e, bom, iria Delfino, e Ceballos.

GRONDONA: Aí você tem três, Delfino, Ceballos e Vigliano, e desses três administre as duas partidas.

GNECCO: Bom, pronto, pronto, Julio.

GRONDONA: Tchau, querido, tchau.

GRONDONA: E cuidado com os bandeirinhas que coloca, que por aí com aquele, como se chama? Taibi, que tem de tomar cuidado.

GNECCO (Rindo): Não, não, os bandeirinhas...

GRONDONA: Por favor, que faz todo árbitro se o bandeirinha o desmanda.

GNECCO: Julio, isso eu aprendi com o senhor já faz mais ou menos quarenta anos.

GRONDONA: Em 1964, quando jogamos contra o Santos, eu bati Leo Horn, que era holandês, com os dois bandeirinhas.

GNECCO (Rindo): Sim, sim, eu sei.

GRONDONA: Tchau, até logo.

Há quem diga que os 35 mil torcedores que foram ao Pacaembu ver aquele jogo poderiam exigir compensações, num ato que valeria R$ 60 milhões. Mas o maior roubo não foi o do ingresso. Foi o da emoção. Da ideia de que uma partida possa ter sido definida antes do aquecimento do jogador, da preparação do treinador, das filas enfrentadas por milhares de torcedores para apoiar seu time de forma genuína.

Pior: esse roubo parece não ter começado nos últimos anos. No mesmo diálogo, Grondona se gaba do que fez ainda nos anos 1960. O argentino sugere que Gnecco, o responsável pela arbitragem, deve "tomar cuidado" com os bandeirinhas. Gnecco responde quase de maneira elogiosa: "Julio, isso eu aprendi com o senhor há mais ou menos quarenta anos".

E Grondona completa: "Em 1964, quando jogamos contra o Santos, eu bati o [árbitro] Leo Horn, que era holandês, com os dois bandeirinhas". A conversa termina com ambos rindo. Rindo do torcedor, do futebol e dos craques, entre eles Pelé. Naquele ano, Grondona era o presidente do Independiente, time que jogaria contra o Santos nas semifinais da Libertadores. No jogo decisivo, os argentinos venceram por 2 x 1, com dois gols impedidos. Na final, o time de Grondona bateu o Nacional, do Uruguai, e ficou com o troféu.

Na conversa gravada em 2013, o argentino errou o nome do árbitro de 1964. Aquele jogo foi apitado pelo inglês Arthur Holland. Pode ter sido a idade, ou a distância em relação ao evento. Mas isso deixou claro que o resultado havia sido arranjado com a ajuda dos bandeirinhas.

A situação é ainda mais hipócrita porque Grondona era vice-presidente da Fifa, a mesma entidade que colocou como meta lutar contra a manipulação de resultados no futebol para impedir que o crime organizado lucrasse com a bola. Claro, os oligarcas querem lucrar com o futebol sem a concorrência de outros grupos.

Em 2009, a Fifa colocou como seu diretor de Segurança um ex-funcionário da Interpol, Chris Eaton. Sua função era, acima de tudo, zelar pela integridade do jogo. Ele passou a examinar de modo especial a compra de árbitros, de jogadores e de times inteiros por apostadores. "O futebol está em um estado desastroso. A manipulação de resultados para fins criminais é absolutamente endêmica em todo o mundo e, de forma arrogante, ocorre diariamente", declarou Eaton.

O que ele não disse, porém, é que o roubo acontecia nas salas ao lado da sua, cometido pelas mesmas pessoas que defendiam o fair play. Em 2012, quando foi tentar estabelecer um sistema *hotline* em que qualquer pessoa poderia ligar para fazer denúncias anônimas, Eaton recebeu ordens de Joseph Blatter e de Jérôme Valcke para abandonar o projeto. No dia seguinte, pediu demissão. Em 12 de fevereiro de 2012, a Fifa fez um comunicado para anunciar a saída de Eaton, insistindo que a entidade continuaria "totalmente comprometida na luta contra a manipulação de resultados". Salvo se a manipulação fosse realizada por sua própria cúpula, evidentemente.

8. Ponto cego

A crise na Fifa abriu a caixa-preta da entidade e revelou ao mundo como de fato o esporte estava sendo administrado: jogos comprados, sedes compradas, votos comprados e esquemas de subornos que contaminaram o futebol.

Nos meses que se seguiram às prisões dos dirigentes do futebol, dezenas de dissidentes e ex-funcionários aproveitaram a oportunidade para finalmente contar o que haviam vivido dentro da Fifa. Com o FBI como escudo, não foram poucos os que tiveram coragem de apresentar denúncias. Também não foram poucos os candidatos que concorriam à presidência da entidade que viram nesses dissidentes a chance de eliminar inimigos.

Foi isso que ocorreu no dia 17 de setembro de 2015. Um grupo restrito de jornalistas tinha sido convidado para um encontro com empresários do mundo do futebol. Eu estava entre os cerca de dez profissionais chamados a uma sala em um tradicional restaurante de Zurique. Ninguém tinha muita ideia do que esperar. Sabíamos que os empresários prometiam informações relevantes que "mudariam a vida de uma pessoa". *Le Monde*, BBC, *The Guardian*, *Daily Mail*, *Wall Street Journal*, o célebre jornalista britânico Andrew Jennings, algumas publicações alemãs e eu, o único representante de um veículo de comunicação fora do eixo Europa-EUA.

Um grupo de executivos nos esperava, visivelmente ansioso. Um deles era Benny Alon, americano com nacionalidade israelense que jogou futebol nos EUA mas que ficou rico somente depois de abandonar os campos. Passou a vender entradas para grandes torneios e fez fortuna.

Atuando desde a Copa de 1990, na Itália, Alon traria revelações fundamentais que, por tabela, ajudariam a campanha de um de seus melhores amigos, Michel Platini. De posse de e-mails, documentos e contratos, ele acusou pessoas da própria Fifa de ter acumulado milhões de dólares com o controle de uma das peças mais importantes e cobiçadas do mundo do futebol: as entradas para jogos da Copa do Mundo.

"Ingressos para o Mundial são como uma mulher sedutora. Você pode ficar fascinado, mas precisa ter cuidado", comentou Alon. Suas informações mostraram que as entradas para o maior evento esportivo do planeta eram parte de um grande esquema de enriquecimento ilícito. "Você nunca ouviu falar de mim, nossa empresa não tem site nem fazemos publicidade. Mas temos os melhores ingressos para a Copa e vendemos para as grandes empresas", disse. "Só na final entre Argentina e Alemanha, em 2014, eu tinha 1,5 mil lugares no Maracanã. Como você acha que isso é possível?", questionou.

Durante quatro horas, ele e seus advogados levaram o seleto grupo de jornalistas a um mundo até então desconhecido da mídia e dos torcedores: o mercado paralelo de ingressos, organizado não por criminosos em ruas escuras nas proximidades de estádios, mas em escritórios luxuosos na sede da própria Fifa, em Zurique.

O esquema teria sido iniciado no final dos anos 1980, com vistas ao Mundial de 1990. Aquela seria a primeira Copa do Mundo a realmente abrir as portas para a exploração comercial do futebol, depois de um evento no México abalado por um terremoto e a mudança da sede da Copa de 1986. No coração do futebol europeu — a Itália —, com contratos de TV, de marketing e com patrocinadores, o Mundial entraria em uma nova era.

O mesmo fenômeno ocorreria no setor dos ingressos. A Europa, com suas fronteiras abertas e com a facilidade em transportes, aguardava milhares de torcedores de todo o mundo, uma oportunidade que nenhum empresário queria desperdiçar.

Oficialmente, o Comitê Organizador da Copa, liderado pelo italiano Luca di Montezemolo, detinha os direitos sobre todos os ingressos, inclusive sobre os pacotes para as áreas VIP, o segmento realmente lucrativo na venda de entradas. Mas documentos revelaram que um novo empresário começava a se aventurar naquele terreno: o britânico Ray Whelan, que comprou 4,5 mil entradas para os jogos na Itália. Whelan, mais tarde diretor da Match, empresa que detém milhares de ingressos para jogos da Copa, foi a pessoa que, em 2014, acabou presa no Rio de Janeiro, suspeita de atuar na venda de entradas no mercado negro.

Em 1990, porém, ele assinava contratos em nome da empresa Mundicor, e sua atuação deixou os organizadores italianos preocupados. Numa carta para a direção da Fifa, Montezemolo alertava ter sido informado sobre uma fonte de ingressos que "desconhecia". Para ele, a Mundicor violava as regras de exclusividade na venda de entradas.

Para a surpresa de todos os organizadores da Copa de 1990, porém, a resposta da Fifa à carta de Montezemolo não previa punição a Whelan. Pior: aceitava que o britânico fosse autorizado a vender pacotes para os jogos.

Nas edições seguintes dos Mundiais, dois irmãos mexicanos começaram a ganhar espaço na Fifa: Jaime e Enrique Byrom. Ambos tinham relação direta com Whelan: eram cunhados dele. Acumularam poder e direitos nas vendas de entradas e pacotes, atuando sob o controle da empresa Match. "À medida que os anos foram passando, a família começou a controlar cada vez mais os ingressos, a ponto de, em 2002, ficar responsável pela venda de todas as entradas e acomodações", revelou Alon.

Meses antes da acusação do empresário, eu conseguira um documento revelador do poder dos irmãos Byrom dentro da Fifa. Em 2012, sua empresa, a Byrom, concorria com a empresa Kuoni, uma gigante do setor do turismo mundial, para obter o milionário contrato de venda das acomodações para o Mundial de 2018, na Rússia. Em doze páginas de avaliação da licitação, os técnicos da Fifa chegaram à conclusão de que a Byrom não estava capacitada para realizar as vendas de pacotes e que seu modelo comercial não conseguiria sequer cobrir os custos da operação de vendas.

Segundo um informe de 22 de novembro de 2012 debatido na presença do então secretário-geral Jérôme Valcke, o modelo comercial dos irmãos mexicanos era "inviável" e a empresa era "financeiramente duvidosa". Em todos os critérios estabelecidos pela Fifa, a Byrom seria derrotada pela Kuoni.

No que se refere aos critérios sobre a estrutura da Kuoni, a estabilidade financeira e sua experiência no mercado russo, os técnicos deram dezesseis dos vinte pontos possíveis. A Byrom somou apenas oito. A constatação dos técnicos da Fifa foi de que a empresa mexicana tinha "ativos financeiros limitados", enquanto a Kuoni apresentava uma "receita sólida". O exame apontou que a Byrom "não tem experiência na Rússia", ao contrário da concorrente, presente em 160 países.

No critério sobre a oferta de ambas as empresas, uma vez mais a vencedora foi a Kuoni, com vinte pontos, contra apenas onze somados pela Byrom. No terceiro e último critério, sobre os riscos financeiros, a diferença foi ainda maior. A Kuoni recebeu quinze pontos, contra apenas três para os irmãos mexicanos. O documento termina com uma declaração inequívoca. "Recomendação: selecionar a Kuoni. [...] A oferta da Kuoni parece mais profissional, viável e confiável e está baseada em um modelo de parcerias locais", indicou o exame da Fifa.

Mas, para surpresa geral, o contrato milionário foi fechado com Jaime e Enrique Byrom. Os dirigentes simplesmente ignoraram as avaliações técnicas dos próprios funcionários da entidade e, mesmo diante dos riscos financeiros, optaram por deixar a Kuoni fora do evento. Quando questionei os motivos pelos quais a multinacional do setor de turismo fora derrotada, o serviço oficial de imprensa da Fifa informou que as duas ofertas eram "muito parecidas". "Dado que as duas ofertas finais eram muito próximas uma da outra, foi decidido que, para manter a continuidade, a Byrom seria a escolhida, com sua vasta experiência em grandes eventos esportivos, como o provedor de serviços de acomodação para a Copa de 2018", indicou a Fifa.

A realidade é que o poder dos irmãos mexicanos não foi construído de um dia para outro. Desde 2006, no mínimo, a Fifa e Jaime Byrom mantinham um relacionamento que ia muito além de um contrato comercial.

Naquele Mundial da Alemanha, porém, a família Byrom não estava sozinha. Blatter precisava compensar a empresa japonesa Dentsu por tê-lo salvado de um desastre, quatro anos antes. Na Copa de 2002, no Japão e na Coreia, a Fifa acabava de viver o drama da falência da ISL-ISMM, sua empresa de marketing. Num esforço para garantir que a operação pudesse ocorrer e o Mundial não fracassasse, a Dentsu assumiu os trabalhos. A sobrevivência financeira da Fifa — e o cargo de Blatter — estavam salvos.

Nos meses seguintes ao Mundial de 2002, a Dentsu atuou nos bastidores para ganhar um status diferenciado dentro da Fifa e assumir o controle do marketing do futebol internacional. A quebra da ISL-ISMM era o momento perfeito para isso. Ao lado da Publicis, os japoneses criaram a iSe. A nova companhia seria uma das operadoras de ingressos de alto nível, e Benny Alon, um de seus principais executivos.

Em 2003, portanto, não foi surpresa para ninguém o fato de a iSe ganhar um contrato para ter o direito de negociar 346 mil ingressos da Fifa para o Mundial de 2006. Para isso, pagou US$270 milhões — com a promessa de lucros que poderiam chegar a US$500 milhões.

Em junho de 2003, na comemoração do acordo, no restaurante San Francisco, em Paris, Blatter surpreendeu a todos ao aparecer na festa dos executivos. O suíço pediu a palavra e explicou que aquele contrato havia sido dado para a iSe como uma retribuição à ajuda que a Dentsu prestara à Fifa em 2002. "Esse é meu presente a vocês", disse Blatter. Alon contou que um dos diretores da empresa respondeu: "Presente? Pagamos US$270 milhões por isso". A resposta de Blatter foi irônica e arrancou risadas: "Bom, algo tem de ser pago".

Mas a troca de "presentes" não tinha terminado. Documentos da Justiça americana revelam uma série de tentativas do presidente da empresa, Haruyuki Takahashi, de conseguir convencer seus executivos a autorizar a liberação de 2 milhões de euros para Blatter. Num dos documentos entregues pelo executivo Marty Schueren, em 17 de outubro de 2005, ele explica como Takahashi viajou até Frankfurt em março daquele ano para pedir que uma empresa paralela fosse estabelecida na iSe, com capital de 2 milhões de euros.

A proposta gerou constrangimento entre os diretores da entidade, que passaram a questionar os motivos do presidente da companhia. Diante da resistência, Takahashi sugeriu que um contrato fosse fechado entre a iSe e a Intersports para transferir a quantia, que deveria ser entregue em dinheiro vivo. Nenhum serviço seria prestado em troca desse valor. O contrato apenas existiria para legitimar a transferência de recursos.

Takahashi foi atacado internamente uma vez mais e acabou confessando a verdade. "Quando questionado sobre o motivo do dinheiro, Takahashi disse que precisava pagar Blatter, presidente da Fifa, por ter dado à empresa o contrato de hospitalidade para a iSe", apontou o documento. Os executivos da empresa optaram por negar o dinheiro, alertando que "não estavam preparados a ir para a prisão por Takahashi".

Com ou sem presente, a realidade é que a relação entre a iSe e a Fifa passaria por uma profunda transformação antes da Copa de 2006. No dia 8 de agosto de 2005, a empresa foi informada de que a entidade de Blatter seria substituída pelo próprio Jaime Byrom no contrato para a venda de entradas. A partir daquele momento, o mexicano operaria "sob a denominação do Escritório de Ingressos da Fifa". "Ou seja, Jaime seria a Fifa e teria mãos livres para operar", explicou Alon. Nos meses seguintes, de acordo com ele, foi montado um esquema para supostamente desviar milhares de entradas. No total, a Fifa — representada por Jaime Byrom — repassou para a iSe apenas 239 mil ingressos, e não os 346 mil acertados no contrato de 2003.

Além disso, milhares de outras entradas foram devolvidas, consideradas "não vendidas". Segundo Alon, "coisas inexplicáveis ocorreram. Cerca de 2 mil ingressos para o jogo de abertura da Alemanha contra a Costa Rica em Munique foram considerados 'não vendidos' e devolvidos para revenda". Outras 6,5 mil entradas para Alemanha x Polônia seguiram o mesmo caminho. "Como é que alguém pode imaginar que sobrem ingressos para um jogo da Alemanha na Alemanha?", questionou o executivo. De acordo com ele, a realidade é que esses ingressos foram desviados para o mercado paralelo: "Mais de 110 mil ingressos voltaram a entrar no mercado, o que representa um lucro de US$110 milhões". Na prática, os ingressos considerados como "não vendidos" eram devolvidos para a Fifa. Mas, ali, eram recolocados no mercado paralelo, com lucros que iam diretamente para os dirigentes. Na contabilidade da entidade, apenas números globais de renda de ingressos são apresentados, o que impossibilita saber de que forma os lucros foram obtidos.

Numa carta enviada pelo então secretário-geral da Fifa, Urs Linsi, para a direção da iSe, a entidade reconhecia que parte dos ingressos negociados com a empresa estava sendo vendida no mercado negro, sugerindo que teria sido a própria empresa que desviara as entradas. Mas, além de uma bronca da Fifa na iSe, nenhuma medida foi adotada. "Temos informações das autoridades de que a iSe Hospitality tem vendido ingressos sem os benefícios da hospitalidade (pacotes em áreas VIPs, com transporte, alimentação e outros privilégios) por preços bem acima do valor de tabela. Temos evidências, [por meio] de confiscos [realizados pela] polícia fora dos jogos, de que ingressos chegaram até o mercado negro", declarou Linsi, sem prever algum tipo de punição aos responsáveis por essa irregularidade.

Mas foi em 2014 que o esquema desembarcou dentro da própria Fifa. O poder dos agentes que lidavam com o mercado negro não parava de crescer. Na entidade, os dirigentes passaram a negociar parte desses lucros. A iSe já havia fechado as portas e a Dentsu tinha outras prioridades. Os novos atores no mercado eram os operadores da JB Marketing, que fechou um contrato em 2010 com a Fifa para vender pacotes de ingressos VIPs. Liderando o grupo, uma vez mais, estava a figura de Benny Alon.

Em 29 de abril de 2010, o empresário viajou até Zurique para um almoço com o então secretário-geral, Jérôme Valcke, e para fechar um acordo que dava a sua empresa o direito de vender ingressos por quatro Mundiais, de 2010 a 2022. Mas com uma condição: a de que a companhia apenas negociaria as entradas em 2022 se o Mundial ocorresse nos EUA.

O executivo se surpreendeu quando, depois da assinatura do contrato, foi avisado por Valcke de que as coisas não caminhariam como ele havia imaginado. "Valcke me disse: você negociou bem, mas não terá os ingressos para 2022. Esse Mundial ocorrerá no Catar", contou Alon. O problema é que ainda faltavam mais de oito meses para a definição da sede da Copa de 2022 e, naquele momento, ninguém apostava um centavo sequer na escolha do país árabe. Mas, de acordo com Alon, Valcke garantiu: "O Catar deu tanto dinheiro que não se pôde negar-lhes o Mundial".

Alon respondeu que os americanos prometeram vender todos os ingressos para todos os jogos se o Mundial de 2022 fosse realizado nos EUA. "Mas o emir do Catar daria um cheque pagando por todos os ingressos", teria respondido Valcke. Em setembro de 2010, o executivo da Fifa repetiria o alerta a uma mesa de restaurante e na presença da esposa de Alon.

A principal denúncia, porém, seria sobre a revenda de entradas para a Copa de 2014. Pelo entendimento entre a JB Marketing e a Fifa, 11 mil ingressos em locais "nobres" dos estádios no Brasil seriam entregues à empresa, que teria o direito de escolher doze jogos para os quais venderia ingressos acima do valor de tabela. Outros doze jogos seriam escolhidos pela

Fifa. A entidade lhes entregaria um último pacote, envolvendo 2,4 mil ingressos para partidas sem o mesmo apelo comercial.

A JB aceitou o acordo na esperança de manter um canal oficial com a Fifa. Mas em dezembro de 2012, no Rio de Janeiro, Alon procurou Valcke durante a Soccerex, a maior feira de negócios do futebol, e pediu um novo encontro para tratar do assunto. A reunião ocorreu apenas em março de 2013. O empresário viajou dos EUA a Zurique e, no escritório da Fifa, explicou que gostaria de renegociar a questão dos doze jogos mais fracos e obter melhores partidas para o Mundial de 2014. Segundo ele, pelo esquema montado, sua empresa perderia US$300 mil.

"Valcke foi até seu cofre, colocou suas digitais e tirou dali nosso contrato", contou Alon. "Depois de ler e me ouvir, ele perguntou: o que tem aqui para mim? Respondi que poderíamos dividir os lucros em 50% para cada um. Naquele momento, não imaginei que a divisão seria com Valcke, mas com a Fifa, e que a entidade ficaria com 50% do lucro que eu auferisse." A JB venderia as entradas com ágio, e parte do lucro seria repassado para o francês.

Valcke topou. Pelo novo acordo, a JB não mais venderia ingressos para jogos sem muito apelo ao público brasileiro, mas para os principais jogos do Mundial. Isso envolvia todas as partidas da seleção brasileira e a grande final no Maracanã. Ou seja, os ingressos mais cobiçados da Copa de 2014. O valor do ágio na venda dos ingressos seria dividido em partes iguais entre a JB e Valcke. No dia 2 de abril de 2013, Valcke confirmou o acordo por e-mail. Ele e Alon teriam um encontro no dia seguinte, em Zurique.

Entre os executivos da JB, a correria naquele momento era para garantir que Valcke recebesse o dinheiro. O parceiro comercial de Alon, Heinz Schild, conta que foi até um banco em Zurique e retirou de um cofre blocos de notas no valor de US$250 mil. O executivo jamais explicou como chegou ao cálculo de US$250 mil e apenas indicou que aquilo seria "um adiantamento". A mala usada para colocar o dinheiro também era um agrado: tinha o desenho de uma Ferrari branca com uma bandeira da França — o carro e a nacionalidade do dirigente da Fifa.

Mas, na manhã de 3 de abril, às 9h08, o cartola escreveu, a partir de seu e-mail oficial, jerome.valcke@fifa.org:

Estou desembarcando às 11h30; então, perto das 11h45 na Fifa. Tenho um almoço às 12h com Jaime [Byrom], seguido por encontros às 14h e depois às 15h com funcionários. Não tenho ideia de como podemos nos ver. Para os documentos [o dinheiro], deixe-os em algum lugar e lidaremos com isso da próxima vez.

No e-mail, Valcke ainda se mostra preocupado com o impacto disso em uma futura campanha para presidente da Fifa. "Numa potencial corrida para a presidência, não posso olhar para eles [documentos] até que eu tome uma decisão sobre o futuro", escreveu em um dos e-mails a que *O Estado de S. Paulo* teve acesso com exclusividade no Brasil.

Valcke, porém, é bem claro ao falar do valor dentro da mala: "Esse documento é meu fundo de pensão [...] se eu não estiver mais na Fifa ao final de 2014 ou meados de 2015, no máximo".

A operação para a entrega do dinheiro estava abortada. Segundo Alon, a palavra "documentos" era usada por eles para se referir a "dinheiro vivo" — que voltou naquele mesmo dia aos cofres do banco.

A relação entre o empresário e Valcke, porém, foi mantida. Alon continuou a atualizar o francês sobre os lucros da negociata. No dia 23 de abril, um e-mail do empresário ao dirigente da Fifa comemorava os lucros com as vendas: "Estamos nos dando melhor que a Bolsa de Nova York".

Ingressos para os três primeiros jogos da Alemanha na Copa, com valor de tabela de US$190, eram vendidos por US$570, com total conhecimento de Valcke. Para os jogos das oitavas de final, ingressos de US$230 eram vendidos por US$1,3 mil. Dessas entradas, cinquenta eram para jogos em São Paulo, na Arena Corinthians, onde o Brasil estreou na competição contra a Croácia. Cada um deles ganhou US$114 mil pela venda dessas entradas para apenas os três primeiros jogos da Alemanha na Copa. O empresário garante que o dirigente francês teria lucrado milhões ao final do processo: "Ele teve mais de 2 milhões de euros em lucros".

Mas o esquema começou a se complicar. Em dezembro de 2013, Alon foi chamado para uma reunião na Fifa, alertado de que o contrato teria de ser modificado. A explicação veio dois dias depois, alegando que, pela lei brasileira, uma empresa não poderia apenas vender entradas, deveria negociar pacotes de hospitalidade, e quem detinha os direitos nesse caso era a Match. Um acordo foi então costurado para que a Fifa fosse substituída pela Match no contrato com a JB.

Em 12 de dezembro de 2013, Valcke escreveu de seu e-mail particular, jerome.valcke@gmail.com, alertando para o crime que estava sendo cometido e afirmando que Alon teria de aceitar a mudança.

> Benny, se você perguntar para advogados, nada vai acontecer. Você, nós, não temos opção. Caso contrário, o acordo será cancelado pela Fifa ou todos nós enfrentaremos, como pessoas, processos criminais. Isso não é uma piada. É muito sério. Portanto, evite muitos conselhos. *Just do it.*

Outro obstáculo foi levantado pela Match, numa reunião também em dezembro, durante o sorteio da Copa na Costa do Sauípe (BA). Dessa vez, o presidente da Match, Jaime Byrom, alertou que sua empresa não teria como justificar as vendas e as transferências de recursos; portanto, o acordo teria de ser em seu próprio nome.

Uma carta, então, foi redigida, indicando que 11,3 mil ingressos seriam repassados para a JB por Jaime Byrom, que, por sua vez, receberia as entradas da Fifa. O acordo violava as regras da Fifa, segundo as quais nenhum indivíduo tem o direito de vender ingressos. Mas ainda assim o negócio foi mantido.

O esquema financeiro da transação acabou gerando um problema bancário. Para conseguir os ingressos, a JB transferiu dinheiro de Zurique para Londres. Byrom, por sua vez, teria devolvido a quantia para Zurique, para a própria Fifa. O banco que fez a transação acabou expulsando a JB de sua lista de clientes, por suspeita de lavagem de dinheiro.

Somente em 2014 a JB descobriu que fora enganada. Quando os ingressos começaram a ser entregues pela Match para Alon, a fim de que a JB os repassasse aos compradores, os locais nas arquibancadas não obedeciam ao combinado. No lugar de assentos privilegiados, o pacote recebido indicava setores marginais dos estádios brasileiros. A crise se instalou.

"A JB não recebeu nem de perto o que havia sido combinado", acusou Alon. Em 16 de abril de 2014, um e-mail de Valcke para Benny Alon garantia que os ingressos corretos seriam entregues e que isso havia sido discutido com Thierry Weil, diretor de marketing da Fifa. Mas, quando a Copa começou, a JB foi obrigada a contentar-se com os ingressos fornecidos, sem receber o que afirma ter negociado e tendo de lidar na Justiça com clientes que passaram a exigir compensações financeiras por não obterem o que lhes foi prometido.

Se os ingressos recebidos pela JB não eram os combinados, a pergunta que todos se fizeram naquele momento foi óbvia: então, quem é que ficou com as 8 mil entradas nos locais nobres dos estádios da Copa, para os melhores jogos?

Em julho de 2014, depois de o Mundial acabar, Alon foi uma vez mais à sede da Fifa. Queria entender o que havia ocorrido e obter um acordo. Afinal, seus clientes haviam-no ameaçado com processos milionários por não ter entregado os ingressos prometidos.

O empresário relata que a Fifa, depois de forçar uma mudança no contrato antes do Mundial, dessa vez jogava a culpa na Match, afirmando que a JB teria de resolver isso com a empresa dos irmãos Byrom. "A Fifa insistia que aquele problema não era dela", disse o enfurecido Alon.

Mas Valcke entrou na sala momentos depois de o encontro começar em Zurique. De acordo com Alon, ele estava nervoso e dizia que os dirigentes estavam mais preocupados com outra questão: Ray Whelan, diretor da Match, estava preso no Rio de Janeiro, suspeito de fornecer ingressos ao mercado negro.

Segundo os executivos da JB, Valcke sabia do envolvimento do diretor da Match no esquema. "Ele nos disse que Whelan vendia entradas no mercado negro havia muitos anos", explicou Alon aos jornalistas. Também afirmou que teriam de cuidar primeiro de tirá-lo da cadeia no Brasil. "Não sabemos o que ocorreu com os 8 mil ingressos", declarou o empresário. "Só sabemos que Ray foi preso."

GUERRA FRATRICIDA

As revelações de um empresário que confessaria o crime de vender ingressos acima do preço de tabela tiveram um impacto profundo. Enquanto nós, jornalistas, nos preparávamos para publicar o material, depois de confirmar a autenticidade dos e-mails e consultar advogados, Valcke nos enviava de maneira frenética e-mails e SMS afirmando ser inocente. Insistia

Política, propina e futebol

que jamais recebera dinheiro de Alon, apontava para os crimes do empresário e dizia que o contrato da JB havia sido encerrado porque se descobrira que os ingressos eram vendidos acima do preço. Segundo seus advogados, as denúncias eram "fabricadas".

Valcke, porém, não sobreviveu às acusações. Quatro horas depois, a Fifa anunciou que o francês fora afastado do cargo de secretário-geral e que as alegações da JB tinham sido levadas à Comissão de Ética da entidade, que investigaria o caso. Uma vez mais, Blatter tentava se desfazer de seus problemas abandonando supostos amigos, ainda que Valcke tivesse sido seu fiel aliado por anos.

Ciente do que seria revelado para a imprensa, o francês fez de tudo para deixar a entidade antes do encontro de Alon com os jornalistas. Uma semana antes das revelações, tentou convencer a Fifa a pagar-lhe uma compensação milionária para deixar a secretaria-geral, com uma cláusula de que todas as implicações financeiras de eventuais processos deveriam ser cobertas por recursos da entidade. Os valores ultrapassavam a marca de US$8 milhões.

Domenico Scala, o homem responsável pelas auditorias na Fifa e pela reforma na estrutura política da entidade, negou-se a assinar o compromisso. Dois dias antes do surgimento das denúncias, Valcke retornou com uma segunda proposta, que tampouco foi aceita. Não era, porém, apenas a questão financeira que estava fazendo com que os cartolas demorassem para dar o sinal verde para a saída do francês. Algumas pessoas dentro da Fifa sabiam que dois dias depois alguns poucos jornalistas receberiam e-mails, documentos e provas mostrando que Valcke estava efetivamente implicado em um escândalo de ingressos no mercado paralelo durante a Copa de 2014 no Brasil. A meta era clara: "queimar" o dirigente. "Não tínhamos pressa em negociar nada. Queríamos ver o que iria ocorrer", me confessaria um alto dirigente da entidade.

Um dia depois da queda de Valcke, Blatter afirmava a um grupo de executivos que havia ficado "surpreso" com o comportamento do francês nos e-mails. O suíço, uma vez mais, abandonava um aliado na esperança de sobreviver. Em um e-mail enviado a todos os funcionários na sexta-feira 18 de setembro de 2015, Blatter tentou tranquilizar aqueles que continuavam a operar o dia a dia da entidade. "A Fifa está confiante em sua habilidade de recuperar-se da difícil situação atual e restaurar sua reputação pelo bem do jogo", escreveu. Nos dias que se seguiram à queda de Valcke, a Justiça suíça exigiu que a Fifa lhe entregasse todos os e-mails do francês e deu início a uma investigação penal.

Blatter não poderia imaginar, no entanto, que aquele era apenas o início de uma guerra declarada entre pessoas que haviam controlado o futebol mundial por anos. Em 2015, com as alianças fraturadas, cada um tentava se salvar como podia, mesmo tendo de entregar parceiros. O resultado foi uma guerra fratricida que deixou a Fifa desgovernada.

Um símbolo dessa falta de governo foi o evento, em 18 de setembro de 2015, que marcava os mil dias para a Copa de 2018. Os russos haviam organizado uma celebração na praça Vermelha, no melhor estilo dos grandes desfiles do império soviético. Mas Valcke foi obrigado a dar meia-volta em seu jato particular, que já voava para Moscou, ao saber que seria afastado. Blatter nem sequer apareceu no evento, que não passou de um espelho de uma organização que nem ao menos consegue ser representativa em seus próprios torneios.

Com seus computadores confiscados e sob a ameaça da polícia, a Fifa passou a ser de fato controlada por escritórios de advocacia. Blatter contratou a peso de ouro o advogado americano William Burck, do poderoso escritório Quinn Emanuel Urquhart & Sullivan. Ex-conselheiro de George W. Bush na Casa Branca, Burck já defendeu políticos africanos e coleciona a defesa de casos de corrupção. Desde a prisão dos cartolas, em maio de 2015, tudo passa por ele na Fifa, até mesmo as declarações à imprensa e decisões de viagens de dirigentes. Foram os advogados também que recomendaram que o local da reunião ordinária do Comitê Executivo da Fifa em dezembro de 2015 não fosse o Japão, como inicialmente programado, sob o risco de novas extradições aos EUA, incluindo a de Blatter.

No lugar dos cartolas, os assuntos do futebol passaram a ser dominados por um exército de advogados. Timothy Treanor, do escritório Sidley Austin, assumiu a Concacaf. O ex-vice-presidente da Fifa Jeffrey Webb recorreu a Edward O'Callaghan, ex-chefe de Combate ao Terrorismo da unidade de Manhattan do Ministério Público americano. Jack Warner, acusado de propinas na escolha das sedes da Copa, contratou o escritório Brafman & Associates, de Nova York, responsável por conseguir tirar da prisão o ex-gerente do FMI Dominique Strauss-Kahn em um caso de assédio sexual.

Nada disso, porém, blindou o homem que chegou a ser considerado o mais poderoso dirigente esportivo do mundo. Alguns dias depois, foi a vez de Blatter mergulhar em uma segunda onda de acusações que praticamente colocou um fim antecipado ao seu mandato. O Ministério Público da Suíça abriu um processo criminal contra o presidente da Fifa e fez uma operação policial na sede da entidade no dia 25 de setembro de 2015, deixando-a sem governo efetivo.

Desde maio, quando os demais cartolas foram presos em Zurique, o suíço evitava viajar, temendo ser preso no exterior a pedido do FBI. Agora, o processo partia de seu próprio país; Blatter, aos 79 anos, não tinha mais para onde correr. Se condenado, poderia pegar até dez anos de prisão. A Justiça o acusa de "gestão desleal", "apropriação indevida de recursos" e de ter agido "contra os interesses da Fifa".

Uma das suspeitas do Ministério Público se refere à venda de direitos de transmissão de Copas do Mundo para a União Caribenha de Futebol. Blatter repassou os direitos a Jack Warner, seu ex-vice-presidente. Em 2005, Warner controlava a União Caribenha de Futebol e recebeu por US$600 mil os direitos de transmissão para os Mundiais de 2010 e 2014. Esse valor foi autorizado por Blatter, em cartas reveladas pela imprensa suíça. Warner então revendeu os direitos para a própria empresa, com sede nas Ilhas Cayman, a J&D International (JDI).

Em 2007, a JDI, por sua vez, vendeu os direitos para a SportsMax, televisão da Jamaica, por US$20 milhões. Do contrato assinado por Blatter, portanto, constavam apenas 3% do valor do contrato final. "Existe a suspeita de que ele agiu contra os interesses da Fifa", argumentou o Ministério Público suíço. "Esse contrato foi desfavorável para a entidade", afirmou a procuradoria, indicando suspeitas de crimes fiduciários.

A operação ainda foi marcada por um tom de humilhação na Fifa, que acreditava ser impenetrável. Além de questionar Blatter, a Justiça confiscou dezenas de caixas de papéis e documentos. A sala do suíço foi lacrada. Outros dirigentes foram obrigados a deixar seus escritórios, para que fossem vasculhados. Os funcionários da alta direção, instruídos a não se moverem, viram-se obrigados a sentar-se no chão para que a polícia recolhesse todos os documentos e computadores.

Assim como ocorreu em maio, quando sete dirigentes foram presos, o Ministério Público da Suíça esperou pela presença da imprensa mundial na entidade para realizar a ação. Naquele dia, a Fifa reunia seu Comitê Executivo e mais de cem jornalistas aguardavam uma coletiva de imprensa.

O recado era evidente: a Justiça não poupará esforços para desmontar o castelo criado por quarenta anos, e fará isso de forma pública. Ironicamente, a operação ocorreu no mesmo dia em que Blatter publicava uma coluna na revista oficial da Fifa, indicando que estava disposto a colaborar com as investigações, "mesmo que elas ocorram ao lado de casa". Parecia uma premonição.

A operação fez mais uma vítima, esta inesperada para muitos: Michel Platini, o poderoso presidente da Uefa, que, em setembro de 2015, era considerado o favorito para vencer as eleições de fevereiro de 2016.

Segundo o Ministério Público suíço, Platini recebeu da Fifa, em fevereiro de 2011, um total de 2 milhões de francos suíços, numa transferência autorizada por Blatter. O pagamento foi, supostamente, destinado a "trabalhos realizados entre janeiro de 1999 e junho de 2002", quando os dois dirigentes ainda eram aliados e Blatter preparava o francês para sucedê-lo. Uma série de questões levantou suspeitas entre os procuradores: por qual motivo Platini esperaria nove anos para cobrar uma conta por trabalhos fornecidos? Quais foram os serviços prestados pelo francês?

A suspeita era de que o dinheiro havia sido uma compensação dada por Blatter para que Platini não concorresse às eleições de 2011, deixando o caminho aberto para mais um mandato do suíço. Na época, o francês, em plena campanha, não escondia suas intenções de concorrer nas eleições daquele ano. No dia 29 de janeiro de 2011, ele foi se encontrar na Malásia com Mohammed bin Hammam, presidente da Confederação Asiática de Futebol. O árabe buscava um nome para suceder Blatter, tinha dinheiro para financiar a campanha de um opositor e uma ampla rede de contatos. Faltava um nome com um apelo internacional, e tudo indicava que essa pessoa seria Platini. Durante um almoço, Bin Hammam propôs que o francês assumisse a campanha. Mas, para surpresa do mundo do futebol, Platini anunciou em março que não entraria no páreo.

Quatro anos depois, a decisão de não concorrer à eleição e os pagamentos sem justificativa da Fifa voltariam a ameaçá-lo. Com uma plataforma pedindo reforma na entidade, Platini teria de provar o que de fato queria dizer quando defendia "transparência". Nos dias que se seguiram à revelação, ele apenas jurava que o dinheiro era parte de um salário atrasado. Mas jamais explicou qual foi o serviço prestado. De uma forma irônica, os dois homens que passaram anos em uma guerra declarada — Blatter e Platini — voltaram a se unir em setembro de 2015 para evitar que terminassem seus dias na prisão. Em uma carta a todas as federações do mundo publicada no dia 30 de setembro, Blatter saiu em defesa do francês, um contorno inesperado para a relação de ódio entre os dois.

Mas, para dezenas de cartolas, o caso revelou que escolher Platini não significaria mais uma renovação. Zico, que ainda buscava apoio para viabilizar sua candidatura para a presidência da Fifa, também havia alertado, dias antes da operação, que Platini "não era um homem fora do sistema" e que "não faria as reformas necessárias".

Assim que o caso foi deflagrado, em setembro de 2015, executivos que até então apoiavam Platini deram claros sinais de que poderiam mudar as alianças e dispararam ligações ao príncipe Ali bin Hussein, da Jordânia, pedindo que ele se apresentasse uma vez mais como candidato. Um dia depois, ele deu o sinal que muitos esperavam: "A Fifa precisa de uma nova liderança", disse.

Na porta do hotel Baur au Lac, na noite da operação policial, outro dirigente não hesitava em revelar sua tensão diante do impacto do processo sobre o futuro de Platini. "A guerra começou", comentou um dos dirigentes mais poderosos do mundo, Ahmad al-Fahad al-Sabah, membro do Comitê Executivo da Fifa que tinha dado seu apoio ao francês. Já Jérôme Valcke, inimigo de Platini, comemorava o envolvimento do francês no processo judicial. "A eleição agora é algo distante", escreveu em um e-mail a amigos.

Duas semanas depois, o golpe viria contra Blatter e Platini. O Comitê de Ética da entidade decidiu suspendê-los do futebol por noventa dias, enquanto seus casos eram avaliados. Na prática, a medida era o auge de uma crise que havia começado cinco meses antes e que, como num filme de Quentin Tarantino, havia deixado poucos sobreviventes.

Questionados pelos membros da auditoria da Fifa, nem Blatter nem Platini tinham conseguido explicar o motivo pelo qual os 2 milhões de francos suíços foram pagos. Ambos concordaram que não existia um contrato escrito que justificasse o pagamento e, de uma forma irônica, se aliavam para tentar dar uma resposta coerente aos investigadores internos e externos da Fifa.

Mesmo que a versão de que se tratava de um salário atrasado fosse considerada verdadeira, os integrantes do Comitê de Ética e do Ministério Público suíço alertavam que ambos haviam fraudado e falsificado os balanços financeiros da Fifa. Afinal, onde é que aquele valor foi oficialmente descrito nas contas da entidade em todos esses anos? O risco que eles corriam não era de apenas uma suspensão, mas de prisão.

No caso de Blatter, a medida poderia antecipar seu fim, que ocorreria de toda forma em fevereiro de 2016. Mas, no fim de 2015, o suíço era apenas uma sombra do homem que fazia reis e presidentes o receberem com todas as honras de Estado. Dias antes de ser suspenso, ele havia perdido o apoio das poderosas multinacionais que financiavam a organização. Se no momento das prisões de maio de 2015 elas já haviam mostrado sua preocupação com a crise e forçado Blatter a convocar novas eleições, agora se davam conta de que essa transição lenta e gradual estava destruindo a entidade. Em outubro, essas empresas tomaram uma posição radical: o suíço precisava deixar o poder imediatamente. Sem o consentimento daqueles que aplicaram US$1,4 bilhão apenas na Copa de 2014, a posição de Blatter já era insustentável.

"Pelo bem do jogo, ele [Blatter] deve renunciar imediatamente para que um processo sustentável de reforma seja realizado", pediu a Coca-Cola, parceira oficial desde 1978 e que desde a Copa no Brasil em 1950 compra espaços publicitários em jogos dos Mundiais. "A cada dia que passa, a imagem e a reputação da Fifa continuam a ser afetadas", disse a fabricante de bebidas. "A Fifa precisa de uma reforma urgente e total e que apenas poderá ser realizada se for conduzida de maneira verdadeiramente independente."

Outro patrocinador, o McDonald's, também retirou seu apoio. "Acreditamos que será de melhor interesse do jogo que Blatter deixe o cargo imediatamente, para que um processo de reforma possa ocorrer com a credibilidade de que se necessita", defendeu. A Anheuser-Busch InBev, também patrocinadora da Copa, lançou o mesmo alerta, sugerindo que

Blatter se transformara em um "obstáculo" para a reforma da Fifa. "Seria apropriado ao sr. Blatter que ele deixasse o poder", indicou.

Nem a Visa, que passou a fazer parte da Fifa graças a Blatter, o perdoou. "Nenhuma reforma real pode ser feita sob a atual liderança", alertou a empresa. "Dado o que ocorreu, está claro que o melhor para a Fifa seria a saída imediata de Sepp Blatter", declarou a companhia, usando até mesmo seu apelido da juventude.

Naquele momento da pressão institucional, o cartola ainda achava que poderia resistir. "Blatter respeitosamente discorda da posição [das empresas] e acredita que deixar o cargo agora não serviria nem ao melhor interesse da Fifa nem das reformas", disseram seus advogados. "Ele não irá renunciar", garantiram. Mas a realidade é que em menos de seis meses a entidade deixou de fechar contratos de patrocínio para a Copa de 2018 avaliados em mais de US$200 milhões, enquanto outras marcas abandonaram o barco.

Faltava apenas o último empurrão, o que veio da própria estrutura da Fifa. No dia 8 de outubro de 2015, quase quarenta anos depois de entrar na entidade, Blatter deixava a organização pela porta dos fundos. O homem que chegou a ser um dos dirigentes mais poderosos do planeta, recebido com tapete vermelho e que colecionava condecorações oficiais, era obrigado a entrar escondido em um carro para impedir os fotógrafos de ter uma última imagem sua.

Ele não poderia mais ter acesso a seu escritório, que foi lacrado, nem ao mundo do futebol. Para quem já estava evitando viagens internacionais, com medo de ser preso por ordens do FBI, nem mesmo sua permanência na Suíça evitou que ele fosse destituído de todo o poder. Um fim melancólico, ainda que as possibilidades de recursos legais existissem.

Já Platini tentaria sobreviver. Além de acusar o processo de "injusto", o francês passou a denunciar o uso do Comitê de Ética da Fifa por Blatter, para enterrar seus opositores. A tese de aliados do francês era de que Blatter havia tomado a decisão de que, se ele caísse, Platini iria junto no tombo.

A suspensão significava, na prática, que o ex-craque, que havia se apresentado como o homem que limparia a Fifa, teria sérios problemas para ter sua candidatura para as eleições de 2016 validada. Isso sem contar o fato de que criaria uma profunda saia justa entre os aliados que tentassem justificar o apoio e o voto a uma pessoa que não conseguia explicar um depósito milionário em sua conta. Não demorou para que os ingleses, dinamarqueses e representantes de outras federações europeias indicassem que estavam "suspendendo" o apoio ao pleito do francês. Fosse qual fosse o destino de Platini, a mancha em seu currículo estava feita.

A realidade era que o caos que começou em maio de 2015 deixava a Fifa, cinco meses depois, sem presidente, sem vice-presidente, sem secretário-geral, com a ira dos patrocinadores e com um sentimento mundial de que teria de ser refundada.

Blatter, Valcke, Platini, Webb, Warner, Marin, Figueredo, Teixeira, Bin Hammam, Leoz, Blazer. Uma geração inteira de dirigentes presos, acusados, sob suspeita ou simplesmente afastados. Uma guerra pelo poder que não poupou ninguém. O futebol conhecia, ao final de 2015, um de seus momentos mais dramáticos. Mas, apesar do impacto das revelações e do fim dos reinados, a onda de limpeza do esporte parecia estar apenas no início. "Ainda não estamos nem na metade do jogo", alertou Michael Lauber, procurador-geral da Suíça, em setembro de 2015.

Segunda parte

O saque do século: a Copa da Fifa

9. Uma final dos sonhos

13 de julho de 2014 — Maracanã, Rio de Janeiro

Domingo de sol. Estádio lotado. Palco dos sonhos para uma final de Copa do Mundo. Por algumas horas, o Maracanã foi o centro do mundo. Ingressos eram vendidos no mercado negro pelo preço de um carro popular, e a lista de "torcedores" incluía num mesmo local um grupo que provavelmente jamais se encontraria em nenhuma outra parte do planeta: cantores, políticos, reis, esportistas, ditadores. Todos tinham algo em comum naquele domingo: por mais poderosos que fossem, eram meros espectadores diante das reais estrelas, em campo.

Lembro-me de ver, na tribuna de honra, como o presidente russo Vladimir Putin, ou mesmo a chanceler alemã Angela Merkel, eram ignorados pelos torcedores e pela imprensa enquanto a bola rolava. Nas arquibancadas estavam 74 mil pessoas, incluindo 1,5 mil convidados especiais e 2,5 mil jornalistas. Pelo mundo, bilhões de pessoas pararam para ver aquele jogo. Com 26 mil policiais circulando pelo Rio, 100 mil argentinos na cidade e dezenas de autoridades, a final foi considerada "de alto risco". Nunca um só evento contou com um esquema de segurança tão grande no Brasil.

Aquela era a terceira disputa de título entre Argentina e Alemanha. Em 1986, no México, o time de Diego Maradona venceu por 3 x 2. Quatro anos depois, os alemães deram o troco, com um magro 1 x 0, mas suficiente para levar o troféu. A partida de 2014, portanto, era o tira-teima entre duas das seleções mais tradicionais do mundo. Um confronto que o Maracanã merecia. Desde o primeiro minuto, ficou claro que o bom futebol seria a marca daquele jogo. Os dois times não tiveram medo de arriscar, de ousar. Qualquer um deles poderia ter saído do Rio campeão.

Mas com paciência e organização, e tendo resistido sem abalo psicológico à pressão dos argentinos, o time europeu levou a taça. Faltavam apenas sete minutos para o fim da prorrogação quando o alemão Schürrle, que havia entrado como substituto de Marcos Reus, cruzou a bola para a área e Götze, de 22 anos, mandou para o gol com uma simplicidade de garoto.

Aos alemães sobravam motivos para comemorar. Uma campanha quase perfeita, com seis vitórias e um empate, o melhor ataque do torneio e uma goleada histórica sobre os donos da casa, 7 x 1. Pela primeira vez desde 1930, uma seleção europeia vencia um torneio nas Américas. O tabu havia acabado. Os vencedores conquistavam sua quarta estrela de campeão do mundo e, com 273 finalizações, transformavam-se na seleção com a maior quantidade de gols em 106 jogos da Copa — o maior número de partidas disputadas. Tudo isso em uma final que lustrou ainda mais o merecido título.

Essa, portanto, foi a Copa do Mundo de 2014 em campo. Repleta de sonhos, pesadelos, viradas heroicas, mitos enterrados e uma audiência planetária.

Os anfitriões, que haviam se comportado como se já fossem os campeões do mundo, caíram de joelhos e receberam uma lição do verdadeiro país do futebol. Novos atores surgiram, vilões e corruptos se fizeram presentes. Mas a arte se vingou e, nos gramados, ganhava novos e inesperados contornos, como se adicionássemos novas peças a cada giro de um caleidoscópio.

Se ainda existia a crença de que a bola é a estrela, o torneio apenas reforçou a tese do escritor brasileiro Nelson Rodrigues de que o que se busca no futebol "é o drama, a tragédia, o horror, a compaixão". Parte disso tudo desfilou nos gramados brasileiros naqueles dias de junho e julho de 2014. Mas, quando o apito final soou, não marcou o final da história.

Um incidente relembrou ao mundo um mal-estar que havia sido esquecido durante os 113 minutos da decisão. Ao entrar no palco para entregar a taça ao campeão do mundo, a presidente do Brasil, Dilma Rousseff, e o presidente da Fifa, Joseph Blatter, foram alvos de uma estrondosa vaia. Mas o que fariam torcedores em delírio, ou ainda secando as lágrimas da derrota, interromper suas emoções para protestar?

A resposta não estava em campo, mas nos estádios, nos comerciais, no abuso de poder, na corrupção e na tentativa de sequestrar o futebol.

O constrangimento ficou claro no rosto de Dilma, visivelmente incomodada com a vaia transmitida ao vivo para todo o planeta. Naquele instante, o Maracanã era apenas a caixa de ressonância de uma torcida que também revelou ser cidadã. A Copa mais cara da história, paga com dinheiro público, havia terminado. O Brasil não ganhou nem em campo nem fora dele, e o evento passou para a história como um dos maiores engodos que a sociedade brasileira já viveu.

O Brasil foi roubado. Saqueado. E de forma institucional, com regras, acordos e nota fiscal. Não apenas pela Fifa, que invadiu o país, mas também por grupos domésticos, que atuaram como cúmplices desse esquema. A Copa do Mundo, o maior evento do planeta, foi apropriada por empresários e dirigentes que, com a ajuda de políticos locais, enriqueciam ainda mais. A Copa de 2014 foi, acima de tudo, a imagem mais perfeita de uma estrutura comercial e de poder que usou o torneio para transformá-la em uma máquina de riqueza para alguns poucos.

10. "A Copa não terá dinheiro público"

30 de julho de 2007 — hotel Baur au Lac, Zurique

No bar do aristocrático e decadente hotel Baur au Lac, em Zurique, o então presidente da CBF, Ricardo Teixeira, me chamou para uma conversa. O cartola estava no auge de seu poder, parecia ser inquestionável na Justiça, havia supostamente comprado sua proteção política no Congresso e não escondia que sua meta era ser o próximo presidente da Fifa. O objetivo dele naquela conversa era mostrar o que seria o projeto do Brasil, ou melhor, da CBF, para sediar a Copa do Mundo de 2014 — um trampolim pessoal. Enquanto eu folheava o documento que ele apresentaria no dia seguinte à Fifa, Teixeira insistia sobre a qualidade do projeto gráfico da proposta. "Olha que beleza", dizia.

Eram fotos dos locais turísticos do país, promessas de obras que jamais seriam realizadas, clichês sobre o Brasil, tudo em tons de verde e amarelo. Tratava-se de um dossiê de R$ 1,2 milhão de um país imaginário, reforçado por estereótipos de uma nação que, longe do mundo de cartolas e de campanhas baratas, tentava se apresentar também como moderna e desenvolvida.

Teixeira rapidamente me alertou: "A grande vantagem dessa Copa do Mundo é que ela não custará um centavo do dinheiro do contribuinte. Não precisamos disso". Um pouco mais tarde, na mesma conversa, ele completou: "Eu nem quero dinheiro público nessa Copa". Fazia até sentido. Receber dinheiro público significaria, para a CBF, a intervenção do Estado em uma organização que jamais prestou contas, afirmando ser uma entidade privada, apesar de controlar o que seria o esporte "mais democrático" do mundo.

Foi a última vez que falei com Teixeira num contato pessoal. Eu sabia que sua afirmação de que não haveria dinheiro público na Copa era uma mentira. Ao longo dos anos, os governos dos países-sede sempre investiram na realização dos Mundiais.

Meu encontro com o cartola foi fortuito. Não era com ele que eu queria falar naquela noite. Eu estava em Zurique, enviado pelo jornal *O Estado de S. Paulo*, para entrevistar Romário, que na época era um dos "embaixadores" da candidatura do Brasil. Naquele tempo, Romário não via problemas em apoiar Teixeira. No dia seguinte, o presidente da CBF, junto com Romário e o escritor Paulo Coelho, outro "embaixador" da candidatura, apresentaria o dossiê do Brasil 2014 para a equipe da Fifa.

Um atraso no voo do ex-jogador, hoje senador, acabou colocando aqueles que o esperavam em torno de uma mesma mesa; entre esses, eu. Teixeira e Paulo Coelho trocavam impressões sobre o passado, sobre o fato de terem frequentado o mesmo colégio, e teciam comentários impublicáveis sobre ex-colegas e professoras. No canto da mesa, um francês apenas escutava o cartola falastrão e o "mago", sem entender o idioma e ocasionalmente acompanhando o grupo nas gargalhadas. Era Jérôme Valcke, recém-empossado secretário-geral da Fifa. O que eu não sabia naquele momento era que Valcke havia sido contratado por ordens de Teixeira para fazer o dossiê da candidatura do Brasil, ao mesmo tempo que era pago pela Fifa.

Anos depois daquela conversa numa mesa de bar no verão europeu, a constatação é de que a Copa pouco se assemelhou às promessas feitas por Teixeira. Governos tiveram um papel central na construção de vários estádios, mas, acima de tudo, foram cálculos políticos, alianças partidárias e interesses eleitoreiros que moldaram os calendários da Copa. Em sete anos, descobriu-se que os estádios para o Mundial custaram mais de três vezes o valor que a CBF informou à Fifa quando apresentou o projeto da candidatura do país. A Copa de 2014 se transformou na mais cara da história, com um valor superior a tudo que a Alemanha e a África do Sul gastaram, juntas, para realizar os Mundiais de 2006 e 2010. E isso sob a justificativa de que o Brasil é o "país do futebol", de que esses gastos teriam uma contrapartida econômica e social para as cidades da Copa.

Mas será que a sociedade brasileira teria apoiado o projeto se os reais custos do Mundial lhe tivessem sido apresentados?

Um primeiro levantamento técnico da Fifa sobre o Brasil, elaborado em 30 de outubro de 2007, trazia a informação de que os estádios custariam US$1,1 bilhão. O informe foi produzido e assinado por Hugo Salcedo, que coordenou a primeira inspeção no Brasil, entre agosto e setembro de 2007.

"A CBF atualmente estima que os investimentos relacionados a construção e reformas de estádios estão em US$1,1 bilhão", escreveu Salcedo. Curiosamente, a Fifa visitou apenas cinco das dezoito cidades que naquele momento tentavam ser selecionadas para receber a Copa. Das doze sedes que permaneceram no calendário do Mundial, não foram visitadas Fortaleza, Recife, Salvador, Natal, Curitiba, Cuiabá e Manaus. A realidade é que a Fifa fez seu principal informe sobre a capacidade do Brasil em realizar uma Copa do Mundo visitando menos da metade das cidades-sede. É verdade que, já na época, a Fifa não disfarçava que o trabalho de reforma e construção dos estádios seria um desafio para o Brasil. Diplomática, a entidade apontava que o país tinha um histórico que comprovava sua capacidade de realizar grandes eventos. "Mas os padrões e exigências da Fifa vão superar, em muito, qualquer outro evento realizado no Brasil, em relação a magnitude e complexidade", declarou o documento de Salcedo. O alerta estava dado.

O time de inspeção, coordenado por Salcedo, recomendava à Fifa um monitoramento cuidadoso da situação e anunciava que os estádios brasileiros precisariam passar por amplas reformas. "Nenhum dos estádios no Brasil está em condições de receber um jogo da Copa", dizia o informe de 2007. "A Fifa deve prestar especial atenção aos projetos." Os inspetores ainda levantaram dúvidas sobre o Maracanã. "O estádio, em seu estado atual, não atende às exigências para receber um jogo da Copa. Um projeto de renovação mais amplo teria de ser avaliado." Essas exigências incluíam desde um estacionamento para os torcedores até a visibilidade do campo e as condições do gramado, além dos locais para a imprensa.

"A Copa não terá dinheiro público"

Entre 2007 e 2014, a conta dos estádios passou para R$ 8,9 bilhões, o que na época significaria cerca de US$3,5 bilhões e mais de três vezes o valor inicial do projeto, de US$1,1 bilhão. Somente podemos especular sobre o "erro de cálculo". Ou quem fez os estudos em 2007 simplesmente se equivocou nas contas ou o informe e o valor não passavam de mais uma grande mentira da preparação do Brasil para o evento. O que também chama a atenção é que, no mesmo informe, a Fifa elogiou a CBF, apontando que a entidade havia demonstrado muito "profissionalismo" ao chegar a um orçamento para o projeto da Copa.

Seja qual tenha sido a razão do "erro" de mais de R$ 6 bilhões, a realidade é que as obras no Brasil colocaram as cidades do país no mapa do futebol mundial. Mas não exatamente por motivos esportivos. Uma comparação dos valores pagos pelas arenas no Brasil com aquelas em outros países revela que um dos legados do Mundial foi a coleção dos estádios mais caros do mundo. Dos vinte mais custosos espalhados pelo planeta, dez deles estão no Brasil.

Para chegar a esse dado, basta avaliar o informe que a KPMG, uma das maiores empresas de consultoria e auditoria empresarial do mundo, produz a cada dois anos sobre estádios e comparar com os valores apresentados no Brasil. A consultoria, que não inclui em seu levantamento as arenas brasileiras, prefere avaliar os custos levando em conta o número de assentos, não o valor total. Isso porque, segundo os especialistas, não faria sentido comparar uma arena para 35 mil lugares com outra para 71 mil.

Com essa metodologia, os dados de 2011 da KPMG revelam que o estádio mais caro do mundo é o de Wembley, onde cada um dos assentos custou 10,1 mil euros. O segundo também fica em Londres. Trata-se do Emirates Stadium, onde cada assento custou cerca de 7,2 mil euros. Se o estudo levasse em conta os estádios brasileiros, a terceira posição seria do Mané Garrincha, em Brasília. Com o maior investimento do Mundial, o estádio teve um custo de 6,4 mil euros por assento. O Maracanã apareceria na sétima posição, mais caro que a Allianz Arena, em Munique. Manaus, cidade sem tradição no futebol, viria na décima colocação, com praticamente o mesmo preço por assento do estádio do Basel, situado em um dos países com os maiores custos de mão de obra do mundo, a Suíça.

193

Já a Arena Corinthians, em São Paulo, seria o 12º estádio mais caro do mundo, seguido por Arena Pantanal (Cuiabá), Arena Pernambuco (Recife), Fonte Nova (Salvador) e Mineirão (Belo Horizonte). Todos esses seriam mais caros que estádios como o da Juventus, em Turim, considerado o mais moderno da Itália e tido como exemplo de gestão. O Castelão, em Fortaleza, e o estádio de Natal também estariam entre os vinte mais caros.

A Fifa, em 2013, insistiu em desmentir esses números e alertou que a comparação, para ser justa, precisaria incluir ainda os estádios da Eurocopa de 2016, na França, e da Copa da Rússia, em 2018. Além disso, a entidade argumentou que os valores das obras no Brasil estavam em linha com os custos dos estádios europeus. A explicação é surpreendente, porque não havia, em 2014, como comparar os custos de terreno e mão de obra da Europa com os custos brasileiros. Além disso, mesmo com a inclusão dessas obras futuras os estádios brasileiros estariam entre os mais caros do mundo.

Outro estudo, da ONG dinamarquesa Play the Game, reforça essa herança deixada no Brasil. Em média, cada assento nos doze estádios brasileiros custou US$5,8 mil. O valor é superior ao das três últimas Copas do Mundo. Ainda que isso não surpreenda por conta de uma progressão normal dos preços, os valores deram um salto justamente no momento em que a economia mundial sofria sua maior contração em setenta anos e em que nenhum setor registrava inflação. A exceção, porém, parece ter acontecido nos gastos do Mundial. Na África do Sul, em 2010, a média foi de US$5,2 mil. Na Alemanha, em 2006, foi de US$3,4 mil. Já no Japão, em 2002, chegou a US$5 mil.

Em apenas nove meses, o custo das obras dos estádios aumentou em quase R$ 700 milhões, segundo dados oficiais do Comitê Organizador Local (COL) da Copa, publicados na quinta edição do balanço geral do andamento das obras da Matriz de Responsabilidades, uma espécie de mapa dos compromissos oficiais assumidos pelo país para o Mundial. Os quatro estádios inteiramente públicos do Mundial — Fonte Nova, Maracanã, Arena Amazônia e Arena Pantanal — iriam custar, inicialmente, R$ 3 bilhões. Mas o valor saltou para R$ 3,692 bilhões. A diferença seria suficiente para construir mais uma obra das proporções da Arena Corinthians. Resumindo: sete anos depois de receber o direito de sediar a Copa, o Brasil bateu todos os recordes em gastos com estádios. Isso tudo sem

"A Copa não terá dinheiro público"

falar nas despesas do governo com obras de infraestrutura para garantir o acesso dos torcedores aos campos e às cidades-sede, incluindo aeroportos e sistema de transporte. Em abril de 2013, o governo estimava que a Copa teria um custo total de R$ 25,5 bilhões. Em julho, o secretário-executivo do Ministério do Esporte, Luís Fernandes, anunciou que o valor subira para R$ 28 bilhões, um aumento de mais de 10%. Se comparado com as previsões de 2011, esse valor já estava R$ 6 bilhões acima do previsto, uma inflação de 27%.

Mas vamos nos concentrar apenas nos estádios. O que ocorreu entre 2007 e 2014 para que as obras da Copa tenham triplicado de preço?

Na preparação para a Copa na Alemanha também houve aumento no valor das obras, mas não sem que uma explicação fosse dada. Em 2004, Karl-Heinz Wildmoser, então presidente do time TSV 1860 Munique, e seu filho, Karl-Heinz Wildmoser Jr., que na época ocupava o posto de chefe-executivo do estádio Allianz Arena de Munique, foram indiciados por corrupção na construção do estádio, que seria um dos símbolos da Copa. O presidente do time conseguiu evitar a prisão, mas teve de deixar o comando do clube. Já seu filho foi condenado por fraude nos contratos do estádio e por ter recebido propinas de 2,8 milhões de euros. Ficou quatro anos e meio preso.

No caso brasileiro, ninguém veio a público explicar por qual motivo o Mundial custou três vezes mais do que se imaginava em 2007. Mas esse teria sido o menor dos problemas se a promessa de Teixeira de que o evento seria bancado por dinheiro privado tivesse sido cumprida. Além de os orçamentos para os estádios terem sido multiplicados por três, quem bancou esse aumento foram os cidadãos, que haviam recebido garantias de que seu dinheiro não seria usado.

A promessa de que a Copa seria um evento "privado" foi mantida por apenas dois anos. Tudo começou a mudar em 2009. Naquele ano, em função de Ricardo Teixeira não ter cumprido sua promessa, o então presidente Luiz Inácio Lula da Silva abriu as portas para a participação pública no Mundial. Na realidade, o que ele abriu foi a torneira para bancar a Copa. O Banco Nacional de Desenvolvimento Econômico e Social (BNDES) anunciou o início de um amplo projeto para financiar estádios de futebol, iniciativa que mudaria de forma radical o perfil do Mundial.

O sinal verde veio depois de uma reunião no dia 27 de outubro de 2009, no Centro Cultural Banco do Brasil (CCBB) do Rio, entre Lula e o então ministro do Esporte, Orlando Silva, que passou a ser alvo de denúncias de corrupção até cair, dois anos depois, ainda que elas não tenham sido comprovadas. Também estavam presentes naquela decisão os então ministros de Planejamento, Orçamento e Gestão, Paulo Bernardo, e das Cidades, Márcio Fortes.

Não são poucos os representantes do governo que insistem em dizer que é um absurdo citar o BNDES como prova de que dinheiro público foi gasto em estádios. Afinal de contas, são empréstimos que serão devolvidos. Durante a Copa das Confederações de 2013, com milhares de pessoas protestando nas ruas, a presidente Dilma Rousseff desafiou o conceito de "coisa pública" ao usar seu pronunciamento em cadeia nacional de rádio e televisão para negar que houvesse dinheiro federal no Mundial. Uma vez mais, ela negou que os empréstimos do BNDES pudessem ser considerados dinheiro público. "Em relação à Copa, quero esclarecer que o dinheiro do governo federal, gasto com as arenas, é fruto de financiamento que será devidamente pago pelas empresas e governos que estão explorando esses estádios. [Eu] Jamais permitiria que esses recursos saíssem do orçamento público federal, prejudicando setores prioritários como a saúde e a educação", disse Dilma.

Sua declaração, milimetricamente calculada, não deixa de ser verdadeira. De fato, o dinheiro não sai diretamente do orçamento público federal. E terá de ser devolvido. Mas terá de ser devolvido por quem? Quando? E em quais condições?

Dos doze estádios, nove foram bancados por governos estaduais. No fundo, quem estava pegando esse financiamento eram autoridades públicas, que obviamente irão devolver o empréstimo com mais dinheiro público.

Outro aspecto aparentemente esquecido por Dilma: o crédito do BNDES é sempre realizado em condições privilegiadas. Ou seja, com uma taxa de juros mais baixa. Na prática, trata-se de um empréstimo subsidiado pelo governo e com recursos que poderiam ser usados para outros fins pelo próprio Estado.

Em 2003, o governo brasileiro foi condenado na Organização Mundial do Comércio (OMC) por fornecer subsídios públicos para a exportação

"A Copa não terá dinheiro público"

de jatos da Embraer — prática que o mercado mundial de aviação considera ilegal. Os juízes da OMC concluíram que o mecanismo usado para financiar a Embraer era composto por dinheiro do Estado e, portanto, ilegal nesse caso. O recurso provinha do BNDES. Naqueles anos, o então embaixador brasileiro na OMC e depois ministro da Defesa, Celso Amorim, justificava o fato de o BNDES dar empréstimos com taxas de juros subsidiadas como política de Estado. A Embraer também devolveria o dinheiro. Mas nem por isso os juízes internacionais consideraram que o recurso do BNDES fosse privado. A OMC chegou à conclusão de que o dinheiro do BNDES era uma forma de subsídio do Estado brasileiro. Fica difícil entender, então, como o financiamento de estádios seria visto de outra maneira.

Em seu site, o banco dá algumas pistas de seu papel. Lá, ele é citado como uma "empresa pública federal". Mais adiante, ao explicar sua missão, o BNDES aponta que sua atuação "é norteada pelo espírito público, expresso pelo compromisso inarredável com os interesses da sociedade brasileira, o foco na coletividade e o zelo com os recursos públicos". Para completar, o banco insiste que atua "em função das prioridades estabelecidas democraticamente pelas políticas de governo". Portanto, somente podemos concluir que a decisão do governo de bancar estádios foi uma "prioridade" estabelecida democraticamente.

As condições oferecidas para quem quisesse pegar os empréstimos federais não poderiam ser mais suaves. As obras seriam financiadas em até 75%, e a empresa ou o governo estadual teria doze anos para devolver o dinheiro. A conta da Copa do Mundo, portanto, será fechada apenas em 2021, às vésperas da Copa do Catar. Como em qualquer outro empréstimo do BNDES, os benefícios dados pelo Estado a quem pegou o recurso não param por aí. A empresa responsável por um estádio teria uma carência de três anos para começar a devolver o dinheiro, com juros bem inferiores aos que um banco comercial cobraria. Por ano, a taxa seria de apenas 1,9%, menos do que cobra um banco na Suíça.

Na época em que os empréstimos foram oferecidos, em 2009, apenas três dos doze estádios eram privados: Morumbi, em São Paulo; Beira-Rio, em Porto Alegre; e Arena da Baixada, em Curitiba. "A linha de crédito do BNDES tem um teto de R$ 400 milhões por estádio. O banco vai financiar até 75% das obras, com três anos de carência e o prazo de doze anos para

Política, propina e futebol

o pagamento. Os juros serão TJLP [Taxa de Juros de Longo Prazo], mais 1,9% ao ano", afirmou Orlando Silva ao sair da reunião com Lula, em 2009. Sua declaração contradizia o que ele mesmo havia anunciado em 29 de novembro de 2007, na abertura do VIII Encontro Nacional de Arquitetura e Engenharia: "o governo pensa em não destinar dinheiro público para a construção ou remodelação de estádios. Essa questão deve partir da iniciativa privada".

Ao tentar justificar a mudança radical no comportamento do governo, Lula deu uma explicação em uma entrevista à ESPN em 2009 que, mais uma vez, desafia o conceito do que é "dinheiro público". "O governo federal, através do BNDES, se dispôs a criar uma linha de financiamento em que nós emprestamos o dinheiro ao governo do estado, se o estádio for público, ou emprestamos à empresa que for dona do estádio, ou seja, não é dinheiro público, é um financiamento [...] os governadores tomarão dinheiro emprestado e terão que pagar", declarou. Em parte, ele e o governo não tinham escolha. A CBF, com ou sem o objetivo de ser arcada pelo governo, abandonou a tese de que o Mundial ocorreria sem dinheiro público.

Em 2010, governadores foram até Brasília pedir a Lula que os empréstimos do BNDES para a Copa fossem repassados aos estados em uma condição extralimite. Em outras palavras, que não fossem contabilizados no cálculo do limite de endividamento dos estados nas negociações de outros empréstimos. Um dos que defenderam essa prática foi o governador mineiro Aécio Neves, antes de renunciar, em 31 de março de 2010, para concorrer ao Senado.

Não há como negar: a Copa foi preparada com dinheiro público, por mais que alguns políticos tentem convencer a população de que isso não é verdade. E o empréstimo feito por estados nem sequer entrou no cálculo do endividamento público. Uma engenharia estratégica nas contas da União.

Em 2009, momento de virada na posição da CBF e do governo, fui até a Fifa questionar o secretário-geral, Jérôme Valcke, a respeito do fato de a promessa sobre as verbas públicas estar sendo ignorada. Sua resposta foi reveladora. "Não cabe a mim decidir se o dinheiro será público ou privado. O que eu quero é a garantia de que os estádios serão construídos", declarou. A Fifa lavava suas mãos.

"A Copa não terá dinheiro público"

Quase sete anos depois da escolha do Brasil para sediar o Mundial e do início das obras, os números mostram que a CBF não foi capaz de cumprir a promessa de fazer uma Copa sem dinheiro público. Dos R$ 8,9 bilhões usados nos estádios, o BNDES financiou R$ 3,9 bilhões. Foram R$ 400 milhões para o Mineirão, R$ 311 milhões para a Arena Pantanal, R$ 351 milhões para o Castelão, R$ 360 milhões para Manaus, R$ 383 milhões para Natal, R$ 400 milhões para o Maracanã, R$ 323 milhões para a Fonte Nova e R$ 124 milhões para Curitiba. No caso do estádio do Beira-Rio, o empréstimo foi bem menor, de R$ 87 milhões. Mas o local só foi erguido graças a outros R$ 87 milhões do Banco do Brasil e R$ 87 milhões do Banrisul, todos bancos públicos.

Essa conta revela apenas o valor dos empréstimos. Se levarmos em consideração o que o BNDES deixará de ganhar ao emprestar com juros reduzidos, outros R$ 189 milhões em subsídios do Estado teriam de ser somados. O cálculo é do Tribunal de Contas da União.

E o custo total da Copa do Mundo não termina com a participação do BNDES. O valor de R$ 1,8 bilhão foi gasto diretamente pelos estados, além de R$ 1,4 bilhão pelo Distrito Federal e R$ 14,2 milhões pelas prefeituras. Se somarmos o dinheiro da Caixa Econômica Federal e do Banco do Brasil, a Copa movimentou R$ 8 bilhões de recursos de origem pública. O resultado final foi assombroso: de cada nove reais gastos nos estádios no Brasil para a Copa, oito deles foram emprestados, bancados, subsidiados ou simplesmente cedidos pelos diferentes governos. A conta da Copa recaiu sobre o povo.

II. Uma Constituição violada

15 de junho de 2011 — Congresso Nacional, Brasília

Os problemas da Copa no Brasil poderiam ter parado por aí, o que por si só já teria sido um escândalo. O que assusta, no entanto, é como esse dinheiro público foi gasto. Sob o argumento de que não se poderia tolerar atrasos em obras, foi aprovada no país, em 2011, uma nova lei de licitação pública, acelerando decisões e tornando os critérios mais "flexíveis" para a escolha de quem seria o fornecedor de um serviço. Assim, foi aprovado o Regime Diferenciado de Contratações Públicas (RDC), relaxando as regras de licitação para obras da Copa do Mundo de 2014 e das Olimpíadas de 2016.

A medida, entre vários pontos, abolia certas exigências para as licitações que envolvessem a Copa do Mundo e dispensava a publicação no *Diário Oficial* das compras governamentais que não ultrapassassem R$ 150 mil para obras ou R$ 80 mil para bens e serviços. A nova lei acabava com os limites no número de contratos aditivos, atualizações de acordos originais, o que permitia elevar o preço das obras, e ainda previa um bônus conforme o desempenho da empresa contratada, justamente para incentivar a entrega de obras antes do prazo. Tudo isso para que as construções fossem conduzidas a toque de caixa e sem nenhum obstáculo que justificasse o atraso na conclusão dos estádios.

Assim, a Copa, que seria inicialmente um projeto privado, passou não apenas a usar dinheiro público, mas também aboliu e alterou leis para garantir o controle sobre os gastos do Estado. Na época de sua aprovação, o Ministério Público Federal e o procurador-geral da República, Roberto Gurgel, chegaram a alertar que a lei era "inconstitucional". Um dos problemas era que a lei não fixava parâmetros mínimos para identificar obras, serviços e compras que seriam beneficiadas por um processo de licitação mais flexível. Ficava a dúvida: empresas de aluguel de carros ou de venda de alimentos para os organizadores da Copa poderiam ser contratadas com base nesses critérios "flexíveis"? Gurgel deixava claro o risco que isso poderia representar para o patrimônio público e chegou a alertar que esse foi um dos motivos pelos quais os "Jogos Pan-americanos de 2007 viram o seu orçamento aumentar em dez vezes, para um total de R$ 3 bilhões".

Um grupo de trabalho montado dentro do Ministério Público Federal também chegou à mesma conclusão e apontou que a lei concedia ao Executivo "o poder de definir ou escolher, com base em critério de elevado subjetivismo, o regime jurídico de licitação pública". Em outras palavras, a lei deixaria espaço ao governo para fazer escolhas subjetivas sobre empresas contratadas e obras, sem nem mesmo ter a necessidade de justificá-las. Na época, o Ministério Público alertou para o fato de a lei ser "intoleravelmente aberta", violando princípios da Constituição e a "moralidade administrativa".

O alerta dos procuradores foi rebatido pelo líder do governo na Câmara, Cândido Vaccarezza (PT-SP). "Tem certos integrantes do Ministério Público agindo de maneira ideológica. (...) Até porque isso [flexibilizar as licitações por conta do Mundial] não é exceção, é regra. Países como Alemanha e Japão fizeram isso. O objetivo não é colocar em risco a lisura do processo, mas sim possibilitar a Copa", afirmou. O que o deputado não disse foi que, se as obras tivessem ocorrido dentro dos prazos, não teria havido a necessidade de acelerar nada, nem mesmo os processos de licitação. Menos de um ano depois, Vaccarezza era um dos citados na investigação sobre o maior escândalo de corrupção já descoberto no Brasil, envolvendo funcionários do alto escalão da Petrobras.

Até mesmo dentro do governo, a percepção era de que a lei representava uma afronta à soberania brasileira, e o Palácio do Planalto não escondeu o temor de ter o projeto rejeitado pela própria base. A lei tramitou em cinco ocasiões, e só passou graças a uma barganha política com deputados e senadores. A ideia era mudar o texto do projeto para acomodar interesses políticos e angariar os votos necessários. Um dos casos mais escancarados foi a emenda apresentada pelo líder do PTB, deputado Jovair Arantes, de Goiás. No texto original, as leis de licitação poderiam ser ignoradas parcialmente para a construção de aeroportos nas doze cidades que receberiam jogos da Copa. Mas a emenda do deputado goiano estendia esse direito a cidades que estivessem a 350 quilômetros de uma das sedes da Copa. Assim, as obras dos aeroportos de Goiânia e de Florianópolis também puderam ocorrer sem cumprir a lei de licitação prevista pelo Brasil, mesmo que essas cidades assistissem à competição de longe.

Enfim, os organizadores do Mundial tinham tudo em mãos: a injeção de dinheiro público sem limite pelos estados, o apoio do governo federal com empréstimos que seriam pagos apenas em doze anos e regras de licitação que poderiam ignorar a Constituição brasileira. "Não há nada mais fácil que gastar dinheiro público", dizia o ex-presidente americano John Calvin Coolidge em 1929, às vésperas da quebra de seu país. "Parece que não pertence a ninguém." Coolidge seria acusado, anos depois, de ter contribuído para levar os EUA à Grande Depressão em consequência de um descontrole total da economia americana.

Romário, que em 2007 estava ao lado de Teixeira promovendo o Mundial, se deu conta do tamanho do escândalo. "Essa palhaçada vai piorar quando estivermos a um ano e meio da Copa", escreveu em 2012. "O pior ainda está por vir, porque o governo deixará que aconteçam as obras emergenciais, as que não precisam de licitações. Aí vai acontecer o maior roubo da história do Brasil", disse. "Esse Brasil é um circo e os palhaços vocês sabem bem quem são. O governo federal está enganando o povo. E a presidente Dilma está sendo enganada ou se deixando enganar", finalizou. É verdade que a indignação de Romário podia ter seus fins políticos e eleitoreiros, mas não deixou de ser uma voz de alerta de alguém que anos antes estava no centro da candidatura do país na Fifa.

Mas o saque não terminou numa violação escancarada da Constituição. A Copa do Mundo não estaria completa sem que outro pilar fundamental fosse adicionado: a isenção milionária de impostos, que beneficiou todos os envolvidos no evento, menos os cidadãos brasileiros. No total, o

Brasil deixou de arrecadar mais de R$ 1,1 bilhão em impostos. A começar pela Fifa: essa isenção é a principal exigência que a entidade faz a todos os países que pretendem sediar uma Copa. A razão, segundo a organização máxima do futebol, é que "sempre foi assim". Pode até ser verdade, mas o que ela não conta é que jamais uma Copa gerou tantos lucros para a entidade como a de 2014. Além disso, por conta das leis suíças, a Fifa também não paga impostos no país que abriga sua sede.

O Brasil abriu mão dos impostos antes mesmo da inspeção dos estádios. Em maio de 2007, o governo Lula enviou para a Fifa documentos garantindo ao presidente da entidade, Joseph Blatter, que o país se comprometia a não falar de impostos. Esse era um dos onze compromissos financeiros do país com a Fifa, mantidos em sigilo. Em outubro daquele ano, o Brasil foi anunciado como sede do Mundial.

Quem questiona essa exigência perde as chances de sediar o evento. Foi o caso da Bélgica, que, ao lado dos holandeses, apresentou uma candidatura para organizar a Copa de 2018. Parlamentares belgas rapidamente fizeram um alerta: se o Mundial fosse dado para o país, a Fifa não receberia isenções de impostos. Pior: decidiram publicar on-line todos os documentos exigidos. Dos 24 votos da Fifa que a candidatura poderia somar, a Bélgica e a Holanda obtiveram apenas três. E um deles foi de um belga, que tinha a obrigação moral de votar no próprio país.

No Brasil, esse debate nem sequer existiu, e, segundo dados oficiais da Receita Federal, a Fifa deixou de pagar R$ 558,83 milhões apenas em taxas federais. Os benefícios começaram já em 2011 e, pelo acordo, acabariam apenas após a Copa. Em 2015, a Fifa ganhou isenções avaliadas em mais de R$ 55 milhões. No total, oito impostos deixaram de ser cobrados da entidade esportiva entre 2011 e 2015, entre eles as taxas de importação e o imposto de renda dos seus funcionários.

A Fifa não foi a única beneficiada. Pela mesma lei, aprovada em 2010, um vasto programa de incentivos fiscais foi concedido a todas as empresas e aos parceiros comerciais envolvidos na construção dos estádios, as mesmas empresas que financiam campanhas eleitorais. O programa ficaria conhecido como Recopa. Ou seja, para sediar a Copa, o governo emprestou dinheiro a um valor irrisório, deu doze anos para receber o investimento de volta e abriu mão dos impostos. Pela lei, as empresas tiveram isenção de impostos na compra de cimento e em quaisquer materiais e serviços para erguer os estádios. Entre 2010 e 2014, a renúncia fiscal das doze obras de estádios no Brasil chegou a R$ 329 milhões.

Essa é apenas parte da história. O governo de praticamente todos os estados que receberam os jogos também adotou leis suspendendo a cobrança de tributos. A Assembleia Legislativa de Minas Gerais, por exemplo, aprovou uma lei que concedeu isenção tributária entre 2011 e 2014, decisão também tomada por outros estados. No total, o Tribunal de Contas da União estima que mais de R$ 1,08 bilhão deixou de ser arrecadado só pelo governo federal por conta dos benefícios concedidos às empresas e à Fifa.

Quem perde com isso não é apenas o Estado, mas os próprios trabalhadores. Todos os brasileiros que durante quatro anos foram contratados pela Fifa para trabalhar no país se viram obrigados a pagar impostos mais elevados para compensar o fato de que o empregador estava sendo beneficiado pela isenção de tributos. Se em condições normais um trabalhador autônomo paga para o INSS 11% de impostos sobre seu salário, no caso dos contratos da Fifa esse valor subiu para 20%. Já da entidade mundial nem um centavo foi exigido. Uma realidade distorcida num país que insiste que a Copa foi também um evento social e com ganhos para a sociedade.

Voltemos a 30 de julho de 2007, dia em que a CBF apresentou o projeto da Copa para a Fifa. O clima ameno do verão europeu permitiu que a conversa com Teixeira e com os cartolas ocorresse num jardim do hotel Baur au Lac, enquanto à distância o sol se punha entre os Alpes e o lago de Zurique. O cenário era cinematográfico, e sobre a mesa estava um projeto que determinaria os anos seguintes de um país e o sonho de milhares de apaixonados pelo futebol. Estaria eu diante de visionários que, com as melhores das intenções, queriam levar a Copa para o Brasil como instrumento de desenvolvimento social e de projeção do país no exterior? Definitivamente não.

Hoje, sem ilusões, podemos confirmar: a Copa foi a mais cara da história e bancada com dinheiro público, com isenções milionárias de impostos e com regras de licitação que violaram a Constituição brasileira. O saque do país aconteceu, com cúmplices e leis manipuladas para justificar cada manobra.

12. Cofres lotados

16 de março de 2015 — hotel Baur au Lac (sempre ele), Zurique

A real dimensão do saque, porém, foi conhecida somente meses após a final da Copa do Mundo. Em março de 2015, em Zurique, o Comitê Financeiro da Fifa se reuniu para avaliar as contas do torneio. No mesmo hotel em que Ricardo Teixeira me recebeu em 2007, outro cartola me confessou, com um amplo sorriso, antes mesmo de a reunião começar: "Tivemos lucros estratosféricos com o Brasil".

Enquanto o país ainda não tinha conseguido sair do trauma deixado pela humilhação do 7 x 1 imposta pela Alemanha, a realidade era que a Copa e seus dez anos de polêmicas na Fifa e no Brasil começavam a mostrar sua verdadeira dimensão. A goleada havia gerado um silêncio ensurdecedor em um país que acreditava no título que tinha sido dado a ele — de país do futebol. Primeiro, um silêncio de espanto, sem explicações. Depois, um silêncio de indignação e, finalmente, o silêncio de alguém que busca uma resposta. A derrota para os alemães foi, no fim das contas, não apenas esportiva, mas também uma derrota psicológica diante do sonho do hexa.

A derrota da democracia e da cidadania ocorreu de outra maneira. Os números do balanço financeiro da Fifa revelam uma verdade desconcertante: a Copa do Mundo de 2014 no Brasil poderia ter sido realizada sem um centavo de dinheiro público e ainda assim as contas estariam no positivo. No total, a Fifa acumulou lucros de R$ 8,3 bilhões com a realização do Mundial e jamais esteve tão rica. O valor é praticamente o mesmo do total gasto para a construção dos doze estádios. Todos eles poderiam, portanto, ser erguidos apenas com o lucro gerado pelos acordos comerciais, pela transmissão e pelos ingressos. É verdade que a Fifa não tinha obrigação alguma de construir os estádios brasileiros. Mas que evento é promovido com dinheiro público para gerar lucros privados? Que acordo entre o país--sede e a organizadora é esse que prevê uma transferência de renda tão evidente como essa?

A Copa do Mundo do Brasil atingiu um recorde, com US$4,8 bilhões em receita. O valor chega a ser US$800 milhões superior à renda na África do Sul, e nem a pior crise mundial em setenta anos foi um obstáculo. No total, a fortuna nas reservas da Fifa até maio de 2015 chegou a US$1,5 bilhão, acima do PIB de pelo menos vinte países. Em 2006, as reservas eram de apenas US$600 milhões. Os números confirmaram: o Brasil realizou a "Copa das Copas" também para os cofres da entidade.

O benefício foi tão grande que a Fifa até tentou esconder os números dos jornalistas durante uma coletiva de imprensa em Zurique, em 16 de março de 2015. No comunicado distribuído naquele dia, a entidade simplesmente não citou nem a receita nem os lucros. Apenas indicou que o benefício fora "superior ao que se esperava" e que o Mundial tinha gerado "forte resultado financeiro".

Numa apresentação cuidadosamente calculada, Markus Kattner, diretor financeiro da Fifa, também se "esqueceu" de contar outra história: a dos ingressos.

Durante meses, a Fifa alertou o Brasil que não aceitaria a venda de meias-entradas para os jogos e que os ingressos populares seriam limitados. O motivo: a entidade contava com a renda dos jogos para não sair no prejuízo. Mas, nas contas finais, fica mais do que evidente que esse prejuízo jamais foi uma ameaça. Na Copa de 2014 e na Copa das Confederações de 2013, a Fifa acumulou não apenas os contratos de televisão e de marketing, mas também somou US$527 milhões da bilheteria. Desse lucro, 69% vieram do público que comprou ingressos. Dois terços eram brasileiros.

A Fifa, em sua apresentação de contas, também omitiu outra conclusão implícita do informe financeiro: a de que os resultados não ajudaram um país em desenvolvimento a pagar suas contas ou a construir seus estádios.

Da renda obtida no Brasil, a entidade gastou US$861 milhões em salários para seus funcionários e cartolas, além de "custos operacionais". A Fifa não especifica quanto foi destinado ao presidente Joseph Blatter nem ao secretário-geral da entidade, Jérôme Valcke, mas o certo é que, pelas contas oficiais, a Copa do Mundo permitiu que a Fifa aumentasse salários e bônus de seus cartolas e funcionários. Apenas em 2014 eles receberam um total de US$110 milhões. Em menos de dez anos, a renda dos funcionários mais que dobrou. Em 2008, por exemplo, era de cerca de US$52 milhões.

Os números contrastam com o dinheiro que a Fifa deu ao Brasil, sede da Copa e onde não se cobraram impostos. A entidade criou um fundo para ajudar o futebol nacional e enviará ao longo dos próximos anos um total de US$100 milhões. O primeiro projeto está sendo realizado em Belém, e nos anos seguintes serão implementadas no país iniciativas para construir instalações e centros de treinamento. Essa contribuição foi destacada por Blatter e Valcke como prova de que parte da renda da Copa do Mundo voltaria ao Brasil. Em novembro de 2014, Valcke indicou que o fundo seria "uma excelente plataforma para distribuir os benefícios de uma Copa inesquecível". E prosseguiu: "Como na África do Sul e no Brasil, é nosso objetivo usar as próximas Copas do Mundo para promover um desenvolvimento sustentável do futebol nos países-sede".

O que ele não revelou foi que os valores do investimento no "desenvolvimento sustentável" seria inferior ao que os cartolas recebem como salário em apenas um ano. Na verdade, o que ficou para o Brasil não passa de 2% da renda acumulada pela Fifa durante o evento.

A economia brasileira, nos meses que se seguiram ao Mundial, não poderia ter sido mais elucidativa do abalo causado pelos gastos com a Copa. Ainda que o evento não tenha uma relação direta, o que se viu foi um país que entrou em recessão, onde o dólar disparou, do qual investidores sacaram dinheiro e no qual até o desemprego aumentou em algumas regiões. Quanto aos estádios, as previsões mais pessimistas de fato erraram: a situação, um ano depois, era ainda pior que se imaginava.

13. O dia seguinte

26 de julho de 2014 — estádio Mané Garrincha, Brasília

Poucos dias após a final da Copa do Mundo, o estádio mais caro do Brasil e o terceiro mais caro do mundo recebeu outro momento de decisão: cem casais realizaram suas festas de bodas no palco que havia servido ao Mundial. O evento chegou a ser transmitido pela TV Globo, que pagou parte dos direitos da Copa e apagou qualquer tipo de crítica ao evento. Na reportagem, a emissora insistia que o casamento coletivo tinha sido uma "grande emoção" e que o estádio havia criado novas oportunidades.

Com apenas dois times e ambos na quarta divisão do futebol brasileiro — Brasiliense e Luziânia —, o Distrito Federal passou a ser a imagem do escândalo da Copa do Mundo e de seu legado inexistente. Meses depois do final do Mundial, a falta de jogos no estádio Mané Garrincha levou o governo do DF a transferir parte de sua burocracia para o local e ocupou as salas com suas diferentes secretarias. Do lado de fora, o estacionamento feito para as torcidas se transformou em garagem para os ônibus da cidade. Um ano depois da Copa, o rombo no estádio era de mais de R$ 3,5 milhões.

A realidade é que as fantasias já foram retiradas, a Fifa já recolheu a lona do circo e agora prepara seu próximo empreendimento: na Rússia, em 2018. Uma depressão esportiva tomou conta do Brasil depois que o campeonato nacional, com seu público ausente e seus craques desaparecidos, voltou a ocupar as arenas milionárias usadas na Copa pelos maiores jogadores do mundo. O Mundial — e a ilusão — acabou.

Se a Fifa nada em milhões de dólares hoje, a situação dos estádios brasileiros é radicalmente diferente. Dois terços das doze arenas do Mundial completaram o primeiro ano com prejuízos, num total de R$ 120 milhões. Pior: sem perspectivas de recuperar o dinheiro investido.

Em Manaus, os times amazonenses têm evitado usar o estádio em função dos custos para os jogos do campeonato estadual. A Arena, que custou R$ 670 milhões, precisa de R$ 700 mil por mês em manutenção. Mas, entre o fim da Copa e fevereiro de 2015, o estádio recebeu apenas sete partidas, e o prejuízo supera a marca de R$ 2,7 milhões em um ano. Em média, o campeonato amazonense de futebol de 2015 recebeu um público pagante de 659 pessoas por jogo. Em Natal, o clube ABC rompeu um acordo com o consórcio que administra a Arenas das Dunas. Um contrato previa que os clássicos do estado fossem realizados no estádio, mas, no início de março, a partida entre ABC e América foi disputada em outro local, o Frasqueirão. O América manteve seus jogos na Arena, mas, em sete partidas, acumulou uma média de meros 3,5 mil pagantes por jogo — 10% da capacidade do estádio.

Até o Maracanã luta para conter o rombo. Para que uma partida represente um benefício para os administradores, o estádio precisa de pelo menos 30 mil torcedores. No campeonato estadual de 2015, a média de público não passou de 3,6 mil por jogo. No caso do Flamengo, o recordista, a média é de 16 mil. Resultado: um rombo de R$ 77 milhões no primeiro ano depois da Copa. Em janeiro de 2015, a Arena Pantanal foi obrigada a fechar as portas para uma reforma "urgente".

Ao deixar o Brasil, a Copa foi seguida por uma série de acusações e investigações sobre os custos de obras e de contratos. Um ano depois de terminado o evento, a Polícia Federal deu início à Operação Fair Play, usando de forma irônica o slogan da Fifa que pedia um comportamento ético dos jogadores em campo durante a Copa. Em agosto de 2015, as autoridades anunciaram a investigação de indícios de que a construtora Odebrecht tenha vencido a licitação para a construção da Arena Pernambuco graças a uma fraude e com um superfaturamento de R$ 42,8 milhões nas obras. A suspeita era de que agentes públicos foram subornados para favorecer a construtora.

Apesar dos valores elevados, Recife acabou ficando com apenas cinco jogos do Mundial, entre eles quatro válidos pela primeira fase. "Temos indícios de que houve frustração do caráter competitivo [da licitação] e suspeitas de superfaturamento", confirmou ao jornal *O Estado de S. Paulo* o delegado da Polícia Federal Marcello Diniz Cordeiro. Em junho de 2015, o presidente da construtora, Marcelo Odebrecht, foi detido, acusado de envolvimento no pagamento de propinas em diversos projetos.

Inicialmente, a licitação foi aberta pelo governo de Eduardo Campos (PSB), morto em um acidente aéreo em agosto de 2014, e estavam previstos gastos de R$ 532 milhões. Mas, quando a construção terminou, o valor final ficou em R$ 700 milhões. O contrato ainda previa que o governo do estado ressarciria a Odebrecht durante trinta anos por eventuais déficits de receita no local do estádio e nos empreendimentos que ocorreriam nos terrenos ao lado. O contrato concedia não apenas o direito de erguer a Arena, mas também de explorar comercialmente uma região em Recife. Segundo um estudo do Tribunal de Contas de Pernambuco, tal compromisso público significava que o estado transferiria à construtora um total de R$ 1,8 bilhão em três décadas. A suspeita da PF é ainda de que, de forma criminosa, a Odebrecht tenha se aliado a funcionários públicos a fim de conseguir facilidades no financiamento do BNDES para construir o estádio.

O que a Polícia Federal também apurou foi o fato de o Comitê Gestor responsável pelo edital de construção da Arena Pernambuco ter sido liderado por quem seria eleito, três anos depois, prefeito de Recife, Geraldo Julio (PSB-PE). Do Comitê também fazia parte Paulo Câmara (PSB-PE), que mais tarde ganharia o cargo de governador do estado. Em 2009, quando o edital da obra estava sendo negociado, eles eram, respectivamente, o presidente e o vice-presidente do Comitê Gestor.

Mas a PF não está de olho apenas em Recife. Nas operações de agosto de 2015, as autoridades apreenderam planilhas e dados em diversos escritórios da Odebrecht no Brasil, para examinar os custos relativos aos estádios do Corinthians (Itaquerão), Maracanã e Fonte Nova. Há suspeitas de que as obras de Pernambuco não tenham sido as únicas a apresentar superfaturamento.

Também em agosto de 2015, um informe do Tribunal de Contas da Bahia revelou sobrepreço nas obras da Arena Fonte Nova. Em 2010, o estádio foi erguido graças a um contrato entre o governo estadual e um consórcio que incluía a Odebrecht e a OAS. O Tribunal concluiu que, no acordo de parceria público-privado, o valor repassado pela Bahia às construtoras, de mais de R$ 107 milhões por ano até 2025, seria "excessivo". O informe foi entregue à Polícia Federal, que passou a investigar o caso.

A OAS, empresa que administra o estádio, teve suas ações bloqueadas pela Justiça em consequência da operação Lava Jato, a maior investigação sobre corrupção da história do país, e pode ser obrigada a vender seus ativos na arena.

O escândalo de corrupção também se salpicou nas obras da Arena Corinthians, erguido pela Odebrecht em Itaquera, numa área por onde passavam dutos da Petrobras. Os tubos foram removidos em fevereiro de 2012, mas, quando a força-tarefa da Operação Lava Jato se debruçou sobre as planilhas das contas operadas pelo doleiro Alberto Youseff, encontrou o nome do estádio e as obras do duto. O valor, segundo os documentos apreendidos pela Polícia Federal, indicam que a obra estaria avaliada em R$ 1,3 bilhão, mais de 42% acima do previsto inicialmente pelos organizadores.

Na eclosão de escândalos e suspeitas de corrupção relacionados com a Copa, nem todos negaram o pagamento de propinas. A empresa de engenharia alemã Bilfinger, por exemplo, confirmou em março de 2015 que identificou "possíveis pagamentos impróprios" para obter contratos na Copa do Mundo. "No curso de investigações internas sobre possíveis violações, a Bilfinger tem revisto as atividades das companhias do grupo no Brasil por vários meses", indicou um comunicado da empresa. "Depois de revisar todas as transações dos últimos anos, informações indicam que o potencial pagamento impróprio exista no valor inferior a 1 milhão de euros no total."

A suspeita era de que funcionários públicos brasileiros de um órgão do governo e de estatais teriam cobrado propina para oferecer contratos à empresa. A denúncia não foi apresentada a um órgão público brasileiro nem investigada no Brasil. Quem recebeu o alerta foi a própria matriz da multinacional, na Alemanha, o que obrigou a direção a abrir investigações.

No total, em 2014 a companhia fechou contratos com o governo brasileiro avaliados em R$ 21,2 milhões. Além da Copa do Mundo, a empresa presta serviços para a Petrobras, a Agência Nacional do Petróleo, o Senado Federal e a Anatel. Apenas para o fornecimento de 1,5 mil monitores e de software para o Centro Integrado de Comando e Controle da Copa do Mundo foram R$ 13 milhões em contratos. O sistema foi considerado um dos principais legados do Mundial e permitiu a centralização da operação de segurança.

Segundo a companhia alemã, foram realizadas auditorias da Ernst & Young e da Deloitte. "A Bilfinger recebeu informações internas no ano passado indicando que pode ter havido violações nos regulamentos de ética do grupo a respeito do fornecimento de monitores para os centros de segurança em grandes municípios brasileiros", esclareceu a companhia, por meio de uma nota oficial. "A empresa imediatamente abriu uma investigação completa sobre o caso. A denúncia está ligada à suspeita de pagamento de propinas por parte de funcionários da Bilfinger no Brasil a funcionários públicos e funcionários de estatais", alertou o documento. Na avaliação inicial dos alemães, não restam dúvidas da existência de provas que "substanciam" as acusações e as suspeitas levantadas. A questão, segundo eles, é saber quem recebeu, quanto recebeu e quando.

Para quem estava no coração da organização do Mundial, o caso da Bilfinger é apenas a ponta do iceberg de um sistema montado para garantir lucros não apenas para os construtores e para a Fifa, mas também para cúmplices, governos, funcionários públicos e dezenas de intermediários, mesmo que isso tenha significado o desperdício de bilhões de reais e um legado inexistente. O Brasil, sem dúvida, foi saqueado. E a Fifa sabia disso.

Ao questionar Blatter sobre o que seria feito dos estádios brasileiros, ele apenas me respondeu desenhando no ar um sinal de interrogação. Quando, um ano depois da Copa, perguntei aos dirigentes da Fifa o que achavam dos estádios vazios e do rombo nas contas, eles apenas sorriram e disseram: "Não é mais nosso problema".

14. A Copa que não terminou

27 de junho de 2013 — Sofitel, Copacabana, Rio

Em junho de 2013, o repórter Leonardo Maia e eu entrevistamos o secretário-geral da Fifa, Jérôme Valcke, em um hotel de luxo no Rio de Janeiro durante a tumultuada Copa das Confederações. Faltando um ano para a Copa do Mundo, o dirigente foi claro: o Brasil não passaria por uma revolução no que se refere a infraestrutura até o Mundial. Ele tinha razão.

A Copa de 2014 foi uma oportunidade desperdiçada para transformar o país. Por mais que a festa tenha sido boa, o que fica como legado permanente não passa de ilusão. Certos setores ganharam, de fato; a imagem do país pode ter sido lustrada por algumas semanas e existe até uma espécie de sentimento de orgulho nacional alimentado pelo governo e pela parcela da imprensa que pagou caro para ter o direito de exibir a Copa. Mas não se pode deixar que a purpurina impeça uma avaliação mais consistente do que ficará à população: quase nada.

Onde estão as obras prometidas, o trem de alta velocidade Rio-São Paulo? Onde estão os ganhos para a vida cotidiana de milhões de pessoas?

A falta de um legado social ou de infraestrutura é tão evidente que até mesmo o Palácio do Planalto e a Fifa abandonaram essa mensagem no seu marketing da Copa. Dilma Rousseff, orientada pelo publicitário Nizan

Guanaes, passou a adotar à exaustão o termo "Copa das Copas" para se referir ao evento, conforme revelado pela *Folha de S.Paulo* em 9 de fevereiro de 2014. Dentro do governo e na entidade máxima do futebol, a estratégia passou a ser falar sobre a bola e sobre a paixão do brasileiro pelo esporte e insistir que o foco deveria ser a concentração de todos os esforços para levantar a taça, apagar o trauma da derrota contra o Uruguai em 1950 e sair com o sentimento de que somos os melhores do mundo. Quando o Brasil foi humilhado pela Alemanha, o discurso mudou de novo, dessa vez para comemorar "a melhor qualidade do futebol" nas Copas.

Longe das câmeras, fontes na Fifa confirmam que, até a véspera do Mundial, estavam preocupadas com os protestos e insistiam que as forças da ordem teriam de atuar para garantir a competição. Mas, publicamente, o discurso era outro. O novo tom adotado ficou claro no pronunciamento gravado de Joseph Blatter para marcar os cem dias para a Copa, no dia 4 de março. "Agora todos os problemas estão sob controle e daqui a cem dias haverá um início excepcionalmente bom para uma competição excepcional: a Copa do Mundo da Fifa no Brasil, o país do futebol. Eles [os brasileiros] receberão o torneio de braços abertos e com todo o coração", disse Blatter. "É especial uma Copa no Brasil porque, se dizem que o futebol foi organizado ou inventado pelos britânicos — no mínimo organizado, principalmente pela Inglaterra —, eu preciso lembrá-los de que o país onde surgiu o futebol-arte é o Brasil", insistiu o suíço. "O espírito brasileiro e a capacidade do Brasil de jogar futebol fazem desta uma Copa do Mundo muito, muito especial. Também porque a última Copa no Brasil foi organizada em 1950 e vocês lembram que o país perdeu a decisão no Maracanã para o Uruguai, então agora todos os brasileiros esperam que a seleção seja campeã em casa. É por isso que existe uma expectativa tão grande, e tenho certeza de que o torneio será um enorme sucesso."

Ao marcar os cem dias para a Copa, Blatter não fez uma só referência ao fato de que os aeroportos não estavam prontos e de que não haveria tempo para testar todos os estádios. A campanha da Fifa entrava em sintonia deliberada com a estratégia do governo brasileiro, que também já deixava de lado o discurso sobre o legado da Copa para concentrar sua mensagem institucional e sua publicidade na paixão do brasileiro pelo futebol.

A Copa que não terminou

Logo após a Copa das Confederações, em 2013, o governo encomendou um informe sobre o impacto dos protestos e o sentimento nacional sobre a Copa. O torneio de 2013 foi a ocasião encontrada para servir como plataforma a demandas sociais dispersas, desde exigências de investimento em mobilidade urbana, em educação e em saúde até a manipulação de partidos interessados em fragilizar o governo federal e autoridades estaduais. Em mais de quatrocentas páginas de avaliação, a pesquisa mostrou ao Palácio do Planalto uma rejeição importante ao evento esportivo que aconteceria poucos meses antes das eleições presidenciais de 2014.

O estudo era revelador e não escondia a frustração que o Mundial representava em promessas não cumpridas. "Havia grande expectativa de que os benefícios sociais e de infraestrutura da Copa seriam concretos e permanentes", dizia o documento. "Esse sentimento está se convertendo em percepção de maquiagem e de que tudo voltará a ser como antes quando do a Copa terminar."

Entre as recomendações, a pesquisa sugeria ao governo que usasse mais a palavra "fiscalizar" sempre que mencionasse os estádios, alguns dos mais caros da história do futebol. Mas, entre as sugestões, também estava a de colocar o esporte no centro do discurso, e não como um instrumento para garantir uma condição social melhor à população.

Nenhuma palavra mais sobre os ganhos sociais. Nenhuma palavra mais sobre o impacto na vida das pessoas nas grandes cidades.

Nessa estratégia, Dilma fez uma viagem a Zurique para mostrar sua sintonia com Blatter. A visita, no início de 2014, reuniu dois líderes que, apesar da fachada amistosa, não perdem uma única oportunidade de atacar um ao outro. Trabalhando como correspondente na Europa, tive, nos últimos anos, a oportunidade de cobrir tanto assuntos esportivos como visitas presidenciais e diplomáticas do governo brasileiro. Os bastidores dessas coberturas são sempre mais reveladores do que o discurso oficial dos políticos.

Nas viagens presidenciais de Dilma, por exemplo, não eram poucos os ministros e assessores que confessavam a irritação do governo com a Fifa, sua equipe e especificamente Joseph Blatter. Em diversas ocasiões, funcionários do Palácio do Planalto se surpreenderam diante do comportamento do staff de Blatter em Brasília, ocupando salas, fazendo exigências e pedindo para ligar televisões em escritórios do governo para assistir a jogos.

O sentimento de estar em casa era tão grande que o diretor de Comunicação da Fifa naquela época, Walter de Gregorio, chegou a entrar numa das salas, pedir para assistir a um jogo pela TV do gabinete do Palácio do Planalto e até dar murros de raiva na mesa de um assustado funcionário público.

Do lado da Fifa, a reação contrária ao governo é também um fato nos bastidores. A começar pelo próprio presidente da entidade, que não perdia uma só ocasião de alfinetar Dilma sempre que uma entrevista acabava e o microfone era desligado.

Publicamente, porém, o novo plano para resgatar a Copa obrigou Dilma e Blatter a se dar as mãos, a sorrir e a trocar elogios mútuos. "Essa será uma grande Copa", afirmou Blatter em janeiro de 2014, ao receber Dilma pela primeira vez na sede da Fifa. "É uma questão de confiança recíproca. A Copa vai acontecer no Brasil. É o país do futebol e não há melhor país para o futebol." A ordem era deixar as críticas de lado. "Não haverá problemas. No final tudo se resolve, principalmente no Brasil", afirmou ele. Dilma também deu suas garantias. "Estamos preparados", declarou, insistindo que as obras de mobilidade urbana e outras seriam concluídas. "Os estádios são obras relativamente simples", garantiu. "O governo fará todo o empenho para fazer a Copa das Copas. Isso inclui estádios, aeroportos, portos. Tudo o que for necessário."

A operação de marketing não tinha nenhuma relação com a realidade. Os dois vinham de uma longa reunião em Zurique repleta de problemas e de cobranças. Mas a ordem era blindar o Mundial. O governo e a Fifa montaram um grande teatro, com direito a um palco com a taça da Copa, a bola oficial e a bandeira do Brasil. A solução para não estragar a festa foi simplesmente proibir os jornalistas de fazer perguntas durante aquela viagem da presidente, em janeiro de 2014. Uma coletiva de imprensa foi organizada, mas apenas com a declaração dos dirigentes e sem a chance de questionamentos.

Por que não aceitar perguntas? Será que alguém teria a ousadia de indagar sobre os estádios que não estavam prontos, sobre o fato de que o legado era questionável, sobre o fato de que nunca o apoio popular à Copa tinha sido tão baixo? Será que Dilma e Blatter não estavam preparados para responder sobre sua "nova amizade"? Será que teriam de dizer que a pauta daquela reunião era secreta?

Ironicamente, se um dos objetivos do encontro era mostrar que o Brasil estaria pronto, nenhum jornalista precisou fazer perguntas para notar que Dilma chegou à sede da Fifa com trinta minutos de atraso. Talvez só mesmo para não perder o hábito de fazer Blatter esperar ou de sempre dar a impressão de que nada ocorria na hora marcada.

Mas a mudança na estratégia de comunicação da Fifa e de Dilma não estava baseada apenas na percepção popular e em pesquisas de opinião. A realidade é que dezenas de projetos e promessas jamais saíram do papel. Mesmo entre os planos previstos, nem todos foram entregues, embora o Brasil tenha tido mais de sete anos para se preparar para a Copa. Não me canso de lembrar a frase dita por Ricardo Teixeira uma década antes, a de que o Brasil, por ser o único candidato na América do Sul a realizar a Copa, teria mais tempo para se organizar. Até Blatter chegou a dizer isso em uma conversa com um jornalista suíço, que teria de ser mantida em off mas acabou vazando, porque o repórter optou por publicá-la. Segundo Blatter, nunca um país teve tanto tempo para se preparar para uma Copa. E nunca um país esteve tão atrasado quanto o Brasil.

Não foi por falta de um plano. Em janeiro de 2010, o governo anunciou um ambicioso projeto que usaria a Copa para transformar de uma vez por todas a vida dos moradores das grandes cidades. No total, a Matriz de Responsabilidades, assinada pelas autoridades, estipulava que dezenas de obras seriam realizadas para a Copa, com um gasto de mais de R$ 23,5 bilhões, incluindo os estádios. Mas a existência da lista e do dinheiro do governo não garantiu que todas essas obras ficassem prontas.

Quatro anos depois, em 2014, faltando cem dias para o Mundial, apenas 18% da infraestrutura havia sido entregue. Dessa parte, somente quatro do total de 83 obras foram fechadas dentro do prazo estipulado originalmente. Meros 5%. Em comparação com os valores e o plano de 2010, mais de trinta obras tiveram preços mais altos que o esperado.

Quando a Copa finalmente começou, apenas 53% dos compromissos tinham sido concluídos. O mais surpreendente é que, apesar da redução no número de projetos, a conta final saiu mais cara que o previsto, chegando a R$ 29 bilhões, uma inflação de 25%.

Um dos exemplos disso foram os aeroportos, uma das grandes promessas do governo como legado da Copa. Em um evento em Genebra em dezembro de 2013, a poderosa Associação Internacional de Transporte Aéreo (Iata), que reúne as 240 maiores empresas do setor, indicou que o Brasil realizaria o Mundial com terminais "tapa-buracos". Em Belo Horizonte, a reforma de terminais e a construção de uma terceira ala não ficaram prontas para a Copa. A reforma no aeroporto de Manaus também não foi realizada antes do torneio. Em Porto Alegre, nem a ampliação da pista de pouso nem o pátio foram entregues dentro do prazo.

Em Recife, a nova torre de controle não foi sequer erguida. Quando uma licitação foi aberta, nenhum investidor se mostrou interessado, e a Aeronáutica teve de assumir a obra — que só começaria no segundo semestre de 2014, depois da Copa. No Rio de Janeiro e em Salvador, as reformas dos aeroportos foram entregues apenas parcialmente. Até o diretor técnico da seleção, Carlos Alberto Parreira, criticou o "descaso" das autoridades em relação às obras da Copa.

No que se refere à mobilidade urbana, dezenas de obras foram entregues incompletas ou simplesmente ficaram para depois que os turistas deixassem o Brasil.

O jornalista Almir Leite, de *O Estado de S. Paulo*, publicou no dia 10 de fevereiro de 2014 um dos levantamentos mais completos sobre o assunto. De 41 intervenções previstas na última versão da Matriz de Responsabilidades, apenas cinco estavam concluídas até fevereiro e tudo indicava "muita poeira e lama" às vésperas da Copa. Das obras terminadas, porém, nenhuma era de grande envergadura. Elas incluíam a estação Cosme e Damião do metrô e o viaduto da br-408, em Pernambuco (intervenções próximas ao estádio); as vias de acesso à Fonte Nova, em Salvador; o corredor de ônibus Arrudas/Teresa Cristina, em Belo Horizonte; e a reforma do terminal Santa Cândida, em Curitiba.

Em Recife, quatro das sete obras de mobilidade previstas não ficaram prontas. Existem casos extremos. O processo de licitação para a calçada do entorno do Beira-Rio, em Porto Alegre, foi lançado às vésperas da Copa. Outro exemplo foi a construção do vlt (veículo leve sobre trilhos) entre Cuiabá e Várzea Grande, no Mato Grosso. Em diversas ocasiões o governo insistiu que tal projeto só sairia do papel graças à Copa. Mas até maio de

2014, apenas 5,7 dos 23 quilômetros do percurso estavam concluídos. Quando a Copa começou, o projeto estava longe de ser inaugurado, e, até agosto de 2015, nada havia mudado.

Os VLTS de Manaus e Brasília jamais saíram do papel. No caso do Distrito Federal, a obra foi excluída da lista depois que se descobriu irregularidade na licitação, em 2011. Em São Paulo, os planos para o trem que ligaria o aeroporto de Guarulhos à cidade foram abandonados em 2012.

Em Brasília, a ampliação da estrada DF-47 foi concluída em maio de 2012, dois anos e meio depois do prazo, fixado em 2010.

Para não passar mais vexame, o governo resolveu adotar uma estratégia hipócrita. Obras que não ficaram prontas foram simplesmente retiradas da lista da Matriz de Responsabilidades. Assim, ninguém podia acusar o governo de não ter entregado um projeto. Quando a Matriz foi anunciada, o governo previa 56 obras de mobilidade e um investimento de R$ 15,4 bilhões. Na época, o valor era três vezes o que se gastaria com estádios e, para os organizadores, uma prova de que o Brasil estava disposto a usar o Mundial para mudar a cara de suas cidades.

Mas, quatro anos depois, quinze obras haviam sido eliminadas dos planos e os gastos previstos eram de apenas R$ 8 bilhões, o equivalente ao investimento em estádios. Não por acaso, percebe-se, Dilma, sua equipe e a Fifa abandonaram o discurso sobre o legado da Copa. No setor do turismo, a situação era ainda mais grave. Um relatório do Tribunal de Contas da União divulgado em fevereiro de 2014 dava a dimensão dos atrasos. Apenas 16% dos contratos de infraestrutura turística estariam concluídos até 12 de junho, data do início do Mundial. Dos 37 contratos previstos, nenhum havia iniciado de fato suas obras até final de janeiro. Apenas seis iniciaram ou concluíram as licitações para as obras.

Em resumo: os projetos não foram concluídos no prazo, muitos foram abandonados no caminho e outros ficaram no papel. E isso numa Copa que, pelo menos em suas promessas, jamais terminou. Mesmo assim, a conta foi 25% superior ao que se planejava. Portanto, todas as vezes que o leitor escutar que a Copa foi um êxito total, vale rebater essa "verdade absoluta" com dados reais, entre eles a conta do suposto legado ao país. Mas, se as promessas foram abandonadas, como é que o temido caos que supostamente aconteceria durante o torneio foi evitado e o governo comemorou, aproveitando para atacar a imprensa, que insistira em anunciar a suposta desordem? Um mês depois de a Copa do Mundo terminar, a Iata dava parte da resposta: durante a Copa, o número de pessoas voando pelo Brasil caiu. Nem o Mundial nem os milhares de turistas compensaram o freio na economia brasileira. Entre maio e junho, mês da Copa, a Iata apontou que houve uma queda de 2,2% no número de passageiros no Brasil.

Segundo a entidade, a expansão total do mercado nacional foi de mero 0,2% em junho de 2014, em comparação com junho de 2013. O número contrasta com a expansão na média mundial de 3,4%, liderada pela China, com 6,6% de aumento, e pela Rússia, com mais de 12%. Nos EUA, a expansão no mesmo período foi de 2%. "A demanda doméstica brasileira experimentou praticamente um crescimento zero de demanda em junho, comparado com junho de 2013, apesar de o país ser o anfitrião da Copa do Mundo", declarou a Iata em um comunicado.

De fato, como demonstrou o governo, a temida pane aérea não ocorreu. Durante a Copa, apenas 6,94% dos voos atrasaram mais de meia hora, e o tempo médio gasto por uma pessoa para passar pela burocracia da Polícia Federal foi de apenas cinco minutos. No total, 21 aeroportos atenderam as doze cidades-sede da Copa, com uma média diária de 485 mil passageiros, 120 mil a mais do que registrado no Carnaval de 2014. Mas, segundo a Iata, os voos domésticos no Brasil em junho estavam com apenas 79% de sua capacidade preenchida. Nos EUA, a taxa chega a 87%.

Durante a Copa, cidades como Rio de Janeiro e São Paulo foram obrigadas a decretar feriados em dias de jogos para garantir que os torcedores chegassem aos estádios. Ou seja, para assegurar que 70 mil pessoas conseguissem assistir ao vivo às partidas, cidades com mais de 7 milhões de veículos pararam. Portanto, o dito "sucesso" da mobilidade urbana ocorreu porque foram tomadas medidas extremas, não porque as obras deram os resultados esperados.

Não por acaso, quando a Copa acabou ninguém entendeu por que os aeroportos voltaram a ficar lotados, o trânsito regressou ao caos e milhões de trabalhadores retornaram à sua rotina de acordar às cinco para poder chegar ao trabalho às oito. O impacto dessa barganha entre a imagem do sucesso e o fracasso das obras foi notado na indústria. Segundo o IBGE, os dias de folga e as jornadas menores durante a Copa foram traduzidos em uma contração de 1,4%. No ano da Copa do Mundo no Brasil — elogiada pela Fifa e considerada uma "vitória" pelo governo —, o PIB do país cresceu apenas 0,1%, taxa inferior à de países europeus e dos EUA, locais que ainda lutam para sair da crise econômica. Em bom português, o Brasil registrou uma estagnação de sua economia justamente no ano em que o megaevento esportivo serviria de trampolim do país para o mundo.

Em campo, a Copa terminou. Mas a conta que ela deixou, não. Na verdade, um ano depois do apito final, muitas das obras prometidas nem chegaram a começar. Oito anos após a escolha do Brasil para sediar o Mundial, as constatações do que foi feito são um espelho invertido das previsões e promessas iniciais. Hoje, o informe da Fifa de outubro de 2007, considerando que o Brasil tinha um orçamento "bem preparado" e que "não havia dúvidas" do compromisso do país com as exigências da entidade, é uma obra de ficção, uma coleção de promessas quebradas. "A infraestrutura de transporte aéreo e urbano poderia atender de modo confortável as demandas da Copa", indicava o documento assinado por Hugo Salcedo. "A equipe [de inspeção] concluiu que a infraestrutura de transporte permitiria ao Brasil realizar uma excelente Copa." O informe chegava a garantir que haveria um trem de alta velocidade entre São Paulo e Rio de Janeiro, projeto que nem sequer foi licitado.

Como se explicam o atraso e as obras abandonadas no meio do caminho? Para cada caso, certamente haverá uma explicação oficial. Em alguns, foi falta de planejamento adequado. Em outros, obstáculos ambientais. Em outros, ainda, faltou financiamento.

A única certeza é que, na maioria das vezes, essas obras ficaram mais caras do que se previa. Os estádios custaram mais de três vezes o que a CBF havia informado à Fifa em 2007, e não são poucos os que alertam que esses atrasos nem sempre são um mau negócio para quem está envolvido. Talvez o caso mais claro seja o estádio em Curitiba, que esteve prestes a ser eliminado da Copa por não respeitar nenhum dos prazos dados pela Fifa. A solução veio relativamente rápido, em fevereiro de 2014, quando a entidade deu um ultimato: ou se acelerava o processo ou Curitiba estaria fora da Copa. Uma vez mais, quem pagou foram os contribuintes. Os governos do estado do Paraná e da prefeitura de Curitiba injetaram de última hora mais R$ 100 milhões, e a arena foi mantida no cronograma da Copa. Se originalmente o projeto custaria R$ 184 milhões, terminou custando R$ 330 milhões. Desse total, 85% vieram de financiamento público.

Em campo a Copa acabou, assim como as promessas de que o evento seria um fator de mudança profunda das cidades brasileiras. O Brasil não foi derrotado apenas no estádio. O país perdeu uma grande oportunidade de passar por uma transformação.

15. Que legado deixa uma Copa?

Em quase quinze anos acompanhando as reuniões da Fifa, os eventos midiáticos de cartolas e os encontros entre governantes e dirigentes esportivos, vi uma mesma ideia ser martelada à exaustão: de que os eventos esportivos deixam "grandes legados" para quem os organiza. Confesso minha profunda irritação quando ouço um político pronunciar essa palavra, "legado".

Vazia de sentido, ela é instrumentalizada por todos aqueles que ganham com o evento. Quando não há argumentos para justificar um investimento ou uma propina, ela aparece para preencher uma lacuna numa frase de efeito.

O legado que um evento deixa é a desculpa encontrada por dirigentes e políticos para justificar os gastos exigidos nesses megatorneios. Não quero dizer aqui que esses legados não existam, mas a quantidade de exemplos de sucesso é bem inferior ao número de megaeventos realizados nos últimos cinquenta anos.

Barcelona é constantemente citada por políticos de todas as nacionalidades como justificativa de uma campanha para levar a Copa ou os Jogos Olímpicos a uma cidade. Mas o que poucos apontam é que as Olimpíadas de 1992 foram "apenas" um pretexto para uma reforma urbana que começou em 1986. Naqueles anos, a Espanha ainda se reconstruía depois de décadas sob a ditadura franquista, uma das mais longas na

Europa no século xx. O país se abria ao mundo, aderia à então Comunidade Europeia, consolidava-se finalmente como uma democracia e, claro, passava a receber investimentos. A meta dos novos dirigentes era modernizar um país que havia ficado prisioneiro de um ditador por quase quarenta anos.

Barcelona se apoderou de um evento para que ele servisse à cidade, não para que essa cidade — e seus cofres — servisse a patrocinadores e cartolas. "De fato, as mudanças na infraestrutura urbana que se produziram dentro e nos arredores de Barcelona entre 1986 e 1992 podem ser consideradas uma das transformações urbanas mais ambiciosas de uma cidade no período do pós-guerra", aponta um estudo realizado pelo sociólogo Chris Kennett, professor da Business Engineering School e autor de diversos livros sobre o assunto no Reino Unido e na Catalunha.

A realidade é que, no projeto olímpico de 1992, apenas uma parte mínima era investimento em locais para receber os eventos esportivos exigidos pelo Comitê Olímpico Internacional. Em Barcelona, somente 9% dos gastos para as Olimpíadas foram destinados à construção de estádios, piscinas ou instalações. O restante do orçamento foi para o plano urbano da cidade. No caso da Copa no Brasil, os estádios consumiram mais de 35% do orçamento planejado.

A Copa foi a responsável, no Brasil, pela construção de doze estádios, quatro além do necessário. O de Manaus foi considerado pelo escritor amazonense Milton Hatoum "um delírio populista e demagógico, com 'tenebrosas transações', como dizia a canção de Chico Buarque". O do Morumbi, com dimensões para receber jogos do Mundial, foi considerado insuficiente. A Copa viu uma cidade como Brasília erguer um dos estádios mais caros do mundo. A Copa, enfim, foi um saque.

Essa não é a única diferença entre os eventos de Barcelona e o do Brasil. Em 1992, a entidade que planejava as obras era independente dos organizadores dos Jogos Olímpicos e, acima de tudo, o plano foi realizado com vistas ao impacto futuro das realizações, e não atendendo a interesses clientelistas. Não por acaso, o veredicto final foi um reconhecimento de que os Jogos de 1992 haviam mudado para sempre a capital catalá. Os cartolas não tiveram nenhuma chance de roubar a cena. Nem os esportistas brilharam mais do que a própria Barcelona. "Não importa quantos salta-

Que legado deixa uma Copa?

ram, correram ou remaram. Eles nunca dominaram os Jogos. Quem ganhou os Jogos foi a cidade. O povo da Catalunha ganhou os Jogos", sentenciou o *New York Times* num artigo publicado no dia do encerramento do evento.

Poucos no mundo conseguiram repetir o "modelo Barcelona". No fundo, o que a cidade catalã fez foi simplesmente usar o evento para se refundar. O esporte foi apenas o vetor. O COI, somente a desculpa.

Nos últimos anos, a preocupação com o impacto de um evento para uma cidade também ganhou um novo contorno. Algumas cidades pelo mundo optaram por uma estratégia que, de certa forma, adapta os megaeventos aos sistemas democráticos: a realização de plebiscitos para saber se os cidadãos estão dispostos a se lançar numa campanha para atrair uma competição.

A lógica é muito simples. Se esses eventos são tão claramente positivos para uma sociedade, por que razão os dirigentes e as autoridades não têm a coragem de realizar referendos antes de lançar suas candidaturas? Entendo que esse não seja o expediente, por exemplo, que as autoridades chinesas pensaram para os Jogos Olímpicos de 2008 de Pequim ou que Vladimir Putin imaginou para Sochi em 2014 ou para a Copa de 2018. Isso sem falar no regime ditatorial do Catar, que, enquanto se apresenta ao mundo como uma nação moderna, reprime todo tipo de oposição interna e se sustenta apenas graças a uma família enriquecida nos últimos cinquenta anos com o gás natural.

É verdade que, de alguns anos para cá, o COI e outras entidades passaram a pedir que os candidatos a receber grandes eventos mostrem que existe apoio popular. Nas dezenas de candidaturas que já me dei ao trabalho de ler, jamais vi uma que citasse um apoio inferior a 85% da população. Mas também jamais li um informe técnico dessas candidaturas que me explicasse quem foi entrevistado e, acima de tudo, exatamente quais perguntas foram feitas.

Nos raros casos em que as autoridades optaram pelo referendo para saber se a população estava disposta a receber — e a pagar — por esses eventos, a resposta contradiz os informes encomendados e que apontam para o apoio popular ao torneio. Um desses casos foi a candidatura de Munique, uma das cidades mais ricas da Europa e um dos principais centros

Política, propina e futebol

da economia alemã, para organizar os Jogos Olímpicos de Inverno de 2022. Numa votação realizada em 2013, seus moradores foram às urnas definir se queriam o evento ou não, e decidiram pela não realização. Mas o problema não foi a falta de dinheiro, de tradição nos esportes ou de infraestrutura. O motivo do "não" da população foi um projeto cujo valor era incerto e que, no fim das contas, seria pago pelos contribuintes. Essa rejeição gerou um forte abalo entre dirigentes esportivos, que passaram a temer que o exemplo começasse a ser seguido em outros países.

Para o político alemão Ludwig Hartman, deputado do Partido Verde e líder do grupo que se opunha ao projeto, o voto não foi um sinal "contra o esporte". "O voto foi um sinal contra a não transparência, a cobiça e os lucros do COI", apontou. De fato, ninguém pode acusar os alemães de aversão ao esporte e aos eventos internacionais. A Alemanha sediou os Jogos Olímpicos de 1936, em Berlim, as Copas de 1974 e 2006, e dezenas de outros torneios desportivos.

Sem a candidatura alemã no páreo, Oslo, capital e maior cidade da Noruega, optou pelo mesmo caminho e se retirou. Ficaram apenas Almaty, no Cazaquistão, e Pequim, na China, que jamais consultaram a população. A vitória ficou com a capital chinesa, que nem sequer tem neve para sediar o evento de forma adequada aos esportistas. Mas a iniciativa de Munique já começa a ganhar espaço. Populações em diversas partes da Europa acompanharam de perto o referendo, como exemplo do que poderão exigir da próxima vez que Paris, Roma ou Madri tentarem sediar grandes torneios. Em editorial, o *Financial Times* elogiou a votação e apontou que a medalha de ouro já tem dono: Munique e sua iniciativa de consultar a população.

O que mais impressiona é que essa não foi a primeira vez que as autoridades tentaram lançar a candidatura de Munique para sediar um torneio internacional. A cidade também tinha sido candidata aos Jogos de Inverno de 2018. O evento ocorreria com dinheiro público, e nada melhor que consultar aqueles que vão pagar pela organização para saber se estão dispostos a abrir o bolso. O referendo foi realizado em 2011. Aqueles que queriam o evento tiveram de abrir seus livros, suas finanças e mostrar por que cada cidadão de Munique deveria dar dinheiro para a candidatura. De outro lado, grupos de oposição alertaram para os danos ecológicos das obras e insistiram que os investimentos não valiam a pena.

Que legado deixa uma Copa?

O referendo terminou com um saldo favorável aos que defendiam o evento. Mas a margem foi pequena, 58%. Munique acabou não vencendo a corrida por votos no COI e o torneio ficou com os sul-coreanos de Pyeongchang. De qualquer maneira, a consulta a seus cidadãos foi feita.

Quem também passou a adotar a votação popular para definir uma candidatura foi a Suíça. As autoridades do cantão de Grisons propuseram organizar os Jogos de Inverno de 2022 na região da luxuosa estação de esqui de Saint Moritz. Mas, antes de lançar sua candidatura, optaram por questionar se a população estava ou não disposta a bancar o evento.

O processo foi transparente. De um lado, os partidos e grupos que apoiavam os Jogos foram obrigados a divulgar dados e projeções para mostrar que o investimento tinha retorno. Ao contrário do lançamento da Copa brasileira, em 2007, o evento na Suíça já tinha orçamento mesmo antes de existir oficialmente. Os organizadores tiveram de mostrar transparência total dos custos, e cada cidadão ficou sabendo exatamente quanto sairia de seu bolso. Um dos organizadores da candidatura me disse, em off: "Só ganharemos o apoio popular se mostrarmos que não temos nada a esconder".

Do outro lado, os grupos contrários apresentaram aos eleitores os pontos negativos, e o governo local enviou para cada casa um livreto explicando as posições na disputa pelos votos. Coube à população estudar os dois lados e, depois, escolher. No dia da eleição, o resultado foi categórico: os ricos suíços decidiram que o evento não se justificava e que não estavam dispostos a pagar por ele. O tema foi encerrado. Com toda a elegância, os organizadores engavetaram a proposta, e a vida seguiu normalmente. Não houve tapetão, roubo de medalhas, fraude, acusações de corrupção, nem mesmo pedido para recontagem de votos. Também não escutei ninguém do lado perdedor dizer que a população não sabe votar.

Em outros países, projetos de candidaturas foram bloqueados pela própria classe política diante dos custos que esses eventos trariam para os cofres nacionais. Uma delas foi Estocolmo, capital e principal cidade sueca, onde dirigentes esportivos pensavam em entrar na briga pelos Jogos Olímpicos de Inverno de 2022. Partidos políticos e até mesmo o primeiro-ministro da Suécia, Fredrik Reinfeldt, foram contrários à empreitada.

O prefeito de Estocolmo, Sten Nordin, comanda uma das cidades mais ricas do planeta, mas deixou claro que sua prioridade não era erguer estádios. Segundo ele, a cidade precisa é de moradia. O evento custaria uma fração dos R$ 28 bilhões que o Brasil gastou com a Copa. Porém, mesmo assim foi rejeitado. "Quando se trata de custos desse calibre, os cidadãos que pagam impostos exigem de seus políticos mais do que previsões otimistas e boas intuições. Não é possível conciliar o projeto de sediar os Jogos Olímpicos com as prioridades de Estocolmo quanto a habitação, desenvolvimento e previdência social", disse à BBC o secretário municipal de Meio Ambiente da capital sueca, Per Ankersjö. O discurso poderia parecer o de um político de um país em desenvolvimento, onde milhões moram em favelas. Mas é o tom do discurso de um dirigente de uma das sociedades mais desenvolvidas do mundo.

Poucos dias depois da final da Copa no Brasil, em total silêncio, os Comitês Olímpicos de alguns dos países mais ricos do planeta apresentavam ao COI uma proposta de reforma dos grandes eventos esportivos que ia justamente na direção de reavaliar o que estava ocorrendo.

Suíça, Alemanha, Áustria e Suécia pediram que o COI modificasse os critério de escolha das sedes para não premiar apenas aqueles que mais gastam, mas os que mais podem fazer a diferença com um evento socialmente responsável, sustentável e dentro de um equilíbrio orçamentário. Com a Copa mais cara da história no Brasil e os Jogos de Inverno mais caros da história da Rússia acontecendo no mesmo ano, dirigentes de todo o mundo lançaram o sinal de alerta. "Nossa proposta visa reforçar os valores olímpicos, reduzir a complexidade dos Jogos e favorecer a sustentabilidade, a transparência e a flexibilidade para as candidaturas no futuro", declaram os quatro países que redigiriam as quinze páginas da proposta elaborada durante meses.

Afinal, enquanto sociedades democráticas tinham sérios problemas em convencer a população sobre os benefícios dos Jogos, países autoritários ou democracias ainda em fase de consolidação não economizavam recursos para mostrar ao mundo que tinha chegado a sua vez. Esse último grupo passou a usar os megaeventos como cartão de visita e estão dispostos a gastar muito dinheiro. Para governos com uma forte presença de atores sociais, concorrer contra essa realidade havia se transformado em uma missão impossível. A proposta, portanto, sugeria que o COI assumisse algumas responsabilidades para reequilibrar essa concorrência. O principal apelo era para que a entidade compartilhasse "os riscos dos eventos de modo mais equilibrado". Ou seja, que não colocasse o ônus da organização do torneio apenas nas costas do país-sede. Em geral, o COI somente faz exigências e sai com o lucro garantido.

Outro elemento é adaptar o evento ao país ou à cidade-sede. Hoje, uma das maiores críticas é de que o COI tem as mesmas receitas e demandas para todos. "O processo precisa ser mais flexível", defende o documento. "Os poderes públicos e os políticos temem os custos elevados para se candidatar e organizar os Jogos, em particular depois da explosão dos custos de Sochi", indicou o projeto. O documento está na mesa do presidente do COI, Thomas Bach, que promete analisar a ideia para o processo de escolha dos Jogos de 2024.

Ele não é o único. Na Fifa, o mesmo processo de reavaliação começou assim que a Copa terminou no Brasil. Em setembro de 2014, a entidade começou a examinar os critérios para que um país receba o Mundial e, no caso da Rússia em 2018 e do Catar em 2022, a orientação era tentar convencer os governos locais a reduzir ao máximo o número de estádios. Depois da experiência no Brasil e dos elefantes brancos espalhados pelo país, a Fifa reconheceu internamente que parte de sua imagem negativa resultava dos gastos exagerados e da construção de monumentos ao desperdício.

O assunto também entrou na agenda política. Michel Platini, presidente da Uefa e candidato ao comando da Fifa nas eleições de fevereiro de 2016, foi mais explícito. "Acho que um volume grande demais de dinheiro está sendo gasto na organização de torneios como a Copa do Mundo, e isso precisa ser examinado no futuro. O país-sede e o Comitê Organizador terão de cuidar mais dos enormes recursos que são gastos", disse-me ele.

A Uefa acabou sendo a pioneira no corte de custos dos megaeventos. Para 2020, a Eurocopa ocorrerá em treze países, acabando com uma tradição de sessenta anos de realizar o torneio em apenas um país. "Isso significa que os custos serão repartidos e o investimento individual de cada nação não será muito grande", completou o ex-jogador.

Os únicos que parecem não reagir são as instituições brasileiras. O sucesso da Copa em campo e o ambiente de festa no Brasil abriram caminho para que os custos do Mundial fossem justificados, como se gastar o equivalente a duas Copas do Mundo tivesse valido a pena; como se já não fosse mais questão de se perguntar por que o estádio de Brasília dobrou de preço ou por que o de Itaquera teve de ser construído, quando uma obra no Morumbi que custaria R$ 1 bilhão a menos daria conta do recado.

No auge dos protestos no Brasil em meados de 2013, durante a Copa das Confederações, a presidente Dilma Rousseff propôs um plebiscito para instalar uma Assembleia Constituinte específica sobre reforma política, o que acabou sendo vetado no Congresso. Mas e se essa forma de consulta democrática tivesse sido realizada antes de o Brasil lançar sua candidatura para a Copa de 2014 ou para os Jogos Olímpicos de 2016? Qual teria sido o resultado?

Conversando com organizadores do Mundial, ouvi deles que haveria uma vitória do "sim" caso essa votação tivesse sido realizada. Talvez seja verdade. Mas precisamos pensar primeiro no tipo de pergunta feita à população. Se fosse algo do tipo "Você aceita a realização da Copa de 2014 no Brasil?", na certa teria recebido a aprovação de mais de 50% dos brasileiros. Mas não sei se o resultado seria o mesmo se a pergunta fosse a seguinte: "Você aceitaria o uso de bilhões de reais de recursos públicos para bancar uma Copa no Brasil, além de permitir que a Fifa e seus parceiros comerciais não paguem impostos que renderiam cerca de R$ 1 bilhão ao país?".

Mesmo que a Copa tivesse sido aprovada em consulta popular, a votação e o processo já teriam exigido de cartolas e governantes uma transparência inédita no país. Imaginem um debate televisivo entre Ricardo Teixeira e Romário, ou um debate entre cartolas e representantes de movimentos sociais afetados pelas obras do Mundial ou dos Jogos Olímpicos...

Mas a realidade é que os dirigentes esportivos do país não parecem dispostos a isso. Poucos estão preparados para eleições livres e democráticas. Em 2011, a Fifa chegou a pensar em permitir que atletas também votassem para eleger presidentes de federações nacionais de futebol, mas Ricardo Teixeira, o argentino Julio Grondona e o paraguaio Nicolás Leoz enterraram a proposta.

Dois dias antes de a Copa de 2014 começar, todas as confederações continentais de futebol se reuniram em São Paulo, e fui às reuniões de diversas delas. Apesar de a Confederação Asiática de Futebol ter entre seus membros ditaduras como Síria, China, Arábia Saudita, Coreia do Norte e Mianmar, o encontro foi aberto à imprensa internacional. O mesmo ocorreu com a reunião dos países africanos, com a presença de Egito, Zimbábue e Eritreia. Os únicos que impediram a entrada dos jornalistas foram os países da Conmebol, a entidade sul-americana do futebol, que está pelo menos trinta anos defasada em relação à realidade da democracia da região. Na entidade com sede no Paraguai, as contas não são públicas até hoje, as eleições não são transparentes e a imprensa não é bem-vinda.

Após a reunião da Conmebol, um grupo de jornalistas e eu convencemos a entidade a dar uma coletiva de imprensa, mas Eugênio Figueiredo, que na época era o presidente da instituição e que seria preso em Zurique um ano depois, deixou claro que não revelaria qual havia sido a agenda do encontro. De forma surreal, os organizadores esqueceram uma projeção num dos telões da sala. Havia um slide em que se lia: "Situação financeira da Conmebol de 2013-2014". De um amadorismo que saltava aos olhos, a imagem refletia no fundo da sala personagens como José Maria Marin e outros cartolas que repetiam frases vazias.

Quando perguntei a Figueiredo se ele poderia explicar o que estava escrito no slide, a resposta foi que o assunto não interessava aos jornalistas. Seu tesoureiro ainda teve a ousadia de dizer, sem nenhum constrangimento, que "jamais" entregaria à imprensa o balanço financeiro da entidade. Entre os motivos para a recusa estava o fato de que, segundo ele, os jornalistas "não entenderiam o que estava escrito".

Sua posição foi defendida pelo então tesoureiro da Conmebol, o boliviano Carlos Chavez. Irritado, ele me disse que não tinha "motivos" para divulgar suas contas. Fumando de maneira nervosa, tentava fugir de minhas perguntas quando eu insistia em saber qual havia sido o resultado financeiro da entidade. "Isso não é problema seu", afirmou.

Um ano depois, em julho de 2015, Chavez foi preso, indiciado pelo Ministério Público de seu país por ter desviado dinheiro de um jogo beneficente entre Brasil e Bolívia, em abril de 2013. A partida tinha como objetivo arrecadar dinheiro para compensar a família de um garoto, Kevin Espada, morto por um rojão que teria sido lançado por torcedores do Corinthians na partida válida pela Taça Libertadores contra o time boliviano do San José. Mas a bilheteria, que rendeu US$550 mil, não chegou à família em sua totalidade. Os pais de Kevin receberam apenas 5% do valor prometido e o restante desapareceu.

Naquela reunião da Conmebol de 2014, o bate-boca foi inevitável durante e depois da coletiva de imprensa. Afinal, passo anos escrevendo sobre os resultados financeiros de alguns dos maiores bancos do mundo e das maiores multinacionais do planeta, mas não entenderia o de uma associação esportiva sem fins lucrativos? Que parte eu não entenderia? O balanço ou o que ele esconde? As contas declaradas ou os esquemas para enriquecer dirigentes como Marin, Chavez, Figueredo e Leoz?

Não é apenas no futebol que os dirigentes sul-americanos não estão dispostos a questionamentos. Em novembro de 2011, na sede europeia da onu, em Genebra, Carlos Arthur Nuzman, presidente do Comitê Olímpico Brasileiro (cob), foi surpreendido por uma pergunta da plateia, num evento que ele e a diplomacia brasileira estavam convencidos de que seria apenas mais um show da simpatia nacional. Nos corredores da onu, o governo chegou a levar uma espécie de carpete para imitar a calçada de Copacabana enquanto garçons serviam caipirinha.

Nuzman e a diplomacia brasileira passaram por uma saia justa diante de mais de trezentas autoridades das Nações Unidas e de governos de todo o mundo. A brasileira Isabela Ledo, estudante de urbanismo na Europa que pesquisava justamente o impacto social do evento de 2016, pediu explicações sobre as comunidades que já tinham sido realocadas por causa das obras dos Jogos Olímpicos. Fez-se um silêncio incômodo na sala.

Visivelmente irritado, Nuzman insistiu em defender o Morar Carioca, "em que o governo dá novas casas com boas condições de saúde e saneamento às pessoas que vivem em más condições". O programa consiste em compensar famílias que tenham de ser removidas de suas casas para novos locais. "Milhares e milhares de pessoas estão recebendo estas casas e estão muito felizes", disse Nuzman. "É claro que, na organização dos Jogos Olímpicos, algumas pessoas são a favor e outras, contra. Se algumas pessoas preferem morar em condições precárias no centro da cidade a morar a dez quilômetros do centro nas novas casas, aí é escolha delas", argumentou.

A então embaixadora do Brasil na onu, Maria Nazareth Farani Azevêdo, também se esforçou em mostrar a dimensão social dos Jogos no Brasil, ignorando a conclusão de relatores especiais da onu, que já apontaram as violações cometidas pelo país nas obras para a Copa e para os Jogos Olímpicos, entre elas a expulsão de milhares de pessoas de suas casas. A resposta de Nuzman e o discurso brasileiro parecem não ter convencido a onu. O então representante da entidade para temas esportivos, o alemão

Wilfried Lemke, encerrou o evento citando justamente a brasileira que questionou Nuzman, qualificando-a como "corajosa".

Não se necessitaria de "coragem" numa democracia. Coragem de quê? De falar contra uma violação constatada pela própria ONU? Não seria preciso que um alto funcionário das Nações Unidas mencionasse a questão de uma estudante brasileira se todos tivessem tido a possibilidade de se pronunciar.

A realização de um referendo e o trabalho que isso daria aos cartolas que precisariam se explicar já seriam talvez o maior legado que uma Copa deixaria para o Brasil. Mas o legado foi outro, e não foi deixado pelos dirigentes ou pelo governo. Foi uma reação a uma mentira. O Brasil mostrou que não é apenas o "país do futebol". A Copa fez a população ir para as ruas protestar. O Mundial não foi o motivo central dos protestos, mas teve o poder de aglutinar interesses e resumiu as demandas sociais na célebre expressão "padrão Fifa".

As autoridades perderam a chance de usar a Copa para transformar fisicamente as estruturas das cidades que sufocam as populações. Durante o Mundial, tive a oportunidade de entrevistar o pai do marketing esportivo moderno e a pessoa que, nos anos 1970, contratou um certo Joseph Blatter para trabalhar na Fifa. Com toda a sua experiência, ao final do torneio ele fez sua avaliação do que tinha ocorrido no Brasil.

Patrick Nally foi quem, em 1974, intermediou o contrato da Fifa com a Coca-Cola e foi o responsável pela elaboração do plano de marketing da Copa do Mundo que serve de base até hoje. "Para o Brasil, essa Copa foi uma mensagem ao mundo do amor e do estilo de jogo brasileiro. Mas também está deixando um legado de que o Brasil não estava preparado para capturar o impacto total da maior oportunidade de marketing", disse. "Um verdadeiro plano de legado jamais foi estruturado. Isso mostra de forma enfática por que megaeventos precisam ser planejados de modo mais eficaz com todos os acionistas, e não apenas com a Fifa e o Comitê Organizador Local", completou.

Muito além dos campos, os protestos de 2013 que ressoaram dentro e fora dos estádios revelaram uma desilusão entre os jovens com a classe política. A segurança reforçada garantiu a realização das partidas um ano depois, na Copa do Mundo. Mas o impacto foi além. Segundo um levantamento do jornal *O Estado de S. Paulo* publicado no dia 10 de agosto de 2014, o índice de brasileiros com dezesseis ou dezessete anos cadastrados para votar nas eleições presidenciais de outubro do mesmo ano caiu para apenas 26%. A diminuição foi de um terço em relação às votações de 2002, 2006 e 2010, quando a taxa chegava a 37% dos jovens.

A Copa trouxe ao primeiro plano as incoerências de um país que ainda consolida sua democracia. "Curiosamente, ou desgraçadamente, o Brasil está repetindo na democracia a mesma megalomania dos militares, que construíram estádios por todo o país", disse o jornalista Juca Kfouri antes da Copa.

Mas a sociedade não perdeu a oportunidade de mostrar que não é aquela dos pôsteres da Embratur, que não é apenas o "homem cordial" apontado pelo historiador Sérgio Buarque de Hollanda e cujo único objetivo é ter espasmos de alegria, seja na tribuna de um estádio ou no Carnaval. O maior legado da Copa do Mundo de 2014 foi construído pela própria sociedade. Foi dela que partiram as festas espontâneas durante os jogos e o acolhimento exemplar dos turistas. Mas foi ela também que descobriu que pode questionar e que tem o poder de colocar na parede políticos e dirigentes. A Copa não foi desperdiçada. Mas, ironicamente, isso só aconteceu porque a classe dirigente do Brasil não a reconheceu como uma oportunidade para gerar desenvolvimento social.

Faltando pouco mais de seis meses para a abertura da Copa do Mundo, o ministro do Turismo, Gastão Vieira, deu mais uma demonstração de que dirigentes não perdem a oportunidade de culpar o "jeitinho brasileiro" pelos problemas do Mundial, ao reconhecer que algumas obras necessárias para que as cidades-sede recebessem os turistas ainda nem tinham começado. "Estamos fazendo uma Copa no Brasil, e com brasileiros. Um pouco da nossa maneira de resolver os problemas tem de estar presente nesses acontecimentos. Então atrasa uma obra aqui, ocorre um reajuste de preço ali", disse ele em entrevista à rádio Estadão.

Quais brasileiros? Brasileiros que vivem um delírio tropical ou aqueles que não sabem se seus direitos mais básicos serão respeitados num megaevento?

De certa maneira, a Copa nos ajudou a deixar para trás a sombra que projeta nossa imagem. Uma sombra que engana quem não conhece sua complexidade, que foi gerada por décadas de um sol escaldante e que imprimiu nossa imagem no mundo. Algo tão forte quanto a sombra de uma garota desconhecida que, na explosão da bomba atômica em Hiroshima, ficou marcada nas escadas de um prédio para sempre. A sombra do Brasil não mente. Mas tampouco diz a verdade completa sobre a sociedade brasileira.

Povoamos o imaginário do planeta, e a Copa foi mais uma peça colocada no caleidoscópio que a cada giro ganha uma nova forma. A narrativa da construção da sociedade brasileira do século XXI passa necessariamente por esse momento de transformação. Uma imagem de potência que é baseada em miragens criadas por estádios modernos corre o risco de se desfazer assim que o jogo acaba.

Sempre estive convencido, desde o início desse processo, de que ganharíamos o respeito internacional não se erguêssemos os palácios mais modernos do mundo para o futebol, mas se tivéssemos a coragem de confrontar o engodo do Mundial sem temores e denunciássemos as mentiras da Fifa, da CBF e de todos os políticos que se beneficiaram do evento. Fomos elogiados por turistas e pelos dirigentes estrangeiros por termos feito "uma grande Copa". Mas essa era a nossa obrigação contratual. Seríamos reverenciados se nos apoderássemos da Copa e a transformássemos em um vetor de desenvolvimento social.

Muitos choraram com a humilhação da seleção. Não há contradição. Na realidade, há uma lógica absolutamente perfeita em tudo isso: somos tão apaixonados pelo futebol que não aceitamos que ele seja uma vez mais manipulado. Não aceitamos o sequestro dos amistosos da seleção para enriquecer alguns em Andorra.

Não se trata de torcer pelos adversários do Brasil, mas contra os inimigos da sociedade — que não estão em campo. Ao contrário do que muitos imaginavam e ainda sustentam, a Copa valeu a pena, sim. Mas não para os objetivos que tinham sido estabelecidos. Num cenário de realismo fantástico, ela serviu, acima de tudo, para escancarar a imagem do Brasil, colocar o país e sua sociedade diante do espelho, desmascarar mentiras que já duravam décadas e levar uma nação a desafiar seus limites. Também serviu como ponto de virada na história da Fifa e dos Mundiais, que jamais serão os mesmos. Desde 2014, dirigentes entenderam que não poderiam mais usar os mesmos argumentos para realizar e justificar obras de estádios e a própria Fifa passou a examinar um novo formato para a escolha dos Mundiais, em 2017. Empresas patrocinadoras também mudaram seu discurso e passaram a exigir que os megaeventos tivessem um claro lado social e sustentável. O impacto deixou até mesmo as paredes da Fifa e contaminou o COI, que, em 2015, obrigou Tóquio a rever os custos de construção de um estádio para os Jogos de 2020, considerados exagerados.

Pagou-se caro — na verdade, muito caro — por esse Mundial. Diante da ausência de resultados reais, da manipulação e do uso político de um megaevento, a sociedade reagiu e construiu seu próprio legado, mandando um recado muito claro aos dirigentes do país e da Fifa: que, como já disse William Shakespeare, não há legado mais rico que a honestidade.

11 DE AGOSTO DE 2014 — ULRICHEN, SUÍÇA

Um mês depois de a Copa do Mundo ter terminado, voltei a me encontrar com Joseph Blatter, dessa vez em sua cidade natal, Ulrichen, de apenas duzentos habitantes. Ali, quem circulava pelas ruas não era o presidente de uma entidade mundial, mas Sepp. A 1,3 mil metros de altitude nos Alpes, cercado por vacas e seus sinos, salsichas e cerveja quente, o suíço não hesitava em comemorar os resultados do Mundial no Brasil, e seu sorriso exibia nas entrelinhas uma mensagem de vitória pessoal. "Essa Copa foi um grande sucesso", disse-me enquanto dançava ao som de um sanfoneiro local.

Eu não resisti: "Sucesso para quem?". Mas fui solenemente ignorado.

16. Chute no traseiro

Julho de 2010 — sede europeia da onu, em Genebra

Demorei anos para entender o alerta que recebi de Maite Nkoana-
-Mashabane, com sua voz suave e pausada, em uma conversa na sede europeia da onu, em 2010. Nkoana-Mashabane era a ministra das Relações
Exteriores da África do Sul, uma das diplomatas mais respeitadas do continente africano e supostamente envolvida no escândalo da propina para
Jack Warner. Dias após o fim da Copa do Mundo da África do Sul, perguntei a ela o que sugeriria ao Brasil para garantir o sucesso do Mundial.
Num tom elegante e direto, ela alertou: "Sugiro que o país assuma a Copa,
que pense mais em si mesmo, no interesse de sua população e que não
aceite todas as condições exigidas pela Fifa". Hoje, mesmo depois da Copa
de 2014, seu recado continua ressoando.

A Fifa nunca escondeu que a Copa do Mundo é propriedade dela e
que os governos são apenas anfitriões de um evento privado. Tanto que a
marca "Fifa World Cup" está registrada em mais de 150 países. Qualquer
debate sobre o papel social do Mundial, de sua relevância ou até mesmo do
poder da Fifa deve partir, antes de tudo, dessa base. Desde os compromissos assumidos pelo Brasil na candidatura até as leis que foram modificadas
para atender a entidade, passando por exigências comerciais, legais e esportivas, tudo numa Copa do Mundo é estabelecido pela Fifa.

Sem constrangimentos, a entidade alega que apenas assim pode garantir que seu evento tenha lucros e seja protegido. Teoricamente, esses lucros seriam depois distribuídos para a comunidade internacional do futebol, desenvolvendo o esporte pelo mundo. Isso, em parte, é verdade. A Fifa também não tem nenhum problema em dizer claramente que é a Copa do Mundo que garante sua renda por quatro anos e paga todos os demais eventos. Os lucros do Mundial seriam, de certa forma, o "imposto do futebol", redistribuído nos anos seguintes. Claro, isso em tese. Assegurar o sucesso comercial do evento, portanto, é tão importante quanto garantir a sobrevivência financeira da Fifa. Nem mais, nem menos.

Não foram poucas as vezes que Joseph Blatter se defendeu dos ataques que recebia no Brasil com a seguinte frase: "Foram vocês no Brasil que quiseram a Copa. Não forçamos ninguém no Brasil a sediar o evento". Ele tem toda a razão, mas sua afirmação pressupõe que, quando a CBF e o governo decidiram se lançar em uma campanha para receber a Copa, todos os cidadãos foram informados do custo que isso teria. Blatter insiste em dizer que, ao garantir bilhões de reais em lucros para a Fifa, o Brasil também estaria se beneficiando. O alerta quase arrependido da sul-africana Nkoana-Mashabane era uma prova de que nem todas as promessas do futebol e da Fifa se transformam em realidade.

De fato, a África do Sul praticamente se colocou de joelhos diante da Fifa nos anos de preparação para o Mundial, aceitando todas as exigências da entidade e ainda acatando que estrangeiros se estabelecessem em Johannesburgo para tocar o evento, uma humilhação e um sinal de que a Fifa simplesmente não confiava que as coisas fossem funcionar na África do Sul se deixadas apenas sob a responsabilidade dos gerentes locais.

A Copa da África deveria mostrar que o continente estava pronto para passar a uma nova etapa de sua história. Apesar do medo preconceituoso dos europeus em relação à Copa, os sul-africanos não deixaram nada a desejar em 2010. No geral, tirando talvez os jogadores da medíocre seleção da França e o técnico Dunga, todos saíram satisfeitos com a primeira Copa no continente africano.

No entanto, as promessas de que o torneio mudaria o destino de milhões de pessoas na região não passaram de um sonho. Cinco dias antes da abertura do Mundial, eu estava em Pretória, na sede do governo, num evento com Blatter e o presidente sul-africano, Jacob Zuma. Ali, ninguém mais

Chute no traseiro

falava nos benefícios sociais do Mundial ou nos ganhos financeiros para o país. Zuma preferia falar em ganhos de outras dimensões e, num discurso que beirava a ironia, sustentava que o impacto positivo provocado pelo torneio só era comparável ao efeito político da libertação do líder Nelson Mandela da cadeia, vinte anos antes. "Não há preço para o que ganhamos ao abrigar essa Copa", disse Zuma diante de jornalistas. "O maior legado é o orgulho nacional." O político não poderia ser mais astuto: transformou os benefícios do Mundial em um bem intangível e, assim, justificou todos os gastos.

O rombo nas contas do governo, no entanto, foi mais que real em uma Copa que custou onze vezes o previsto. O governo sul-africano estimava, inicialmente, que os ganhos seriam de 0,5% do PIB. Mas o Conselho de Pesquisa de Ciências Humanas do país calculou que os gastos públicos equivaleram a 6,4% do PIB em 2010, cerca de US$8 bilhões. Por exigência da Fifa, o governo ainda deixou de coletar US$15 milhões em impostos de importação e teve de disponibilizar para a "família Fifa" dois jatos, trezentos carros e um serviço de saúde que custaram no total US$80 milhões. Até hoje, o saldo para o país é incerto. Já a Fifa não precisou esperar para saber se ganhou ou perdeu. A entidade conseguiu uma receita 50% superior à que obteve na Copa da Alemanha em 2006: cerca de US$3,2 bilhões.

Passada a euforia do mês da Copa, que de fato foi contagiante, milhões de cidadãos continuaram desempregados e a África do Sul voltou à sua dura realidade. Depois que a fantasia deixou o país, ficaram a pobreza, a aids, a violência, a desigualdade social e, principalmente, uma divisão profunda entre os líderes políticos sobre qual deve ser o projeto de desenvolvimento da África do Sul.

Poucas horas depois de o goleiro Iker Casillas levantar a taça de campeão do mundo pela Espanha, o governo sul-africano ordenou que tropas ocupassem algumas das regiões mais miseráveis de Johannesburgo para frear uma tensão latente de ataques xenófobos contra imigrantes estrangeiros. No dia seguinte, funcionários de empresas de energia confirmavam a intenção de entrar em greve. Eram recados claros à população de que, com o fim da Copa, a vida voltaria a ser o que era antes. E sinais de que o futebol não opera milagres, salvo jogadas espetaculares dentro de campo.

Quanto ao prometido "orgulho nacional", até mesmo os jogadores da seleção sul-africana admitiam, longe das câmeras, que não seria a bola que

Política, propina e futebol

mudaria as condições sociais do país. Sozinha, a euforia não passaria de uma cortina de fumaça para esconder o fato de que o Mundial, por si só, não garante benefício algum se não for muito bem instrumentalizado pelo governo para gerar desenvolvimento. Quanto ao time da África do Sul, seria eliminado na primeira fase, num fiasco inédito para um anfitrião.

Em Johannesburgo, eu mantive, dois dias antes de o Mundial começar, uma longa conversa com o zagueiro Matthew Booth, o único jogador branco do time sul-africano, comandado por Carlos Alberto Parreira. Falamos da experiência da Copa, das pressões e de futebol. Mas quando o questionei sobre o impacto do evento para superar a divisão racial e social que ainda prevalecia na sociedade, vinte anos depois da queda do apartheid, Booth foi taxativo: "Não será o futebol que irá mudar as coisas. O que mudará a vida das pessoas serão políticas públicas", declarou ele. "Quando a bola parar de rolar, a vida voltará ao que era", completou. O jogador era o personagem perfeito para mostrar a imagem do que seria um novo país. Casado com uma modelo negra de Soweto, o bairro da periferia que se transformou em epicentro da resistência contra o apartheid, e capa da revista *Sports Illustrated*, ele representava a diversidade em um esporte dominado pelos negros na África do Sul e a capacidade da nova geração de superar as barreiras da cor da pele. Mas nem mesmo aquele que era o símbolo idealizado de um país conseguia esconder que a realidade não correspondia aos sonhos oferecidos por aqueles que de fato lucram com os Mundiais.

Bastava ir até um dos subúrbios das grandes cidades sul-africanas para constatar o que Booth acabava de afirmar. Lilian, uma moradora de Soweto, aceitou conversar comigo na porta de sua casa, mas desde o primeiro minuto alertou que não sairia em defesa da Copa. "As promessas eram que nossa vida mudaria. Agora, a Copa acabou e continuo desempregada. Se o governo teve dinheiro para gastar com estádios, podia ter aberto um hospital para a própria população", disse, indignada.

De fato, o dinheiro usado pelo governo sul-africano para o Mundial seria suficiente para construir casas para as 12 milhões de pessoas que vivem em favelas. O escritor sul-africano Rian Malan definiria de forma precisa o que havia sido a Copa: "A Fifa encorajou o governo a gastar bilhões que não tínhamos em estádios de que não precisamos. Agora, infelizmente, ficaremos com dívidas por anos".

Na época, para o CEO da Copa, Danny Jordaan, ver o Mundial dessa maneira era uma "prova de miopia". "A longo prazo, todos vão ganhar", garantiu. Ele não poderia ser de opinião diferente, já que comandava o evento. Um ano depois de terminado o torneio, o próprio governo sul-africano surpreendeu a todos anunciando a retirada da candidatura para receber os Jogos Olímpicos de 2020, projeto que tinha sido promovido antes do Mundial de 2010. A cidade de Durban era apontada como uma das favoritas, já que tinha parte da estrutura preparada, em função da Copa, e ainda ajudaria o aristocrático COI a levar os Jogos pela primeira vez para o continente africano.

O presidente da África do Sul explicou a retirada da candidatura: com o dinheiro investido na campanha e no lobby por votos, milhares de casas poderiam ser construídas para a população que ainda vive em favelas. A pressão popular e as críticas surtiram efeito. As autoridades do país africano enganaram a população por ocasião da Copa, mas sabiam que não poderiam repetir a manobra. O porta-voz do governo, Jimmy Manyi, alegou que o presidente e seu gabinete haviam decidido focar suas atenções em investimentos sociais e garantir serviços básicos para toda a população. "Acreditamos que apenas o custo da candidatura seria de cerca de US$50 milhões. Vocês sabem quantas casas populares poderíamos construir só com isso?", questionou. Manyi afirmou que a meta do governo era concentrar seus esforços em educação, diminuição da criminalidade, saúde, emprego e desenvolvimento rural.

O sonho de realizar a primeira Olimpíada em solo africano seria adiado para, pelo menos, 2024.

E SE DESTRUÍSSEMOS UM ESTÁDIO?

Os africanos não foram os únicos a descobrir que transformar um evento mundial em um catalisador de desenvolvimento não é um processo automático e seguro. Portugal também seguiu esse caminho. Uma década depois de sediar a Eurocopa, em 2004, e de ter construído mais estádios do que foram exigidos, com dinheiro público e, em alguns casos, em lugares sem tradição de futebol, o país ainda se ressente dos gastos realizados devido ao evento.

Hoje, Lisboa constata o tamanho da fatura da falta de planejamento, da ambição sem fundamento de dirigentes esportivos e das promessas não cumpridas do futebol. Alguns dos estádios construídos para o evento de 2004 estão vazios e, diante da pior crise econômica de era democrática do país, prefeituras já quebradas estão tendo de socorrê-los. Fala-se inclusive na possibilidade de demolir alguns deles.

A Eurocopa foi realizada em meio a um sentimento de boom econômico em Portugal. A Uefa pediu apenas seis ou oito estádios, o padrão das competições continentais. No ano 2000, por exemplo, o torneio foi realizado na Bélgica e na Holanda e somente oito sedes foram usadas, quatro em cada país. Já em 2008, o torneio seria compartilhado novamente, agora entre suíços e austríacos. E, mesmo assim, o número de sedes não passaria de oito — o mesmo número usado em 2012, na Polônia e na Ucrânia. Mas os portugueses decidiram realizar o evento em oito cidades, com um total de dez arenas. Isso tudo para apenas dezesseis seleções.

Não há como não fazer um paralelo com o Brasil. A Fifa também não pediu os doze estádios e mesmo assim a decisão foi a de seguir adiante com o plano faraônico.

No caso de Portugal, seis estádios foram construídos com dinheiro público e, na época, consumiram 1,1 bilhão de euros. Uma década depois, parte das prefeituras não sabe o que fazer com eles diante de uma crise que vem exigindo corte de gastos, demissão de milhares de funcionários e redução de salários e de aposentadorias. Alguns foram erguidos onde nem sequer havia um time na primeira ou na segunda divisão e hoje acumulam prejuízos. Apenas para pagar os juros dos empréstimos feitos nos bancos para as obras, seis cidades destinam todos os anos mais de 13 milhões de euros. Informes preparados pelas câmaras municipais revelam um cenário crítico.

O caso de Leiria é o mais dramático. O time local, o modesto União de Leiria, teve um público médio de 868 pessoas por jogo na segunda divisão nos últimos anos e em 2014 caiu para a terceira divisão, por causa de sua crise financeira. O resultado é que o time que tem um estádio "padrão Uefa" e com capacidade para pelo menos 30 mil pessoas agora é um clube amador. Para encher o estádio, o União de Leiria precisaria levar para a arquibancada nada menos do que metade da população da cidade.

Chute no traseiro

Os dirigentes do time decidiram abandonar o estádio, alegando que os custos de jogar no local chegam a ser maiores que os salários pagos aos jogadores. Só em juros, 1,2 milhão de euros é necessário para que a prefeitura local pague aos bancos o empréstimo que fez para erguer o estádio de 90 milhões de euros.

Outro caso crítico é o do estádio Algarve, que custou mais de 60 milhões de euros. O local nem mesmo conta com um time profissional. Na região, o Farense foi campeão da terceira divisão e o Louletano, da desconhecida Série D, espécie de quarta divisão. Por dia, o estádio custa 10 mil euros às prefeituras de Loulé e Faro, e os prejuízos se acumulam. Em 2007, a empresa que administra o estádio teve uma perda de quase 1 milhão de euros. Em 2013, o prejuízo ficou em mais de 600 mil euros. As autoridades tentaram usar o local para outros eventos, mas, diante da crise em Portugal, poucos estão dispostos a pagar pelo aluguel. Desde 2004, as duas prefeituras já repassaram mais de 40 milhões de euros para pagar as contas da arena. A opção, no momento, tem sido usar algumas das áreas como salas de aula de um colégio público.

Mesmo o estádio de Braga, cidade com um time de certa relevância nacional, vive uma grave crise. A manutenção da arena que custou 161 milhões de euros consome 10% do orçamento anual da Câmara Municipal, cerca de 1 milhão de euros.

Em Aveiro, o estádio, que custou 63 milhões de euros, chegou a ser alvo de um estudo da Câmara Municipal para que fosse demolido. O custo diário de sua manutenção alcança 9,4 mil euros, considerando os juros pagos aos bancos pelo empréstimo para suas obras. A empresa de energia do país, EDP, chegou a cortar a luz da arena por falta de pagamento. Os vereadores não são os únicos a colocar esse tema na agenda das reuniões. O ex-ministro da Economia Augusto Mateus já fez uma proposta de destruição de estádios em inúmeras ocasiões desde que a crise econômica começou.

Até mesmo uma das teses mais defendidas pelos cartolas foi reprovada em Portugal: a de que a construção de um estádio em um local onde o futebol é ainda incipiente ajuda a região a desenvolver o esporte. Mas, desde 2004, os clubes portugueses descobriram que são os campos construídos para a Eurocopa que ameaçam afundar os times. Um caso exemplar é o do Estádio do Bessa, no Porto, sede do time do Boavista. Diante

da dívida do clube, as autoridades penhoraram o estádio, usado na Eurocopa, e exigem sua venda pelo valor mínimo de 28,3 milhões de euros. O
problema é que não há comprador, e a dívida acabou afetando a capacidade do clube de reforçar seu elenco e disputar títulos.

João César das Neves, professor de economia da Universidade Cató-
lica de Lisboa, já publicou artigos em que estima que os estádios foram,
em sua época, os símbolos de um "gasto sem controles". Mas, nos inter-
mináveis debates de hoje sobre o que fazer com os elefantes brancos portugueses, parte dos políticos insiste que a culpa é da Uefa, que, naqueles
anos, exigia arenas de pelo menos 30 mil lugares. Na Suíça, representantes
da Confederação Europeia confirmam que esse é o tamanho mínimo para
um estádio, mas insistem que não foi a Uefa que definiu a necessidade de
dez estádios para sediar o torneio. Portugal acabou sendo o único país a ter
dez sedes desde que o torneio começou, em 1960, e essa foi uma decisão
tomada exclusivamente pelos portugueses. A esperança era de que a Fifa
concedesse ao país o direito de sediar, ao lado da Espanha, a Copa de 2018.
Isso acabaria justificando os investimentos nas sedes e aliviando a pressão
financeira sobre as cidades. Mas a entidade máxima do futebol acabou
escolhendo a Rússia, que, claro, irá erguer novos estádios e uma vez mais
desafiar a lógica econômica.

DEUSES ENDIVIDADOS

Em 2004, o mesmo ano em que Portugal concluiu que um evento esportivo o colocaria de volta no mapa-múndi do futebol, a Grécia comemorava
com orgulho o fato de que, mais de cem anos depois, os Jogos Olímpicos
finalmente voltavam a seu berço.

O preço do "orgulho" chegou a 11 bilhões de euros, duas vezes mais
que o planejado. Onze anos depois, a herança olímpica e o esporte na
Grécia estavam em ruínas. Os cortes no orçamento do governo em consequência da crise econômica mais séria já vivida pelo país e da recessão estão
levando a um desmonte de tudo que foi construído para os Jogos Olímpicos. Para muitos, o legado do evento é, hoje, apenas um acumulado de
dívidas que contribuiu para um calote do país.

Chute no traseiro

Em certa ocasião, perguntei ao presidente do COB, Carlos Arthur Nuzman, o que ele achava do impacto dos Jogos de Atenas na crise grega. Sua resposta não foi surpreendente. Para ele, era uma "verdadeira injustiça" culpar os Jogos pelo desastre econômico vivido pelos gregos desde 2009. Sem dúvida não foi um único evento que levou o país a uma crise de proporções trágicas, mas para muitos o torneio foi o símbolo de uma elite dirigente e de políticos segundo os quais todo gasto se justificava diante da projeção que a Grécia teria no mundo e do suposto legado que os Jogos deixariam à população.

O que deveria ser o espelho de um país moderno se transformou no símbolo de um gasto irresponsável. Hoje, documentos internos do governo enviados à Comissão Europeia deixam claro que já em 2004 a Grécia acumulava uma dívida impagável, camuflada com a ajuda de economistas sem escrúpulos. Em outras palavras: Nuzman tem razão em dizer que não foi a Olimpíada que fez a Grécia se enterrar em dívidas. Mas a realidade é que o país jamais teve recursos para bancar a festa. O tempo provou que tudo não passou de uma grande ilusão.

Hoje, no processo de reforma do país exigido pelos credores, o esporte não ficou isento de cortes profundos. O primeiro golpe veio em janeiro de 2011: o governo anunciou o corte de 33% na ajuda a federações esportivas, minando de forma dramática a capacidade de algumas equipes e de esportistas de elite se prepararem para os Jogos Olímpicos de 2012, em Londres. Quem quisesse participar do evento teria de pedir recursos ao COI ou buscar patrocínio. O Comitê Olímpico Grego recebeu em 2011 uma ajuda estatal de meros 8 milhões de euros, depois de mais de 30 milhões de euros nos últimos anos, antes da eclosão da crise de 2008.

Os problemas não pararam por aí. Atenas perdeu o direito de sediar os Jogos Mediterrâneos de 2013, uma espécie de Pan-Americano dos países que margeiam o Mediterrâneo. A exclusão da Grécia como sede do evento ocorreu depois que as autoridades decidiram retirar 190 milhões de euros do projeto. O próprio Estádio Olímpico, construído para os Jogos de 2004, foi colocado à venda e faz parte do plano do governo de vender as "joias da Coroa" para se manter vivo. Mas, por enquanto, não apareceu nenhum comprador.

A maioria das 22 instalações usadas para os Jogos de 2004 está abandonada. A empresa criada para gerenciar o "legado olímpico", a Olympic

Properties S.A., é hoje uma estatal com uma dívida considerada impagável. Apesar de toda a infraestrutura deixada pelo COI em 2004, o país não tem recursos nem mesmo para pagar o uso das instalações.

O caos financeiro também atinge os esforços de controle do doping. O governo reduziu pela metade o apoio ao único laboratório do país certificado pela Agência Mundial Antidoping (Wada), e a medida pode fazer com que a entidade simplesmente o desconsidere de sua lista, por não atender a critérios mínimos. Se isso ocorrer, o país que deu origem ao movimento olímpico ficará sem possibilidade de realizar seus próprios testes de doping. "A verdade lamentável é que as Olimpíadas de Atenas podem não deixar nenhum legado em relação ao controle de doping", afirmou a Wada, em comunicado.

Os cortes não se limitariam à tesoura do governo no início de 2011. No fim daquele mesmo ano, foi a vez do então vice-ministro das Finanças, Filippos Sachinidis, anunciar que o esporte sofreria novas reduções de orçamento, alegando que não era "o momento de recreação". A declaração incendiou os movimentos de atletas. "A decisão de cortar ainda mais os recursos para as federações vai destruir o esporte grego", alertava Vasilis Sevastis, presidente da Associação de Atletismo da Grécia. "Há um grande desespero entre os atletas. Tudo que se tentou criar nos últimos anos está sendo destruído", alertou. Para Sevastis, o impacto do fechamento de clubes, terrenos de esporte e outras facilidades pode ser a explosão do descontentamento social. "Com centenas de jovens sem ter para onde ir, veremos problemas sociais enormes", disse.

Na prática, muitos atletas gregos estão hoje abandonando os campos de treinamento e dedicando seu tempo a encontrar uma nova forma de financiamento, ou pelo menos procurando empregos que paguem o aluguel. Em 2011, o time de polo aquático feminino da Grécia ganhou o campeonato mundial, mas no clube que serve de base para a seleção nacional, a Associação Náutica Vouliagmeni, os atletas estão deixando de treinar para buscar um trabalho.

Parte do problema, porém, não é a crise atual, e sim o sistema que vigorou por décadas na Grécia para financiar atletas de elite e o próprio evento de 2004. Muitos atletas recebiam cargos públicos apenas para justificar o pagamento de um salário enquanto treinavam. Essa ajuda criava confusões administrativas e distorções nas contas do Estado. "Os gastos com o esporte grego são ineficientes", justificou Panos Bitsaksis, naquele momento a pessoa que ocupava a pasta de secretário-geral para Esportes no governo. "Precisamos examinar se o dinheiro dado ao esporte trouxe resultados. Muitos atletas recebiam salários por posições que nem sequer existiam. Houve abuso de privilégios, até mesmo por atletas que já haviam se aposentado", denunciou ele.

As incoerências nos gastos também chamam atenção. Em 2009, por exemplo, o governo destinou o mesmo volume de recursos tanto para maratonistas como para o pessoal do hóquei sobre gelo.

Uma prática recorrente no mundo esportivo grego foi a de apresentar a candidatura do país para receber um determinado evento, mesmo sem o sinal verde do Ministério das Finanças. Uma vez conquistado o direito de sediar o torneio, a federação envolvida pressionava o governo para liberar recursos, e normalmente conseguia. Isso, claro, até o país descobrir que estava quebrado e que todos esses eventos jamais geraram algum tipo de legado real para a sociedade ou para as contas públicas.

Em 2012, nos Jogos Olímpicos de Londres, a delegação da Grécia era o exemplo de um grupo que não soube tirar proveito do fato de ter sediado uma Olimpíada menos de dez anos antes. Atletas confessaram que viajaram até a Inglaterra sem médicos e que foram obrigados a estudar ou trabalhar enquanto treinavam. Em comparação com 2008, em Pequim, a delegação grega enviada aos Jogos fora reduzida em 34%. O resultado foi um desempenho medíocre do país, que somou apenas duas medalhas de bronze. Em 2004, os gregos conquistaram dezesseis medalhas. Em 1896, quando sediaram os primeiros Jogos Olímpicos da história moderna, os gregos terminaram com 46 medalhas, das quais dez foram de ouro. Em Londres, em 2012, o país terminou em 75º lugar, superado até mesmo pelo Gabão, por Botsuana e pelos vizinhos de Montenegro.

O mal-estar se aprofundou depois que jornais ingleses revelaram os programas noturnos dos dirigentes esportivos da Grécia. Toda noite eles percorriam clubes privados na capital britânica e escancaravam a fortuna que gastaram para alugar o luxuoso e elitista Carlton Club como sua sede em Londres. Só para o aluguel, destinaram 230 mil euros. E a cada noite políticos, dirigentes e amigos se reuniam para festas regadas a vinho. Ironicamente, no último fim de semana do evento de 2012, os dirigentes gregos acabaram sendo despejados do local. Motivo: não pagaram a conta.

O DESEMBARQUE

Em 2014, chegou a vez de o Brasil entrar na agenda internacional dos megaeventos esportivos. O circo da Fifa voltou a desembarcar em outro país disposto a gastar bilhões em estádios. E a verdade é que, antes mesmo de saber quem seria o artilheiro, quem seria o campeão e quem seria o craque do Mundial, a Fifa já comemorava e estava com as contas fechadas. Com acordos acertados um ano antes de a bola rolar, a entidade registrava a Copa mais lucrativa da história.

Mas como é que um evento que deixa um legado tão duvidoso para os países consegue gerar tal volume de dinheiro? É verdade que a Fifa nunca gastou em um país como fez no Brasil, contratando serviços locais para organizar o Mundial, e essa poderia ser uma das explicações dos lucros. Mas como é que, em plena crise mundial, entre 2008 e 2013, a Fifa conseguiu desafiar todos os pessimistas e continuar a acumular uma fortuna inédita com a Copa do Mundo?

Parte da explicação está na capacidade da Fifa de definir algumas leis do país que servirá de sede para seu evento, com a garantia de que elas protegerão desde a marca da Copa até a escolha dos alimentos que serão oferecidos nos estádios. Essas leis vão estabelecer quem paga o quê, quem tem o direito de usar a Copa para se promover e, acima de tudo, quem bancará o prejuízo se algo der errado.

O "desembarque" da Fifa em um país é feito por meio da aprovação do que ficou conhecido no Brasil como a Lei Geral da Copa, um compromisso que o governo teve de assumir antes mesmo de prometer que haveria grama nos estádios para o Mundial.

A única maneira de entender como a Fifa chegou a tal resultado lucrativo é entrando nos detalhes do acordo com o governo que sedia o evento. Trata-se de um documento que revela o tamanho do poder concedido à entidade do futebol por meio de uma lei que chega, no caso do Brasil, a violar a própria Constituição.

A Lei Geral da Copa exigiu anos de negociações, desde os compromissos assumidos pelo Brasil em 2007 até a aprovação do projeto pelo Congresso Nacional, em 2012. O princípio do novo regulamento era relativamente simples: ao Brasil caberia toda a responsabilidade — financeira, médica e de segurança — sobre os funcionários da Fifa, parceiros comerciais e seleções; à Fifa caberia todo o lucro, em contratos totalmente blindados.

A lei garante direitos exclusivos sobre parte do território nacional para a Fifa, nos entornos e no interior de cada um dos doze estádios e dezenas de campos oficiais de treinamento das seleções. Na prática, ela prevê a abolição de princípios estabelecidos de meia-entrada, modifica as normas que impedem a entrada de bebidas alcoólicas nos estádios, prevê isenção fiscal a seu grupo nesses locais, controla o que se pode e o que não se pode vender e ainda exige leis de licitação fora dos padrões adotados pelo Estado que sedia o Mundial.

A realidade é que as normas exigidas dos países-sede pela entidade máxima do futebol não deixam nenhuma brecha para dúvidas: a Copa é da Fifa. Ela apenas acontece no país-sede, seja ele qual for.

Um dos pontos que mais escancaram a relação comercial entre a entidade e a nação que sediará o Mundial é a proteção que a Fifa exige para sua marca. A lógica é relativamente simples: para cobrar dos patrocinadores volumes de dinheiro cada vez maiores, a Fifa garante a essas empresas que serão as únicas no mundo a poder vincular seus produtos à Copa.

A entidade pode cobrar quanto quiser pelo licenciamento, mas, para assegurar os direitos obtidos a preço de ouro por corporações como Coca--Cola, Visa ou Adidas, o país-sede é obrigado a aceitar a inclusão de novos crimes em sua lei penal durante o período da Copa. No Brasil, passou a ser crime a reprodução ou a falsificação de símbolos e de mais de 230 nomes registrados pela Fifa na divulgação de produtos relacionados à Copa. A lei estabeleceu como pena a detenção de três meses a um ano, além de multa. Curiosamente, o governo brasileiro não podia acionar a Justiça caso identificasse um crime parecido; um processo só seria aberto se a Fifa decidisse ir adiante com o caso. No Brasil, as leis criadas por ocasião da Copa perderam a validade somente em 31 de dezembro de 2014.

Se essa é uma prática legítima no mundo do marketing — e uma lei até mesmo justa, levando em consideração o valor pago para defender a marca —, o que chama a atenção no caso da Fifa e da Copa é que até mesmo o governo do país-sede precisa pagar para usar o Mundial a fim de se promover. Isso aconteceu com o Brasil, numa inversão de papéis entre a Fifa e o governo. Para montar postos de informação econômica sobre o país nas instalações da Copa e levar potenciais investidores aos jogos, o governo foi obrigado a se transformar em patrocinador do evento, em um acordo entre a Agência Brasileira de Promoção de Exportações e Investimentos (Apex) e a Fifa. O acordo permitia, por exemplo, que a agência distribuísse cerca de mil ingressos de jogos para empresários estrangeiros.

Por ser um contrato que a Fifa mantém em total sigilo, o montante que a Apex pagou à entidade para usar os estádios erguidos com empréstimos do BNDES não é divulgado, mesmo que se trate de dinheiro público. A Apex reconheceu que a Fifa impede que os valores sejam revelados. Mas, em Brasília, estima-se que a agência do governo tenha pagado R$ 20 milhões.

No fundo, o governo recebeu o mesmo tratamento de qualquer empresa que quisesse ter seu nome vinculado ao torneio e com a possibilidade de usar de forma exclusiva as marcas da Copa, como a Garoto ou o banco Itaú.

"Não há como organizar uma ação [na Copa] sem ter o status de patrocinador da Fifa", reconheceu Ricardo Santana, coordenador dos projetos da Apex. Ele acreditava que a iniciativa teria um forte retorno, atraindo para o Brasil investidores que poderiam fechar contratos não relacionados com o Mundial. Mas vamos ser claros: o governo teve de pagar para estar associado ao nome do evento que ele mesmo recebeu.

A Fifa ainda fechou um acordo com o Instituto Nacional de Propriedade Industrial (INPI) para prevenir a falsificação de produtos com seu logotipo. O INPI passou a registrar as marcas da entidade sem cobrar taxas e colocando todos os mais de duzentos pedidos da Fifa no topo da lista, furando a fila de solicitações que havia meses estavam sendo consideradas.

A entidade máxima do futebol ainda conseguiu a aprovação de um projeto de lei que tornou propriedade dela e da CBF uma série de termos corriqueiros relacionados à Copa. Pela regra, foram de uso privativo da Fifa frases como "Copa do Mundo da Fifa Brasil 2014", "Copa do Mundo" ou mesmo "Brasil 2014". Só ela podia dizer quem teria o direito de usar esses termos em publicidade, produtos ou mesmo vitrines de lojas. E, para isso, vendia esse direito a preço de ouro.

A lei também garantia o uso exclusivo até mesmo da expressão "Natal 2014", numa referência a uma das sedes da Copa, mas que poderia gerar confusões com a festa de final de ano. Mais irônico ainda foi o registro da palavra "pagode". Não se trata de um limite imposto ao gênero musical nem uma tentativa de se apoderar da cultura brasileira. "Pagode" é também o nome do estilo de fonte tipográfica usada nas marcas da Copa do Mundo. O absurdo da situação, porém, abriu espaço para processos legais e até piadas nas redes sociais, convocando manifestações contra os abusos da Fifa. "Pagode Copa 2014: processa meu fuleco, Fifa", dizia uma das mensagens convocando uma manifestação, numa referência ao mascote do Mundial.

No caso da CBF, a entidade passou a ter o direito exclusivo sobre termos como "Seleção Brasileira de Futebol", "Seleção Brasileira", "Seleção Canarinho" ou simplesmente "Seleção".

Não é apenas o vocabulário que passa a ser controlado pela Fifa numa Copa. O desembarque da entidade no Brasil ou em qualquer outro país-sede também significa que uma parte do território nacional é cedido à Fifa. No caso brasileiro, a Lei Geral da Copa permitiu que ela estabelecesse áreas de restrição comercial num perímetro flexível de dois quilômetros em volta de cada um dos estádios, uma prática que começou a ganhar força a partir dos anos 1990. Nessa área, quem manda são os interesses comerciais da Fifa, ainda que um bar, um restaurante ou um comércio tenha estado ali nas últimas décadas. No prazo determinado pela Fifa, um bar ou uma loja dentro desse perímetro fica proibido de fazer qualquer tipo de publicidade de marcas concorrentes aos parceiros da entidade do futebol.

A Fifa exigiu até mesmo que as leis dentro dos estádios fossem modificadas. Por conta do patrocínio da Budweiser, a entidade obrigou o Brasil a suspender as regras que proíbem a venda de bebidas alcoólicas nos estádios. A proibição faz parte do Estatuto do Torcedor, uma legislação federal, e foi implementada no país justamente para evitar a violência nos estádios. Para justificar essa brecha para cervejas, o secretário-geral da Fifa, Jérôme Valcke, me deu uma explicação em 2011. "Isso é algo que foi informado desde o primeiro dia", disse, repetindo o mantra da Fifa de que o Brasil sempre foi avisado das exigências antes de se lançar na corrida para receber a Copa. E prosseguiu:

Isso é algo que na Rússia [que sedia a Copa de 2018] já está resolvido, mesmo num país que tem tantos problemas com as bebidas e onde o governo está agindo contra o alcoolismo. A Rússia concordou que, nos estádios, a Fifa estará autorizada a vender. Não estamos falando de vodca ou uísque. Estamos falando de cerveja. Sei que se pode ficar bêbado tomando muita cerveja. Mas, uma vez mais, dissemos desde o primeiro dia que há cerveja na Copa do Mundo. Temos um acordo de que deve haver isenção nos estádios. Li inclusive que o Catar [que sedia a Copa de 2022] anunciou oficialmente que irá autorizar a venda de cerveja em locais determinados, o que é algo que também vai contra não apenas as regulamentações, mas também contra uma visão da religião. [O islã proíbe que seus seguidores usem drogas e bebidas alcoólicas.] Baseado na proteção de nossos parceiros comerciais, o que estamos pedindo não é algo que surgiu na semana passada. É algo que o Brasil já sabia antes mesmo de receber o direito de sediar a Copa.

Ou seja, ignoram-se a segurança dos torcedores, suas visões religiosas e mesmo sua saúde.

Mas, ironicamente, foi o próprio Valcke que, durante a Copa do Mundo de 2014, se disse preocupado com a embriaguez de torcedores. "Fiquei assustado com o álcool. Talvez muitas pessoas estivessem bêbadas, e, quando se bebe, a violência pode aumentar", afirmou. Valcke não negou que a venda pudesse ser suspensa. "Se precisarmos controlar a venda, vamos controlar. Precisamos ver isso", admitiu. Nos bastidores, o governo e a Fifa já planejavam suspender a venda de bebidas caso Brasil e Argentina se encontrassem na final, o que acabou não acontecendo — para a sorte da Budweiser.

Se o caso da cerveja é o exemplo mais enfático de como um acordo comercial pode colocar de lado leis nacionais de segurança, o modelo de proteção de marcas e a promoção dos patrocinadores não é uma prática exclusiva da Fifa. Nas sofisticadas salas de estar do clube de tênis de Wimbledon, os sócios do lendário local não disfarçavam a irritação durante as Olimpíadas de 2012. Sua associação havia sido cedida ao COI para sediar o torneio de tênis nos Jogos. Mas, com isso, o desembarque também incluiu patrocinadores que transformaram os luxuosos restaurantes do local em pontos de venda de fast-food.

Dos lugares frequentados pela mais alta aristocracia de Londres às ruas de operários e imigrantes, os superpoderes do COI e de seus patrocinadores foram mais que visíveis e temidos nos Jogos de 2012. Londres, desde o início do evento, se transformou em uma cidade sitiada pelas empresas que bancaram os Jogos e, segundo especialistas em marketing, nunca o controle do uso de marcas foi tão rigoroso como naquele ano. A constatação é que os poderes do COI, que serão repetidos no Rio de Janeiro em 2016, são totais.

Enquanto atletas competiam em ginásios e estádios sem anúncios expostos ao público, a realidade nas ruas era bem diferente. O COI e a Autoridade Olímpica britânica enviaram centenas de fiscais pelo país para garantir que apenas os patrocinadores oficiais usassem a marca olímpica. Trezentos monitores, que começaram a ser chamados de "polícia religiosa" das multinacionais, tiveram o direito e o poder de entrar em lojas e restaurantes aplicando multas em nome dos interesses de Adidas, McDonald's, Coca-Cola e BP.

As regras, assim como no caso da Fifa, eram claras: empresas que não eram patrocinadoras não podiam colocar em suas vitrines termos como "Jogos Olímpicos" e "Olimpíada". A lista também incluía "ouro", "prata", "bronze", "verão" e até mesmo "Londres". No total, oitocentas lojas de alimentos no perímetro dos locais de jogos foram impedidas de vender batatas fritas, exigência de um dos patrocinadores, que impunha o monopólio sobre o produto: o McDonald's.

O imigrante português Jorge Almeida, dono de uma padaria em Londres, sentiu na pele a ação da "polícia". Seu estabelecimento fica dentro do perímetro do estádio de Wembley, e, enquanto eu aguardava uma das partidas do torneio de futebol feminino dos Jogos, descobri um empresário furioso com o impacto do evento. "Vieram me dizer que eu teria de remover os anéis olímpicos de minha vitrine", me contou Jorge, que vivia na cidade havia trinta anos. "Me deram dois dias, ameaçando voltar e aplicar a multa. Troquei os anéis por pães, no formato dos aros olímpicos. Mesmo assim, vieram e me disseram que isso também era ilegal. Deram a multa, mas não sei se vou pagá-la." O que ele não sabia era que os fiscais que o visitaram têm mandato da Justiça para realizar a ação. Marina Palomba, da agência de publicidade McCann Worldgroup, confirmou que a lei de marketing aprovada para os Jogos foi "a mais draconiana já estabelecida em um evento".

Os atletas também se queixaram. Durante o torneio, um grupo de esportistas americanos lançou uma ofensiva para pedir que o COI modifi-

Política, propina e futebol

casse suas regras em relação aos patrocinadores. A lei estabelecia que aqueles que não usavam os produtos oficiais estavam impedidos de levar nas roupas os nomes das empresas que os apoiavam. Já atletas com contratos com as mesmas empresas que bancavam os Jogos podiam exibir as marcas.

O COI se defendeu alegando que decidiu realizar esse tipo de controle para "proteger o esporte". Segundo a entidade, era justamente a proteção dos patrocinadores que garantia a sobrevivência financeira dos Jogos, um evento que nos anos 1970 e 1980 chegou a ser ameaçado por falta de interesse comercial. No torneio de Londres, a entidade fechou contratos de 1,4 bilhão de libras esterlinas com onze multinacionais e conseguiu superar até mesmo a crise financeira que assolava o mundo.

A troca é simples: pelo dinheiro que dão ao COI, as empresas exigem um monopólio sobre a cidade-sede. Jogadores que não usavam produtos Adidas, por exemplo, tiveram de mudar de roupa para subir ao pódio. A tenista russa Maria Sharapova foi uma das que se queixaram das exigências de marcas patrocinadoras do COI. "Fomos obrigados a modificar até as sacolas que usamos para levar as raquetes", contou. "Os bonés precisaram ser transformados para que os símbolos das empresas não ficassem na testa, e sim de lado", disse. "O controle é mesmo rígido."

Em Wimbledon, os tradicionais uniformes brancos dos jogadores de tênis foram trocados por uniformes coloridos — uma heresia no clube. Mas enganou-se quem imaginou que eles trariam as cores das bandeiras dos países dos atletas. As cores eram determinadas pelos patrocinadores, para promover seus novos produtos.

Nas lojas de Wimbledon, nada podia ser vendido sem a autorização das empresas parceiras do COI. Nas lanchonetes, a mesma situação. Depois de muita polêmica, os sócios do clube de tênis mais tradicional do mundo conseguiram comemorar uma vitória e manter pelo menos uma de suas tradições: a venda de morangos com champanhe.

Seja numa Copa do Mundo, seja em Jogos Olímpicos, a realidade é que os mesmos princípios começaram a ser aplicados pelas entidades esportivas. Os megaeventos — e seus lucros — seduzem a classe política, que, para receber os torneios, estão dispostas a ceder parte de sua soberania. Isso acontece nos camarotes da aristocracia de Wimbledon, nas praias brasileiras ou nos templos gregos.

LUCROS PRIVADOS, PREJUÍZOS PÚBLICOS

Diante de tal poder da Fifa, no Brasil ou em qualquer outro país-sede da Copa, quais foram as responsabilidades da entidade mundial do futebol em caso de prejuízo, segurança e tantos outros itens da organização do megaevento?

É nesse ponto que as incoerências são escancaradas. Se a Lei Geral da Copa e todos os compromissos assinados pelo Brasil garantem que o Mundial foi, acima de tudo, um evento privado da Fifa, a entidade praticamente esteve isenta de responsabilidade por um possível fracasso. O princípio não poderia ser mais claro: os lucros são privados e até o nome "Seleção" é propriedade de alguém, mas os prejuízos são públicos. Um cínico não teria como negar: o caráter "democrático" da Copa está assegurado.

As normas aprovadas no Congresso brasileiro, por exemplo, estipularam que o cancelamento da Copa exigiria que o governo ressarcisse a Fifa, numa conta certamente bilionária. Problemas com um centro de treinamento, com o hotel de uma seleção, com transporte e até a devolução de ingressos dos jogos poderiam cair na conta do governo. De fato, o dinheiro não teria de vir diretamente do Tesouro Nacional, mas caberia ao governo brasileiro contratar e, claro, pagar por uma seguradora disposta a cobrir o eventual cancelamento da Copa.

Os artigos 22 e 23 da Lei Geral da Copa davam a dimensão daquilo com que o governo — ou seja, os cidadãos — teria de arcar. "A União responderá pelos danos que causar, por ação ou omissão, à Fifa, a seus representantes legais, empregados ou consultores", aponta o texto da lei. "A União assumirá os efeitos da responsabilidade civil perante a Fifa, seus representantes legais, empregados ou consultores por todo e qualquer dano resultante ou que tenha surgido em função de qualquer incidente ou acidente de segurança relacionado aos eventos."

Não por acaso, a Procuradoria Geral da República chegou a entrar com uma ação no Supremo Tribunal Federal pedindo justamente o cancelamento de artigos que previam o ressarcimento por parte do governo à Fifa. O argumento legal era de que o governo assumira a responsabilidade de arcar com riscos sem que a lei os tivesse definido. Isso, para a Procuradoria, era inconstitucional. Mais uma vez, a resposta da Fifa foi clara: não forçamos o Brasil a sediar a Copa e essa exigência já existia antes mesmo de 2007, quando a candidatura do país foi aprovada.

As responsabilidades do Brasil não se limitaram a isso. A União ficou obrigada a arcar com todos os custos de segurança, limpeza e serviços médicos e abolir vistos para os parceiros e funcionários da Fifa; isso tudo, claro, sem contar o que já apresentamos em capítulos anteriores: o uso de dinheiro público para os estádios e a isenção tributária para a Fifa, apesar de o evento ter sido o mais bilionário da história.

Enfim, a Copa que os brasileiros sediaram — e uso "brasileiros" porque ela foi organizada com o dinheiro do povo — foi uma aberração democrática. O Mundial aconteceu em estádios que originalmente eram projetos privados. O Estado foi acionado para bancar essas obras, e para isso investiu, em parte, o dinheiro do contribuinte. Por sua vez, as cidades onde esses estádios foram erguidos não respeitaram as necessidades esportivas locais, mas sim as barganhas eleitoreiras. As empresas que ergueram essas arenas — algumas das mais caras do mundo — não precisaram pagar impostos, e as leis de licitação chegaram a ser consideradas inconstitucionais, segundo a Procuradoria Geral da República.

Uma vez construídos, esses espaços públicos foram privatizados, durante a Copa do Mundo, por uma entidade que determinou até mesmo o que podia ser consumido nesses locais e em seu entorno. Estabeleceu-se um território próprio onde as leis nacionais foram substituídas pelas regras da Fifa.

Parte da Constituição esteve suspensa, novos crimes vigoraram e, no caso de fracasso ou prejuízo desse evento privado, o cofre da União teria de ser aberto. O que ficará disso tudo para a sociedade? Talvez seja muito cedo para saber. A Fifa, sim, já fechou suas contas e, assim que o torneio terminou, desmontou sua barraca e partiu para um novo empreendimento.

Essa é a Copa como ela foi. Sim, foi uma festa emocionante, com jogos eletrizantes. Sim, os turistas chegaram. Sim, foi um sucesso de público.

Se esse foi o Mundial da festa, do CarnaCopa, também foi o Mundial feito com leis de exceção, mentiras, dinheiro público e garantias de lucro para poucos, enquanto as massas tiveram de se contentar em torcer para a equipe nacional sair campeã. Isso tudo sem saber que, no fundo, estavam pagando, e caro, para ver o espetáculo. Mesmo aqueles que não conseguiram ingressos ainda estão pagando pelo evento. Esse também é o caso daqueles que dizem que durante a Copa nem ligaram a televisão.

Os estádios eram de uso privado da Fifa durante o Mundial, mas cabia ao poder público de cada cidade-sede pagar pela limpeza da arena ao final de cada jogo, numa conta que bateu a marca de R$ 1 milhão. Ou seja, uma sociedade constrói os locais da festa e é obrigada a cedê-los ao organizador, que cobra pelas entradas e lucra alto com os patrocinadores. Uma vez terminada a festa, a limpeza fica com o dono da casa.

No dia 2 de março de 2012, em Londres, o secretário-geral da Fifa, Jérôme Valcke, faria uma declaração que marcaria a história da Copa do Mundo de 2014. Questionado sobre o que achava da preparação do Brasil e dos atrasos nas obras, ele não se conteve: "O Brasil merece um chute no traseiro".

Imediatamente, abriu-se uma imensa polêmica. O governo declarou-o persona non grata, alguns saíram em sua defesa, alegando que de fato o atraso nas obras era uma vergonha. O país se sentiu humilhado. Valcke ficou sem viajar ao Brasil por meses, esperando a poeira baixar. O Palácio do Planalto, em uma iniciativa que beirava o populismo, chegou a exigir da Fifa que trocasse a pessoa que teria a função de liderar a preparação da Copa do Mundo, o que jamais aconteceu.

É inútil debater hoje se ele tinha ou não razão, se usou as palavras adequadas ou se apenas desabafou em um momento errado, justamente diante de jornalistas. É inútil também tentar entender como o governo, depois de criticá-lo abertamente, passou a chamá-lo de "parceiro" nos últimos meses da preparação para a Copa. É inútil entrar aqui no debate sobre a semântica da frase ou o real significado de sua crítica.

O que de fato essa declaração revelava não era a falta de sensibilidade de um dirigente, mas, acima de tudo, a posição de poder de que a Fifa desfruta ao desembarcar num país para organizar a Copa.

Valcke deu um "chute no traseiro" do Brasil simplesmente porque as leis e condições estabelecidas entre a Fifa e o governo o permitiam. Atuou com arrogância porque de fato se sentia no direito de exigir. O cartola, talvez de forma inconsciente, não se deu conta da gravidade de sua declaração porque, na realidade, a verdadeira humilhação não seria o chute no traseiro, mas as condições pelas quais a Fifa obrigou o Brasil a mudar leis, gastar dinheiro público e suspender parte da Constituição para que o evento de propriedade da entidade fosse realizado.

A real humilhação não foi a frase de Valcke e muito menos o placar de 7 x 1. A frase já era resultado de um contexto em que um evento privado estava ditando as regras nacionais. O chute no traseiro já havia sido dado, longe das câmeras, diluído em promessas de ganhos sociais a longo prazo e brados nacionalistas.

O chute no traseiro já havia sido dado também quando cartolas brasileiros, em seus projetos pessoais, transferiram a conta do evento para os cidadãos, enquanto mantiveram os lucros em contas privadas. O chute no traseiro já havia sido dado quando, sem consultas à torcida, as sedes da Copa foram escolhidas por critérios políticos e partidários. O verdadeiro chute no traseiro foi dado quando, de fato, um país passou a ser usado para que alguns poucos fizessem fortunas ou garantissem reeleições.

17. A Copa como palanque

13 de julho de 2014 — Maracanã, Rio de Janeiro

Intervalo da final da Copa de 2014 entre Alemanha e Argentina. No camarote VIP do estádio do Maracanã, uma cena inusitada. A chanceler alemã, Angela Merkel, vai até o balcão e saúda os torcedores de seu time, que gritam seu nome. A cena foi transmitida para todo o mundo. Eu estava a poucos metros dali e pude ver como, preocupada em mostrar à sua audiência que era apenas mais uma torcedora, Merkel pulava, gritava e torcia. A cada substituição, abria um papel com a escalação das seleções para entender quem entrava e quem saía.

Não distante dali, a presidente brasileira, Dilma Rousseff, saía pelos fundos para não ser vaiada. Enquanto isso, um dos cartolas da Fifa se aproximava do presidente russo, Vladimir Putin, e pedia para tirar uma foto ao seu lado. O fotógrafo: outro cartola e ex-jogador, Michel Platini. O francês, após alguns segundos, fez um sinal negativo e pediu que os dois ficassem em posição para um novo retrato. Putin, ignorando quem estava ao seu lado, esperou de forma paciente. Sabia que eram aquelas pessoas que determinavam onde os Mundiais seriam jogados.

Merkel, Putin e Dilma não estavam ali pelo futebol. Naquele momento, o Maracanã não era um estádio de futebol, mas um palanque.

Não resta dúvida de que a história do futebol se confunde com o uso político que ditaduras ou democracias, governos de direita ou esquerda, religiosos ou laicos, fizeram do esporte. Regimes autoritários em várias partes do mundo não hesitaram em usar o esporte mais popular do planeta como instrumento para apaziguar seus cidadãos e manipular o sentimento nacionalista. Mas foram também essas mesmas arquibancadas que serviram de palco, em muitos casos, para raras demonstrações de frustração em relação aos regimes ditatoriais por parte da população oprimida.

No Egito, não era segredo para ninguém que Hosni Mubarak era admirador do futebol. Mas sua paixão pelo poder era ainda maior. Infiltrou seus aliados no esporte, construiu uma seleção e clubes competitivos e beneficiou, com resultados esportivos, grupos políticos durante seus trinta anos no poder.

Mas o fenômeno não se limitou ao Egito. Um telegrama revelado pelo grupo Wikileaks aponta como o Departamento de Estado americano se surpreendeu com a ofensiva do ditador de Mianmar, Than Shwe, no futebol e na tentativa de frear a tensão popular criando um campeonato. Segundo o telegrama, o próprio chefe da Junta do país ordenou que empresários destinassem parte do seu dinheiro para criar clubes.

Na Líbia, Muamar Kadafi chegou a comprar ações de um time italiano, pagar suas dívidas e abrir espaço para que seu filho se apresentasse como um dos atletas. Kadafi ainda tentou convencer a Fifa a sediar a Copa do Mundo de 2010 em Trípoli. Não conseguiu porque se recusou a aceitar que a seleção de Israel, caso fosse classificada, entrasse no país. "Não podíamos aceitar isso", contou anos mais tarde o presidente da Fifa, Joseph Blatter. Kadafi não hesitou em usar a bola a seu favor e na aliança com outros governos amigos. Para marcar a amizade com o venezuelano Hugo Chávez, construiu uma arena para um clube local e o batizou de "Estádio Hugo Chávez". O venezuelano, por sua vez, declarou que Kadafi era o "Simón Bolívar dos árabes". Já os líbios apontaram que a honra a Chávez era uma "expressão da apreciação a seu programa revolucionário e a seu espírito humanista".

Nenhum desses líderes inventou nada de novo. No mesmo ano em que a União Soviética foi oficialmente estabelecida — 1922 —, o primeiro amistoso internacional já ocorreria. O time Zamoskvoretsky, de

Moscou, viajou até a Finlândia para bater equipes locais por goleadas humilhantes. Alguns jogos chegaram a ter 19 gols de diferença a favor da equipe soviética. A Finlândia declarara sua independência em 1919, depois de anos sendo parte do Império Russo. A mensagem do Kremlin era clara: vocês podem rejeitar fazer parte da União Soviética, mas serão sempre humilhados.

Apesar de sentir que os adversários eram bem mais fracos, pesquisas feitas nos arquivos do Kremlin mostram que os soviéticos haviam sido instruídos pelas autoridades a não poupar os adversários e fazer tantos gols quanto fosse possível.

Uma tática oposta foi usada com a Turquia. A vitória de Kemal Atatürk sobre o Império Otomano e a proclamação da república, em 1923, exigiram do Kremlin uma nova política em relação à sua fronteira sul. O futebol seria, mais uma vez, usado como arma para essa aproximação. Apenas de 1924 a 1925, dez partidas entre clubes soviéticos e turcos foram promovidas. Mas nem todas foram vencidas pelos times de Moscou, sob ordens claras de não humilhar os novos amigos do sul. A mensagem a ser dada era a de cooperação.

Os soviéticos também optaram por promover amistosos contra equipes da Pérsia depois da normalização das relações com Reza Shah Pahlevi. Em 1921, ele havia promovido um golpe em Teerã. Quatro anos mais tarde, a relação com o Kremlin estava normalizada, e a bola rolou nos campos de cidades do Cáucaso em nome da nova amizade pérsico-soviética.

A primeira Copa do Mundo a ser usada abertamente para fins políticos e a ser manipulada foi a de 1934. O ditador italiano Benito Mussolini entendeu que o evento poderia ser um instrumento eficiente de sua propaganda fascista. Nada melhor que um torneio de dimensões internacionais como veículo para demonstrar ao mundo as identidades nacionais e seus valores. Ou, falando mais francamente, nada melhor que um torneio de dimensões internacionais como veículo para difundir ao mundo identidades manipuladas e valores criados por regimes autoritários.

Il Duce não disfarçava: queria mostrar ao mundo uma "nova Itália", corajosa, vigorosa, fisicamente atraente e, acima de tudo, superior a todos os demais países. Para isso, passou a controlar cada obra e cada detalhe do

Política, propina e futebol

torneio. Por ordens suas, não apenas a Jules Rimet seria entregue pela Fifa ao campeão, mas também uma segunda taça, a Coppa Del Duce, bem maior, mais espetacular e mais brilhante que o troféu da Fifa.

O envolvimento do italiano no torneio foi tão grande que o presidente da Fifa naqueles anos, o próprio Jules Rimet, chegou a dizer que quem estava organizando a Copa não era a entidade, "mas Mussolini".

O time italiano não era o melhor do mundo e o ditador sabia disso. Antes de a Copa começar, Roma "importou" os jogadores argentinos vice--campeões do mundo de 1930 que tinham origem italiana. Por verdadeiras fortunas, Mussolini levou de Buenos Aires o capitão, Luisito Monti, além de Raimundo Orsi e Enrico Gaita. A seleção argentina, assim, chegou esfacelada ao torneio. O Uruguai, campeão de 1930, nem sequer fez a viagem até a Europa, como forma de protestar contra a decisão da Itália de boicotar o evento quatro anos antes, em Montevidéu.

A Fifa, que se viu refém de um líder fascista, teve de aceitar até mesmo que o italiano selecionasse os árbitros das partidas envolvendo a Azzurra. O caso mais polêmico foi a escolha do jovem juiz sueco Ivan Eklind para a partida entre os italianos e a Áustria, o melhor time do mundo na época e sensação do torneio. O Wunderteam não só não tinha rivais como ainda contava em campo com o "Mozart do Futebol", Mathias Sindelar. Mas o time da casa acabou vencendo com um gol impedido e assim foi içado à grande final.

Num estádio nacional em Roma convertido em palanque fascista, Mussolini via seu sonho se realizar. No dia 10 de junho de 1934, a Itália enfrentou a Checoslováquia, e, para a surpresa da Fifa e dos adversários, o mesmo árbitro sueco que garantira a vitória dos italianos contra os austríacos, Eklind, foi o juiz da partida decisiva.

Mas nem assim foi fácil. O tempo regulamentar terminou empatado em 1 x 1. Na prorrogação, Angelo Schiavio marcou o gol do título. Quando o apito final soou, um país comemorou a conquista e, nos camarotes, Mussolini viu sua estratégia funcionar. Enquanto a seleção campeã recebia os troféus, o estádio era tomado pela "Giovinezza", o hino fascista. No dia seguinte, um dos jornais italianos trazia em suas páginas uma manchete reveladora da instrumentalização da Copa: "Il Duce congratula os jogadores italianos pela conquista".

A Copa como palanque

Quatro anos depois, em Paris, quando os sons dos tambores da guerra já se faziam escutar, os italianos conquistaram uma vez mais o troféu. Dessa vez, Il Duce mandou um telegrama com uma mensagem muito clara a seus jogadores: "Vincere o morire" (vencer ou morrer).

A cobiça de Mussolini pela Copa não acabou nem mesmo durante a Segunda Guerra Mundial. Enquanto o mundo suspendia suas atividades diante da ameaça nazifascista, Il Duce ordenou a seus soldados que buscassem e encontrassem a taça Jules Rimet, vencida pela segunda vez em 1938 e que desde a eclosão do conflito estava desaparecida.

Anos depois, se descobriria que quem salvou a taça foi o dirigente Ottorino Barassi, que a colocou numa caixa de sapatos debaixo de sua cama. Nem mesmo uma busca realizada pela polícia de Mussolini na casa de Barassi a encontrou, e, em 1946, no primeiro congresso da Fifa depois da guerra, o troféu renasceria. O gesto heroico de Barassi foi recompensado. O italiano se tornou vice-presidente da Fifa e, anos depois, foi enviado às pressas ao Brasil para ajudar o país a finalizar os trabalhos para sediar a Copa de 1950.

O fato de Mussolini ter obtido sucesso com o torneio esportivo levou a ideia a outro ditador europeu, Adolf Hitler. Em 1931, antes de Hitler assumir o poder, o COI escolhera Berlim como sede dos Jogos Olímpicos de 1936. Quando virou chanceler, ele assumiu o evento também como um projeto de Estado, convencido pelo ministro da Propaganda, Joseph Goebbels, de que as Olimpíadas seriam um palco privilegiado para a causa nazista.

O governo gastou 42 milhões de Reichmarks, a moeda alemã da época, para construir o parque olímpico e um estádio para 110 mil pessoas, o maior do mundo naquele momento. Assim como ocorreu com a Fifa e Il Duce, Hitler também passou a comandar o show do COI. O então presidente do Comitê Olímpico Alemão, Theodor Lewald, foi removido por ter uma avó judia. Em seu lugar, assumiu Hans von Tschammer und Osten, membro da SS — a temida polícia de elite de Hitler —, cuja função era garantir que os atletas alemães fossem "arianos". Atletas judeus, como a estrela do tênis alemão Daniel Prenn ou o pugilista Erich Seelig, foram excluídos dos Jogos, assim como dezenas de outros. Ciganos também foram afastados, entre eles o campeão de boxe Johann Trollmann.

Política, propina e futebol

O responsável por erguer a Vila Olímpica, o capitão Wolfgang Fürstner, cometeu suicídio após o evento, diante de sua remoção do cargo. Ele havia sido escolhido para liderar as tarefas antes da chegada dos nazistas ao poder, mas, por ter família judia, foi substituído por Werner Gilsa, que ficou com todos os créditos.

As medidas abriram um debate internacional sobre um possível boicote ao evento em Berlim em 1936, principalmente nos EUA. Mas, depois de uma ofensiva do governo nazista, de garantias aos atletas judeus estrangeiros e de muito lobby, o boicote não ocorreu. Nem todos ficaram satisfeitos. Nos EUA, a Federação de Atletismo acusou o país de "dar apoio moral e financeiro ao regime nazista".

Mas o evento foi adiante, com a participação recorde de 51 países. Dirigentes de todo o mundo alegaram que os Jogos eram para os esportistas, e não para os políticos. Hitler ordenou que todas as delegações fossem recebidas com tapete vermelho. Cartazes em hotéis e restaurantes proibindo a entrada de judeus foram retirados. Jornais antissemitas foram recolhidos das bancas e jornalistas que queriam entrevistar judeus poderiam fazê-lo com a "ajuda" de certos representantes do Estado, que "facilitariam" os contatos. O órgão responsável por essa incumbência era nada mais, nada menos que a Gestapo, a poderosa polícia secreta do regime nazista.

Diante de um coral de 3 mil alemães cantando o hino "Alemanha acima de todos", os Jogos Olímpicos começaram em 1º de agosto de 1936. Dezesseis dias depois, as equipes de Hitler terminaram na liderança, com 89 medalhas, superando os EUA, com apenas 56. O êxito alemão foi filmado de forma integral pela diretora Leni Riefenstahl, que, financiada pelos nazistas, apresentou o longa-metragem *Triunfo da vontade* como instrumento de propaganda do regime.

Assim como ocorreu com Mussolini, os Jogos foram um sucesso para a imagem da Alemanha. Jornais da época destacaram como os estrangeiros haviam sido bem recebidos e como os alemães deram um show de organização. Apenas um detalhe estragou a festa de Hitler: as vitórias do americano Jesse Owens nas provas de 100 e de 200 metros rasos, revezamento 4x100 metros e salto em distância. Negro, o atleta desafiou a tese nazista da superioridade da raça ariana.

UM OLHO NO VOTO, OUTRO NA BOLA

Se para alguns dos maiores ditadores do século xx os megaeventos e o futebol se transformaram em palco político para mostrar sua força, a realidade é que democracias também não hesitaram em manipular os torneios, ainda que de maneira mais sofisticada. A meta de mostrar ao mundo as qualidades de um país e de, internamente, obter apoio é um elemento que parece não mudar, seja qual for o regime.

O uso político do futebol continua em pleno século xxi, e os exemplos proliferam em vários países. A Guiné Equatorial, uma das nações mais pobres do mundo, recebeu a Copa da África de 2012 na esperança de usar o torneio como ofensiva diplomática e sinal de poder. O ministro da Agricultura chegou a prometer US$1 milhão à seleção local se ela vencesse a primeira partida, contra a Líbia. O ministro é filho do ditador Teodoro Obiang, no poder há mais de trinta anos. Questionado sobre essa atitude, o técnico da Líbia, o brasileiro Marcos Paquetá, causou mal-estar. "Eles usam o dinheiro, eu uso a cabeça", declarou antes da partida. Mas o incentivo financeiro aparentemente pesou mais. O jogo foi vencido pela Guiné por 1 x 0.

Em 2014 não foi diferente. Nem dentro do Brasil, que vivia os meses prévios às eleições presidenciais, nem para o mundo. Cada seleção que deixava seu país em direção ao Mundial era alvo de cerimônias políticas nas capitais. Em questão, estavam o orgulho nacional e, claro, a imagem de líderes políticos ávidos por associar seus nomes aos heróis, em busca de votos ou legitimidade.

Ricos ou pobres, laicos ou religiosos, ditaduras sangrentas ou democracias, governos de todo o mundo usaram sua seleção em 2014 para ganhar popularidade entre torcedores e cidadãos. Como ocorre a cada quatro anos, o palanque da bola voltava a ser usado na esperança de atrair votos, transmitir mensagens e abafar crises internas.

O presidente de Portugal, Cavaco Silva, foi um dos que tentaram amenizar sua imagem, desgastada pela crise, ao lado dos jogadores portugueses. "A preparação para o Mundial não foi fácil. Mas sobressaíram o talento e a fibra dos jogadores", disse, ao se despedir dos atletas que viajavam para o Brasil. "Vocês carregam os sonhos dos portugueses", declarou, ao lado do ídolo Cristiano Ronaldo. Portugal, em crise desde 2008 e testemunha da fuga de 500 mil cidadãos em consequência da pior recessão desde o governo do ditador António de Oliveira Salazar, apostava em heróis para mostrar ao mundo que ainda era um povo "de fibra".

Outro que recorreu aos jogadores foi o presidente da França, François Hollande, o chefe de Estado com o pior índice de popularidade em seu país em décadas. Antes da viagem do time para o Brasil, ele interrompeu sua agenda para almoçar com os jogadores e, claro, aparecer em fotos ao lado das estrelas. "A seleção deve ser um motivo de unidade e de mobilização", disse o francês, que acabava de ver um partido xenófobo de extrema direita vencer as eleições regionais de 2014.

O presidente do Equador, Rafael Correa, também visitou sua seleção, entre gritos de "Sí, se puede" ("Sim, podemos"), numa alusão à conquista do título mundial por uma das piores equipes do torneio. Para um político, não é a possibilidade realista de uma conquista o que mais importa.

Mesmo a seleção do Irã, que teve seu orçamento cortado em função das sanções econômicas e políticas que o país sofre, viu o chanceler Mohammad Javad Zarif fazer uma visita ao centro de treinamento, num claro gesto de se mostrar próximo dos jovens e, ao mesmo tempo, indicar que a participação do time no Mundial era um ato de política externa. "Estou emocionado por me reunir com nossos garotos", disse o chanceler, responsável pela negociação do acordo nuclear com o Ocidente. "Pedi a eles que façam o melhor para garantir a vitória e eles me pediram o mesmo", declarou, em uma referência ao fato de que a Copa ocorria no mesmo momento em que Irã e EUA negociavam, com outras potências mundiais, um acordo em relação ao uso da energia nuclear pelo país persa. Meses depois, um tratado histórico foi assinado entre as duas nações, congelando o programa nuclear iraniano por 25 anos e colocando um ponto final a uma crise que durava mais de dez anos.

O vice-presidente americano, Joe Biden, também viajou ao Brasil, em uma missão dupla: reaproximar o governo de Dilma Rousseff de Washington, depois dos escândalos das escutas realizadas pelo serviço secreto americano nos telefones da presidente brasileira, e dar mostras aos milhões de cidadãos norte-americanos da nova geração vidrada no soccer que o Partido Democrata estava sintonizado com as mudanças da sociedade dos EUA.

A Copa como palanque

Em uma ampla entrevista à revista *Sports Illustrated*, um dos mais altos representantes do Estado fez questão de mostrar aos torcedores — e eleitores — que o governo de Barack Obama reconhecia a importância do esporte. "Líderes de todo o mundo falam sobre a Copa", declarou o secretário de Estado americano, John Kerry. Antes do Mundial, fotos dele com uma bola de futebol nos pés, enquanto seu avião era abastecido na África, correram o mundo. "O futebol é universal. As pessoas amam os esportes e os esportes podem ser um veículo importante da diplomacia", completou Kerry.

Até mesmo Vladimir Putin, vivendo um dos momentos mais críticos da relação entre o Ocidente e o Kremlin, sede do governo russo, encontrou tempo para ir à Copa. Os russos receberão o evento em 2018, e a meta de Moscou era mostrar ao mundo que o país não estava isolado, que Putin continuava sendo recebido com tapete vermelho por aliados e que nem a crise na Ucrânia nem as sanções contra a Rússia adotadas por americanos e europeus afetaria os planos para o Mundial de 2018.

No camarote oficial do Maracanã, Putin esteve sentado o tempo todo ao lado de Joseph Blatter e a duas cadeiras da chanceler alemã, Angela Merkel, que dias depois aplicaria o maior embargo contra Moscou desde o fim da Guerra Fria. Naquele momento, porém, Merkel e Putin trocavam comentários sobre as jogadas, compartilhavam gargalhadas, e o russo fez questão de ser um dos primeiros a dar um beijo em Merkel pela conquista do título.

Para o Brasil, a presença de chefes de Estado na final era exatamente o que a diplomacia nacional tanto desejava, justamente para mostrar ao mundo que, durante a Copa, o país era o centro das atenções do planeta. Isso apesar de ter uma diplomacia de anões, um comportamento de avestruz em debates internacionais. O futebol e a Copa resumiam, de modo conveniente, algumas das imagens que o Brasil tentava passar ao mundo: um país multicultural, aberto, democrático e capaz de assumir grandes desafios.

O Palácio do Planalto convidou para a Copa chefes de Estado de toda a América do Sul, de todos os 31 países classificados e de alguns governos africanos, além do secretário-geral da ONU, Ban Ki-moon. O papa Francisco também foi convidado para a abertura da Copa, mas apenas

Política, propina e futebol

enviou uma mensagem. No exterior, o Itamaraty orientou embaixadas brasileiras a utilizar a Copa para promover o país politicamente, repetindo uma iniciativa que já virou tradição entre governos que recebem grandes eventos mundiais.

Dentro dos estádios, os jogos eram justificativas para conversas diplomáticas entre governos. No Maracanã, por exemplo, Bélgica e Rússia faziam um jogo fraco, mas, nos camarotes, o chanceler belga, Didier Reynders, que acompanhava a partida ao lado da família real, aproveitou a presença do então chanceler brasileiro, Luiz Figueiredo, puxou-o de lado e passou a negociar uma posição mais firme do Brasil em relação aos conflitos na Ucrânia. Por anos, o Itamaraty tem adotado uma postura de defesa da não intervenção em conflitos considerados internos, e, uma vez mais, os europeus tentavam forçar o Brasil a rever sua posição. "Discutimos a situação da Ucrânia no estádio. Temos de encontrar uma solução. Eu disse isso a Figueiredo", confessou-me o belga, que depois do jogo andava sem escolta tranquilamente pela rua do Lavradio, no centro do Rio de Janeiro.

Os camarotes de mármore da Arena Corinthians foram testemunhas de um encontro entre a presidente Dilma Rousseff e o secretário-geral da ONU, Ban Ki-moon. Na agenda, a posição brasileira em diversos pontos do calendário das Nações Unidas.

O Brasil chegou a mudar a data da cúpula dos BRICS para coincidir com a final da Copa. Assim, esperava trazer para o camarote do estádio no Rio o presidente da China, Xi Jinping, o russo Vladimir Putin, o sul-africano Jacob Zuma e o indiano Narendra Modi. Nem todos foram ao estádio. O governo tentava repetir uma prática que todos os países usam: a utilização do futebol como cartão de visitas.

Pelé sempre contou que parou por alguns instantes a Guerra de Biafra, na Nigéria, em 1969, e não são poucos os ditadores que usaram a seleção de seu país para se promover diante da população. Em uma viagem que fiz ao Sudão em 2008, o então governador genocida de Darfur fez questão de falar longamente comigo sobre Tostão e Rivellino antes de entrar em sua explicação sobre o motivo da guerra em sua região.

Se alguns países conquistam a aliança de governos estrangeiros fornecendo armas, financiando projetos de infraestrutura e até enviando seus cineastas para ajudar a criar um clima positivo, como no caso de Walt

Disney no Brasil nos anos 1940, a diplomacia brasileira decidiu em 2009 que já era hora de voltar a usar o futebol de modo institucional. O general Emílio Garrastazu Médici já havia feito isso nos anos 1970, durante a ditadura militar. Mas, agora, o que se criava era um departamento especializado no assunto, dentro de um ministério. O governo optou por agradar governos estrangeiros enviando bolas, técnicos, jogadores e até uniformes de futebol a diversos países.

O local escolhido para o departamento foi o Itamaraty, com a formação da Coordenação Geral de Intercâmbio e Cooperação Esportiva, uma divisão responsável por administrar dezenas de acordos fechados entre o Brasil e governos estrangeiros, além de centralizar as centenas de pedidos que anualmente Brasília recebe dos quatro cantos do mundo. Em cinco anos, mais de cem países foram beneficiados por algum tipo de cooperação esportiva com o Brasil, e a lista coincide justamente com as áreas do mundo colocadas como prioridade na política externa nacional. O Brasil capacitou técnicos no Timor Leste, em Cabo Verde, em Botsuana, no Haiti e em Burundi, treinou mais de vinte árbitros na Libéria, Jamaica, Palestina e Gâmbia, e estabeleceu dezenas de programas esportivos na África, na América Central, no Oriente Médio e na Ásia.

Outra iniciativa foi a de trazer ao Brasil, para treinamento, as seleções de Haiti, Benim, Cazaquistão e Filipinas. Em cooperação com clubes brasileiros, o governo de Moçambique fechou um acordo para a preparação, em um mês, de sua seleção juvenil no Corinthians.

No Itamaraty, ninguém nega que essa ofensiva tenha objetivos que vão além do esporte, até mesmo ajudando o Brasil a ganhar votos para sediar grandes eventos internacionais. Já na eleição do Rio de Janeiro para os Jogos Olímpicos de 2016, o Itamaraty enviou uma delegação justamente para negociar essa cooperação com vários países, o que influiu na votação. A instrumentalização do esporte também tem objetivos políticos. Não por acaso, a cooperação foi fechada principalmente com países africanos, árabes e latino-americanos.

Em um e-mail enviado a mim, o Itamaraty explicou que considera a iniciativa esportiva "relativamente barata, tecnicamente simples e extremamente simpática". Mas o Brasil enfrenta sérios concorrentes em várias regiões do mundo, com programas bem mais ambiciosos de outros governos.

Política, propina e futebol

O principal deles é a China, que, apesar de não ser conhecida como nação apaixonada pelo futebol, descobriu o poder da bola para fazer aliados políticos. Sem jogadores nem treinadores de ponta, Pequim optou por concentrar sua ajuda na construção de 52 estádios de futebol nos países africanos.

Esse tipo de investimento não ocorre por acaso. O avanço da China na África vem transformando o mapa do continente, deslocando parceiros tradicionais como a França e o Reino Unido. Mas esse desembarque é criticado pela população local, que alerta que Pequim está apenas repetindo o padrão de colonialismo dos europeus, levando minérios, petróleo e recursos naturais do continente africano para alimentar sua expansão.

Para amenizar essa tensão, nada melhor que mostrar aos africanos que a China está disposta a garantir benefícios à população local. Nessa estratégia, o futebol e a criação de empregos têm um papel central.

Um dos estádios foi erguido no Gabão, e sua inauguração, em 11 de novembro de 2011, contou com a seleção brasileira. Tudo pago pelos chineses. Com 40 mil lugares, a arena foi chamada de Estádio da Amizade Gabão-China e serviu de palco para a final da Copa da África de 2012. Construído por uma empresa de cimento da China, o local foi financiado exclusivamente por Pequim, na tentativa de se firmar como o maior parceiro de um país repleto de petróleo em sua costa. No Gabão, a desconfiança com os chineses fez surgir até mesmo o rumor de que os operários trazidos para o país eram prisioneiros. Mas a Shangai Construction Group, que opera o estádio, fez questão de abrir quase mil vagas de trabalho para operários locais, na esperança de mostrar à população que a chegada da China à África não leva ao continente apenas o melhor futebol do mundo, mas também empregos.

Essa não foi a primeira vez que a seleção brasileira foi usada para aproximar Pequim dos africanos. Em Maputo, Moçambique, os chineses construíram um estádio em 2010 com o discurso de que tinham a esperança de que a cidade fosse usada pela CBF como base do Brasil antes da Copa da África do Sul. Quinhentos trabalhadores asiáticos foram levados para lá a fim de ajudar os moçambicanos nas obras e garantir que a obra estivesse pronta a tempo de receber Kaká e o treinador Dunga. O time brasileiro nunca chegou a ir ao estádio e a CBF admite que jamais cogitou essa hipótese, mas a obra faraônica em Maputo permaneceu como símbolo da relação entre Moçambique e China.

A seleção brasileira não é a única isca dos chineses, e a ofensiva de Pequim no Gabão é apenas uma parte da política dos diplomatas da China para a África. O local dos estádios tem uma relação direta com as diretrizes da política externa do país asiático. Esse foi o caso de Angola, com a Copa da África em 2010. Em poucos meses, os chineses ergueram os estádios de Luanda, Benguela, Cabinda e Lubango. No mesmo ano, assinaram contratos milionários de exploração de petróleo que colocaram Angola como um dos principais fornecedores do combustível para a China.

O mesmo padrão foi visto na Argélia, onde a China tem amplos interesses no setor de petróleo e gás. A China Railway Construction Engineering Group opera um estádio para 40 mil pessoas no país. Outro exemplo foi o contrato assinado para a construção de novos estádios em Camarões. A capital camaronesa não contava com um estádio, e uma das melhores seleções africanas passava vexame a cada jogo. Em 2006, o China Exim Bank negociou investimentos, e dois estádios começaram a ser construídos no país, um deles com capacidade para 60 mil pessoas e dentro das recomendações para se tornar uma arena de Copa do Mundo. No mesmo ano, a China fechou um acordo para explorar as reservas de petróleo nas regiões de Zina e Makary, em Camarões.

Estádios surgiram ainda em Dar es Salaam e Conakri, na Tanzânia e na Guiné, respectivamente, além de outros seis no Mali. A maioria deles chega a ser feita a partir de um só modelo arquitetônico. O caso mais escancarado é Gana. Dois estádios a quinhentos quilômetros um do outro são idênticos, ambos erguidos pela Shanghai Co. No total, a empresa gastou US$80 milhões para ambas as arenas, uma fração do que custaram os estádios no Brasil para a Copa de 2014. Gana recebeu a Copa da África de 2008 e os jogos foram todos disputados em estádios "chineses".

A cada inauguração, a elite política africana não deixa jamais de elogiar os chineses, apontando como Pequim não questiona o regime político local. O resultado é a doação de estádios a líderes de alguns dos países mais miseráveis e corruptos do mundo, onde a expectativa de vida é equivalente à da Europa há cem anos e onde os direitos humanos são violados todos os dias. Inocente, a bola serve apenas como instrumento para a diplomacia. Manipulada, ela vai garantir a alegria daqueles oprimidos pelos mesmos líderes que erguem as arenas modernas.

18. Os coronéis da bola

6 de dezembro de 2013 — Costa do Sauípe, Bahia

O uso político da bola pode reservar surpresas tremendamente desagradáveis para o futebol, mesmo quando a Fifa insiste na existência de uma separação entre as duas esferas. O mundo descobriu isso quando da realização do sorteio das chaves da Copa do Mundo de 2014, na Costa do Sauípe, na Bahia, em 2013.

Quando o sorteio terminou, treinadores, cartolas e torcedores estrangeiros se deram conta de que, em apenas um mês de torneio no Brasil, seriam obrigados a percorrer longas distâncias entre os jogos, passando ocasionalmente de um clima tropical a um de inverno num espaço de três dias.

A seleção mais afetada foi a dos Estados Unidos, que teria de viajar 15 mil quilômetros, quase metade da circunferência do planeta. Os italianos percorreriam 14 mil. A França, por exemplo, jogaria dia 15 de junho contra Honduras em Porto Alegre. Cinco dias depois, estaria em Salvador para enfrentar a Suíça e, no dia 25, terminaria a primeira fase no Rio de Janeiro.

Na cabeça de muitos, a mesma pergunta: quem montou esse calendário?

Inútil buscar uma resposta nas regras do futebol ou em considerações esportivas. Acima de tudo, a Copa do Mundo é um projeto político, e, portanto, não é de estranhar que a definição de sua agenda, dos jogos e das sedes seja resultado de arranjos partidários — mesmo que isso signifique sacrifícios ao futebol. O fator que definiu o calendário da Copa do Mundo no Brasil foi apenas um: as alianças políticas.

Lembro-me perfeitamente do dia em que o Brasil foi escolhido pela Fifa como sede da Copa, em 30 de outubro de 2007. Apesar de ser candidato único, o país precisava provar que tinha condições de realizar o evento e dar as garantias financeiras exigidas pela entidade. Dos lugares que a Fifa havia reservado para a imprensa em uma das salas de conferência em Zurique, via-se um cenário que dificilmente conseguiria ser repetido no Brasil.

No palco, ao lado da réplica da taça da Copa do Mundo, a comitiva brasileira que comemorava a designação do país não era composta por jogadores ou ex-craques, e sim por Ricardo Teixeira, rodeado como um rei por um grupo desconcertante formado pelos então governadores Eduardo Braga (PMDB-AM), Alcides Rodrigues (PP-GO), Ana Júlia Carepa (PT-PA), José Serra (PSDB-SP), Sérgio Cabral (PMDB-RJ), Aécio Neves (PSDB-MG), Binho Marques (PT-AC), José Roberto Arruda (DEM-DF), Jaques Wagner (PT-BA), Cid Gomes (PSB-CE), Blairo Maggi (PPS-MT) e Eduardo Campos (PSB-PE). Isso, claro, além de Lula e alguns de seus ministros.

O sorriso escancarado no rosto daqueles políticos e os aplausos efusivos a Teixeira e a Blatter mostravam a força daquele evento como trampolim eleitoral. Ali já estava a chave para se entender a magia que fez a Fifa — entidade que deve zelar pelo futebol — aceitar que o maior evento esportivo do mundo obrigasse seleções a viajar o equivalente a quase metade do planeta em apenas um mês.

Ali estavam pelo menos três sérios candidatos à presidência do Brasil: Serra, Aécio e Campos, sem contar o próprio Lula.

Para chegar ao mirabolante calendário dos 64 jogos espalhados por doze estádios, seriam produzidas mais tarde 57 versões do que seria a Copa do Mundo até que as promessas políticas fossem atendidas e que o organograma respeitasse também o interesse das televisões e dos patrocinadores. Enfim, todos foram consultados. Menos o futebol.

Em sua inspeção de 2007, a Fifa deixava claro: a Copa no Brasil ocorreria em oito sedes. Pelo menos dois motivos eram considerados naquele momento. O primeiro era justamente a questão da distância. Na última

Política, propina e futebol

vez que a Fifa realizara uma Copa num país continental, em 1994, nos EUA, foi estabelecido um limite de nove sedes. Ainda assim, o número só foi autorizado porque cinco delas ficavam no nordeste americano. O segundo motivo era o temor de que, com doze sedes, fossem multiplicadas as chances de a Fifa ser acusada de erguer elefantes brancos.

Se dependesse das autoridades e dos cartolas brasileiros, esse cenário poderia ter sido ainda pior. Em 2014, Blatter confirmou que no início do projeto, em 2007, a CBF queria o Mundial espalhado por dezoito cidades, o que acomodaria as alianças políticas e garantiria agrados a diferentes grupos. Um "não" da Fifa caiu como um terremoto político e abriu intensas negociações. O resultado foi um acordo em que ambas as partes cederam. Entre as oito sedes que a Fifa queria e as dezoito que queria o Brasil, foi fechado um acordo, em 2009, com doze.

A entidade de Zurique havia entrado em um entendimento com a CBF e com o governo federal, aumentando os dividendos que Teixeira e o próprio governo Lula teriam, com mais quatro estados agraciados pelo Mundial. Em troca da ampliação da Copa, a Fifa recebeu garantias do Palácio do Planalto de que haveria investimento de dinheiro público nesses estádios. O pacote estava fechado: de um lado, Brasília e a CBF ampliariam o número de aliados atendidos e, de outro, o governo abriria as torneiras do BNDES para assegurar que não faltaria dinheiro.

Oficialmente, os argumentos eram de que, com esse número, o Mundial poderia ir a todos os rincões do país e que, ao contrário da Copa de 1950, o torneio não ficaria limitado a apenas algumas regiões — uma restrição considerada injusta. A realidade é que com doze sedes a CBF e o governo federal poderiam atender a todos os seus aliados políticos. Quem também comemorou foram as empresas de construção, que, no lugar de reformar ou erguer somente oito estádios, puderam atuar em doze cidades diferentes. Nove deles seriam novos. Uma vez mais, todos ganhavam. Menos o futebol.

Teixeira e o governo federal insistiram que a escolha seria realizada com "critérios técnicos". O que se viu nos meses seguintes foi uma disputa política que pouco tinha a ver com o futebol e que envolveu diretamente até mesmo o ex-presidente Luiz Inácio Lula da Silva.

274

Belém, Belo Horizonte, Brasília, Campo Grande, Cuiabá, Curitiba, Florianópolis, Fortaleza, Goiânia, João Pessoa, Maceió, Manaus, Natal, Porto Alegre, Recife/Olinda, Rio Branco, Rio de Janeiro, Salvador, São Paulo, Teresina e Campinas iniciaram um lobby que envolvia não apenas viagens frequentes até Brasília, mas também promessas de apoio a Teixeira no Rio de Janeiro.

O cartola havia conseguido para ele e para a CBF tudo o que Blatter, com a candidatura única do Brasil, não conseguira para a Fifa: o poder de barganhar com cada representante que quisesse levar para sua cidade algum jogo da Copa. Por anos, Blatter tentou convencer outros países sul-americanos a apresentar candidaturas para receber o Mundial de 2014 e, assim, não deixar o projeto brasileiro como a única alternativa. O suíço lançou consultas com a Argentina e o Chile, e esperava a presença de mais de uma campanha para abrir espaço para uma concorrência real contra o Brasil — inclusive para que a Fifa barganhasse com cada um dos países pretendentes.

Ter apenas o Brasil na corrida significava dar ao país um grande poder nos debates sobre a preparação da Copa e o risco de a CBF fazer ameaças com um argumento simples: ou se faz o Mundial da forma como queremos, ou a Fifa terá problemas em encontrar uma nova sede.

Apesar do lobby de Blatter, prevaleceu um pacto fechado na América do Sul: nenhum outro país ameaçaria o Brasil, mesmo que nos últimos meses a Colômbia tenha ensaiado uma candidatura.

Se a decisão de dar a Copa ao Brasil foi tomada em Zurique, parte da história do Mundial ocorreu no gabinete do então líder do PMDB no Senado, Renan Calheiros (AL), que em diversas ocasiões cedeu seu escritório a Ricardo Teixeira quando este, em Brasília, precisou se reunir com deputados, governadores e senadores. O local foi testemunha de bajulações de deputados que defendiam suas cidades como sede da Copa, num exercício que, embora legítimo, consistia em dar sinais implícitos de que iriam poupar Teixeira de todo tipo de acusação ou investigação. Calheiros e a CBF ainda mantinham outra aliança: o então diretor de Assuntos Legislativos da CBF, Vandenbergue Machado, havia sido servidor do Senado e chefe de gabinete de Calheiros nos anos em que o senador fora ministro da Justiça, entre 1995 e 1998. O diretor também já havia servido, anos antes, como assessor de José Sarney, no momento em que ele ocupava a presidência do Senado.

O número de deputados com algum tipo de relação com a CBF também era expressivo. A entidade já tinha, inclusive, um escritório em Brasília. Na verdade, pode-se dizer de tudo do endereço da CBF na capital, menos qualificá-lo de "escritório".

Na mansão de dois andares alugada desde 1997 no Lago Sul, na chácara 17 da QI 15, não era difícil, no início dos anos 2000, encontrar políticos e seus assessores, cartolas, presidentes de federações e lobistas desfrutando da piscina. Uma vez por semana, eles eram convidados para uma animada pelada num gramado perfeito. O dia não terminaria sem um churrasco oferecido pela CBF, regado a bebidas. Oficialmente, a explicação para a existência da mansão era a necessidade de cuidar dos passaportes de jogadores na Polícia Federal e manter o diálogo com embaixadas estrangeiras. Mas ninguém escondia que a principal atividade ali era defender os interesses da CBF junto aos legisladores.

No mesmo período, a CBF passou a fazer doações para campanhas eleitorais de deputados, prefeitos e vereadores. A entidade liderada por Teixeira financiou, por exemplo, as campanhas dos deputados federais Darcísio Perondi (PMDB-RS), José Rocha (PFL-BA) e Eurico Miranda (PPB-RJ), todos futuros membros da Comissão Parlamentar de Inquérito que seria instalada, em 2001, para investigar os contratos entre Teixeira e a Nike.

Eurico, o folclórico presidente do Vasco da Gama, que recebeu em 1998 em torno de R$ 50 mil da CBF — cerca de metade dos custos de sua candidatura —, viraria o vice-presidente da CPI que investigaria a entidade. Anos depois, voltaria ao comando do Vasco. Os senadores do PMDB Gilvam Borges (AP) e Renan Calheiros (AL) também foram financiados pela CBF.

A distribuição de "gentilezas" por parte da CBF envolvia também as federações estaduais cujos presidentes e cartolas apoiassem Teixeira. Um levantamento feito pelo então deputado Silvio Torres (SP) e por outros congressistas indicou que a entidade doou R$ 12,5 milhões a federações e políticos entre 1998 e 2000. Constatou-se que, em momentos eleitorais, o volume de dinheiro crescia. O informe do deputado indicou que:

Em 1998, as doações se intensificaram no período eleitoral, a partir de setembro, e chegaram ao máximo em dezembro desse ano, estendendo-se até janeiro de 1999, num valor total de R$ 1 885 768,00. Em 1999, as doações se mantiveram iguais durante o restante do ano, na faixa de R$ 300 mil por mês. Em 2000, ano das eleições municipais, novamente as doações se intensificaram depois de agosto.

Um dos objetivos era financiar a campanha de cartolas para cargos públicos. Em 1998, por exemplo, o presidente da Federação do Acre, Antônio Aquino Lopes, recebeu R$ 57,5 mil para sua campanha eleitoral. Em troca, segundo o informe, a CBF esperava apoio político a Teixeira.

Números oficiais apontam que em 2002 a CBF doou R$ 1,1 milhão a candidatos a deputado e a senador. Em 2004, as contribuições nas eleições municipais foram de R$ 280 mil. Na campanha de 2006 para prefeito e vereador, a confederação somou R$ 500 mil em contribuições. Receberam mais uma vez doações, entre outros políticos, os senadores Renan Calheiros (PMDB-AL), Gilvam Borges (PMDB-AP) e Delcídio Amaral (PT-MS). Um quinto do valor foi para Roseana Sarney. O irmão dela, Fernando Sarney, ocupou cargos na CBF.

O investimento de Teixeira rendeu frutos e o livrou de uma ação que poderia tê-lo derrubado anos antes de sua saída da CBF, em 2012. Em mais de uma ocasião, a "bancada da bola" no Congresso evitou pautar projetos de lei que complicariam a vida da CBF e dos clubes, impediu a criação de CPIs e fez questão de atuar nos bastidores para abafar críticas a Teixeira.

Nos últimos anos de seu mandato, não era raro ver o presidente da CBF em Brasília, inclusive em reuniões no Palácio do Planalto. Ele chegou a ser recebido pelo então ministro das Relações Institucionais de Lula, Luiz Sérgio. O objetivo central era sempre impedir a criação de uma CPI para investigar a condução da entidade nos preparativos da Copa de 2014. Teixeira atuou de forma intensa para convencer o governo federal a dar instruções à sua base aliada para não aderir a nenhum tipo de CPI. Quando o cartola não estava em Brasília, era o representante da CBF na capital, Vandenbergue Machado, que percorria os corredores do Congresso, articulando meios para impedir a investigação e fazendo promessas.

Parte dessa ação teria um resultado positivo para os interesses da oligarquia do futebol brasileiro. E ela seria traduzida em uma capacidade política de impedir a criação de leis que significassem algum tipo de intervenção, mesmo que fosse apenas para garantir uma gestão limpa do jogo. Em 2013, por exemplo, a CBF conseguiu derrubar uma emenda que exigia transparência no esporte. O texto do projeto de lei obrigava um cartola ou um clube que recebesse recurso público a assegurar uma gestão transparente da entidade beneficiada. Mas, para a CBF, isso era pedir demais, e a emenda à Medida Provisória (MP) 615 foi retirada do relatório elaborado pelo senador Gim Argello (PTB-DF). O político admitiu que, misteriosamente, não havia conseguido o apoio da base do governo para a proposta e que, de fato, a ordem do Palácio do Planalto era que a emenda fosse abolida. Em seu lugar, entrou uma proposta que foi justamente no sentido inverso: permitir que os clubes continuassem a receber dinheiro de projetos, como a loteria Timemania, mesmo devendo para a Receita Federal e sem se comprometer com a transparência de suas contas.

Em outra iniciativa de sucesso da CBF, o Congresso aprovou uma lei isentando os dirigentes esportivos de responsabilidade se seus clubes se afundassem em dívidas. Coincidência ou não, o projeto foi apresentado pelo deputado José Rocha (PR-BA) que, segundo os registros do TSE, recebeu dos cofres da CBF mais de R$ 150 mil para suas campanhas eleitorais.

A aprovação dessas leis e a blindagem de Ricardo Teixeira não estão ligadas à Copa do Mundo, mas, diante das relações de parceria entre Brasília e a CBF, fica claro que nenhuma decisão referente ao Mundial seria tomada sem levar em consideração interesses políticos e eleitorais. É por esse prisma, portanto, que precisamos olhar para entender como as sedes no Brasil foram selecionadas.

Nos meses que antecederam as escolhas, o que se viu foi uma movimentação intensa entre Brasília, as capitais estaduais e a CBF. Teixeira recebeu todos os prefeitos das cidades candidatas, assim como os governadores de seus estados. Não faltaram agrados e títulos. O assédio político de Goiás, por exemplo, foi um dos mais intensos. Teixeira recebeu da Assembleia Legislativa do estado o título de cidadão goiano.

A prática foi copiada por outros estados, em bajulação ao cartola. Ainda em 2006, quando estava claro que o Brasil concorria sozinho para organizar o Mundial, Teixeira recebeu o título de cidadão mato-grossense durante uma sessão especial organizada pelo deputado Alencar Soares (PP) na Assembleia Legislativa. Motivo: um reconhecimento pelos "serviços prestados ao futebol brasileiro e mato-grossense". "É uma pessoa que tem ajudado o futebol de Mato Grosso desde 1989, quando assumiu a CBF. Este título é mais um elo entre o futebol estadual e a CBF", disse Alencar. "O futebol brasileiro caminha para ser um dos mais organizados do mundo, e Teixeira tem mostrado esse dinamismo também."

O mesmo título foi proposto na Assembleia Legislativa do Amazonas por Wanderley Dallas (PMDB) e Francisco Souza (PSC). Mas, nesse caso, o título de cidadão amazonense foi vetado. "Um cidadão que ataca a imprensa brasileira e que se diz dono da CBF não merece esse título. Na verdade, ele merece receber uma medalha do Presídio do Puraquequara", declarou o deputado Marcelo Ramos (PSB-AM) em 2011, ao justificar seu voto contrário. "O título de cidadão amazonense deve ser concedido a pessoas de bem. O senhor Ricardo Teixeira tem sido citado em várias denúncias de corrupção no Brasil e no exterior. Não podemos conceder tal honraria a uma pessoa envolvida em escândalos", reforçou o deputado Marcos Rotta (PMDB-AM).

Ao longo do processo, algumas cidades foram ficando pelo caminho. João Pessoa, Maceió, Teresina e Campinas retiraram suas candidaturas. Na última rodada, ficaram de fora Florianópolis, Rio Branco, Belém, Campo Grande e Goiânia. Assim, a Copa de 2014 ocorreu nas seguintes cidades: Porto Alegre, Curitiba, São Paulo, Rio de Janeiro, Belo Horizonte, Brasília, Cuiabá, Salvador, Recife, Fortaleza, Natal e Manaus.

Em seu congresso anual de 2009, nas Bahamas, a Fifa se apressou em tentar explicar que a definição das sedes havia sido técnica. "Não ouvimos falar de interferências políticas. Houve gente que disse que deveríamos ir aqui ou ali. Mas pensamos no esporte", garantiu Blatter.

Longe dali, dirigentes comemoravam e davam declarações efusivas à imprensa, demonstrando que a opção fora, acima de tudo, política. Se oficialmente fazia sentido uma Copa em todo o território nacional, impedindo que o evento ficasse concentrado no Sudeste, esse argumento escondia a intenção de políticos e cartolas de usar o Mundial como um instru-

Política, propina e futebol

mento para atender interesses clientelistas, além de escancarar a lógica eleitoral de apoio entre o governo federal e seus aliados estaduais.

Nos bastidores, a Fifa passou a acusar abertamente o governo federal e o ex-ministro do Esporte, Orlando Silva, por ter barganhado benefícios políticos na escolha das cidades que receberiam os jogos. Assessores que trabalhavam com o ex-presidente Luiz Inácio Lula da Silva confirmaram que ele se envolveu nos debates das sedes, interveio e fez questão de colocar aliados políticos nos planos da Fifa.

Um dos casos mais polêmicos foi a escolha de Manaus em detrimento de Belém, considerada pelos informes técnicos a terceira melhor candidatura do país, só superada por São Paulo e Rio de Janeiro. A CBF acabou optando pela capital do Amazonas e abriu um tiroteio por parte das autoridades da cidade paraense, que haviam investido R$ 2,5 milhões para viabilizar sua campanha. Apesar de já ter um estádio que poderia apenas ser reformado para a Copa e times nas divisões nacionais, Belém perdeu para Manaus, que foi obrigada a construir sua arena do zero e que nem sequer estava representada na elite do futebol brasileiro. Parte da explicação estava no gabinete do então governador do Amazonas, Eduardo Braga, e de um partido — o PMDB — que fazia parte da base de sustentação do governo Lula. Mesmo o Pará sendo governado pelo PT, o que contava naquele momento era buscar aliados, e isso incluía fazer agrados a outras siglas que pudessem compor acordos no Congresso. O Palácio do Planalto precisava atender seus aliados, inclusive com jogos da Copa.

Não faltaram nem mesmo as teorias da conspiração entre os mais inconformados pela derrota de suas cidades. Até hoje, políticos de Belém insistem que outro ponto também pesou: o fato de que tanto a Sony como a Coca-Cola, patrocinadoras da Fifa, contam com fábricas em Manaus. As empresas jamais comentaram a decisão.

Políticos de cidades e estados que perderam a Copa tentaram se beneficiar com o clima de expectativa que se formava naquele momento. Mesmo sabendo que ficaria de fora da lista das doze sedes, em função de sinalizações dadas pelo governo federal e pela CBF, o governo da paraense Ana Júlia Carepa organizou uma festa para acompanhar o anúncio das cidades-sede, em 2009. O evento reuniu mais de 20 mil pessoas, com direito a trio elétrico, distribuição de bebidas e apresentação de grupos musicais.

De norte a sul do Brasil, a realidade é que o anúncio das sedes, apesar de ter sido realizado com cartas marcadas, transformou-se em cabo eleitoral para prefeitos, deputados, senadores e vereadores, que se autoproclamaram os responsáveis por suas cidades terem sido escolhidas para a Copa. Mas Blatter rejeitou essa versão.

Um palanque foi montado em Manaus dentro do estádio Vivaldo Lima para acompanhar o anúncio. As 40 mil pessoas presentes ouviram os discursos dos políticos, que se gabavam de haver garantido a inclusão da cidade no mapa da Copa. Só a festa daquele dia custou quase R$ 800 mil aos cofres públicos.

Em Cuiabá, MT, que acabou batendo Campo Grande, MS, aliados do governador Blairo Maggi (PR) se apressaram em mostrar à população que a escolha da Fifa fora fruto da ação nos bastidores do político — que desde 2007 visitava Zurique e a CBF sempre que a Copa era assunto. No estado vizinho, o prefeito de Campo Grande, Nelson Trad Filho, esperou a eliminação de sua cidade para desmentir Blatter e confessar: "A decisão foi política".

Em Salvador, dias antes do anúncio, o mesmo deputado José Rocha que esteve na folha de pagamentos da CBF admitiu que a capital da Bahia seria uma das escolhidas para receber a Copa. Ele chegou a declarar que a entidade com sede no Rio de Janeiro havia pedido que ele organizasse uma festa no Barradão (o estádio do Vitória) para marcar o fato.

Se os vencedores estavam gratos a Teixeira e passaram a acumular uma dívida política com o cartola, a CBF sabia que não poderia abandonar as demais candidatas. Hábil, Teixeira iniciou quase imediatamente uma campanha para não criar adversários nas cidades preteridas. Passou a distribuir pelo Brasil o restante dos eventos da Fifa, como os seminários de árbitros e os centros de treinamento que receberiam as seleções. O cartola sabia que não poderia se dar ao luxo de fazer inimigos.

A CBF rapidamente comunicou aos líderes partidários no Congresso que já tinha planejado uma forma de compensação e chegou a indicar ao governador do Espírito Santo, Paulo Hartung (PMDB), que Vitória poderia até mesmo receber a seleção brasileira para o período de preparação. A dezenas de outros, a promessa foi de que poderiam ser "subsedes" da Copa, uma garantia dada pela CBF que não significaria muito, mas que poderia ser usada por políticos locais para mostrar a seus eleitores que o estado não

Política, propina e futebol

havia sido excluído. No total, mais de oitenta cidades foram selecionadas como subsedes para receber as 32 seleções da Copa. Muitas jamais viram esses times — nem mesmo o Mundial.

A peregrinação ao gabinete de Teixeira não parou com a definição das sedes. Marconi Perillo, governador de Goiás, chegou a viajar até o Rio de Janeiro para colocar seu estado à disposição, caso houvesse algum problema com uma das doze cidades escolhidas. Já na gestão de Marin, em 2014, as dívidas com as cidades que ficaram de fora da Copa continuaram a ser pagas pela CBF, sempre usando a seleção. Poucos dias antes do Mundial, o Brasil enfrentou o Panamá em um amistoso em Goiânia. A cidade tinha recebido a promessa de que seria uma das sedes da Copa das Confederações, em 2013, mas a Fifa vetou a ideia, apontando que o torneio servia justamente para testar as arenas da Copa. Goiânia então recebeu a garantia de que seria uma das sedes da Copa América de 2015. Mas a realidade é que o torneio acabou sendo adiado para 2019. Como prêmio de consolação, a cidade recebeu o amistoso da seleção, num esforço para justificar os R$ 10 milhões gastos pelas autoridades para atrair a atenção da CBF. Em 2006, a entidade havia doado R$ 50 mil para a campanha de Perillo ao Senado.

Outra medida adotada pela CBF foi distribuir parte dos US$100 milhões que a Fifa destinará ao Brasil nos anos após a Copa para os estados que ficaram de fora. Assim, a entidade brasileira apazigua os cartolas que não foram beneficiados pelo Mundial e, ao mesmo tempo, mantém sua base de apoio para futuras eleições.

Oficialmente, os recursos seriam usados para construir campos de futebol, para doar equipamentos esportivos e para necessidades médicas. Mas eles representam meros 2% da renda obtida com a Copa pela Fifa. As migalhas começaram a ser distribuídas ainda durante o Mundial, como forma de mostrar ao mundo que a entidade estava disposta a colaborar com o futebol brasileiro. No dia 6 de julho, o primeiro projeto foi inaugurado, com a construção de quatro campos em Belém, cidade que ficou de fora da Copa. O que chamou a atenção foi o fato de que, apenas para essa estrutura, o fundo destinou US$2 milhões.

José Maria Marin acabou sendo pressionado a dar explicações, ainda durante o Mundial. Em uma coletiva de imprensa no Maracanã, o cartola negou que a distribuição do dinheiro tivesse conotação política e foi questionado sobre o motivo pelo qual a CBF, apesar de milionária e com uma renda anual de R$ 400 milhões, jamais investira no desenvolvimento do futebol de base em zonas pobres. Sem resposta, o dirigente apenas prometeu "estudar" as sugestões dos jornalistas.

Naquela ocasião, eu o questionei se não teria sido mais eficiente usar o dinheiro gasto na construção de uma nova sede da CBF, no Rio de Janeiro, para o desenvolvimento do futebol pelo Brasil. Sua resposta foi contundente: seria muito importante que, num país pentacampeão, a entidade do futebol tivesse "sede própria para exibir aos brasileiros uma conquista". "Sem dúvida foi um belíssimo investimento", insistiu. O que ele não contou foi que a obra custou R$ 80 milhões e que o edifício ganhou justamente o nome de Sede José Maria Marin. De modo irônico, como vimos, o nome de Marin seria retirado do edifício quando, um ano depois, o brasileiro acabou preso por corrupção em Zurique.

Naquele momento, em 2014, como um faraó que acredita que sua tumba é o maior resultado de sua gestão, nem Marin nem ninguém na CBF parecia ter encontrado um ex-craque no Brasil à altura de dar seu nome à sede do futebol brasileiro. Ou talvez nenhum craque quisesse ter seu nome vinculado à entidade corrupta.

Em abril de 2015, faltando um mês para Marin deixar a presidência da CBF, eu o entrevistei, uma vez mais no hotel Baur au Lac, em Zurique. Quando perguntei qual foi sua maior conquista como chefe da entidade, ele não hesitou: "Agora temos casa própria". E, claro, com seu nome. O cartola só não imaginava que um mês depois sua história seria radicalmente transformada.

O GRANDE LEILÃO

De volta ao processo de escolha de sedes, se a CBF havia costurado suas alianças políticas graças ao Mundial, o fim da novela da escolha das cidades foi visto pela Fifa com grande alívio. A entidade máxima do futebol acreditava que finalmente poderia passar a se concentrar nas obras dos estádios, que já naquele momento davam sinais claros de atrasos. Mas a

Fifa descobriu que os problemas estavam apenas começando e que pelo menos outros dois anos seriam necessários para que um calendário fosse definido.

Parte significativa das cidades escolhidas não tinha como pedir ao setor privado que bancasse a construção das arenas. Manaus, Natal e Cuiabá sabiam, desde 2007, que corriam o risco de erguer elefantes brancos e que os times locais dificilmente atrairiam público suficiente para justificar que os próprios clubes ou empresas bancassem as obras.

A conta acabou caindo na mesa de governadores e prefeitos, que, depois de fazer o lobby para levar a Copa a suas cidades, teriam de abrir seus cofres, sempre com a ajuda do BNDES. O problema era justificar diante da população gastos milionários em estádios para receber três ou quatro jogos de seleções possivelmente fracas e sem apelo para os torcedores. Imaginem Nigéria x Irã em Natal ou Japão x Honduras em Cuiabá...

Assim, começou uma segunda rodada de lobby: quais das doze sedes receberiam a seleção brasileira e quais ficariam com as outras grandes seleções da Copa, como Espanha, Argentina ou Alemanha. Ainda em 2007, num almoço na Fifa que contou com Lula, com o então governador de São Paulo, José Serra, e com Sérgio Cabral, na época governador do Rio de Janeiro, ficou estabelecido que a capital paulista abriria a Copa e que o Maracanã encerraria o evento. Faltava definir os outros 62 jogos. Nos bastidores, governadores e prefeitos iniciaram uma pressão que beirou a chantagem: se não recebessem jogos de peso na Copa, não liberariam verbas para erguer os estádios. Era o troco dos governadores a uma CBF que leiloara a Copa pelo Brasil.

A solução, mais uma vez, foi política. Anunciou-se o calendário apenas em 2011, quatro anos depois de o Brasil receber o direito de sediar o Mundial, algo jamais visto pela Fifa. A entidade havia apelado ao país para montar um esquema que o dividisse em quatro regiões, concentrando cada grupo e evitando viagens de longa distância para times e torcedores. De fato, em 2010 Teixeira deu uma coletiva de imprensa no Soccer City Stadium de Johannesburgo confirmando que existia um plano para dividir o país dessa maneira, evitando que as seleções tivessem de percorrer um território continental durante um mês e ainda assim apresentar o melhor de seu futebol.

Mas, quando o cronograma dos jogos foi apresentado, todas as promessas e considerações esportivas foram ignoradas. A própria plateia do evento sediado em Zurique mostrava a dimensão política do calendário: mesmo sem convite da Fifa, os governadores e representantes do Distrito Federal, de Pernambuco e de Minas Gerais viajaram até a cidade suíça. Nenhum deles tinha nem mesmo uma agenda a ser seguida na Fifa. Mas ainda assim estavam lá. Jogadores e ex-estrelas foram mantidos longe do evento.

Teixeira anunciou um cronograma com forte cunho político. A divisão por regiões estava abolida e todos teriam de atravessar o país. Seleções não ficariam mais apenas em um estado; seriam obrigadas a viajar por todo o Brasil. Se isso não fazia sentido em termos esportivos, pouco importava. Governadores receberiam seleções de diversos pesos, e estava afastado o perigo de sediar apenas partidas entre seleções desconhecidas. Dois anos depois, em 2013, no sorteio das chaves da Copa, na Bahia, confirmou-se o plano: praticamente todas as cidades receberiam grandes seleções, um alívio para seus dirigentes políticos.

Os investimentos de São Paulo no novo estádio do Corinthians estavam justificados com a abertura (Brasil x Croácia), além de jogos com Uruguai, Inglaterra, Holanda e uma das semifinais. Belo Horizonte também comemorou seus seis jogos, inclusive uma semifinal, além da passagem de Argentina e Inglaterra pela cidade. Mesmo Manaus, questionada, acabou recebendo quatro jogos de equipes como Inglaterra, Itália e Portugal. Brasília, depois de erguer um dos estádios mais caros da história, acabou ficando com sete jogos, incluindo duas partidas da seleção brasileira. O Nordeste também saiu valorizado: um terço da Copa ocorreu na região, em forte contraste com o Mundial de 1950, que destinou apenas um jogo para os estados nordestinos. Em 2014, das 64 partidas disputadas, 21 aconteceram no Nordeste.

Superado o leilão político da Copa, restava apenas um elemento para a Fifa estabelecer o calendário do evento: os horários dos jogos. O trabalho não seria fácil. Afinal, a entidade teria de adequar as promessas políticas a um organograma que atendesse também às televisões e a interesses comerciais. O resultado não poderia ter sido mais desastroso para o futebol, pois as seleções acabaram jogando nos momentos mais quentes do dia.

Política, propina e futebol

Em Brasília, cinco jogos começaram à uma da tarde, incluindo uma partida das oitavas e outra das quartas de final. Em Fortaleza, outra cidade-sede quente, uma das partidas ocorreu nesse horário, assim como aconteceu com dois jogos em Salvador, ambos da primeira fase. As seleções que atuaram em Natal e em Recife também tiveram de se preparar melhor, pois três partidas começaram no horário mais quente do dia.

A Fifa insiste que levou em consideração a temperatura nas cidades-sede para marcar os horários. Mas a realidade é que nem mesmo os campeonatos regionais nesses estados contam com jogos nessas horas do dia. Ainda que julho seja o segundo mês de inverno no Brasil, o Nordeste registra temperaturas elevadas nos horários estabelecidos. A Federação Internacional de Jogadores se queixou da decisão e enviou para a Fifa um dossiê completo sobre os riscos de atuar nesses horários. A pressão das seleções também foi intensa, e a Fifa acabou modificando o horário de duas partidas por conta do calor: Camarões x Croácia e Estados Unidos x Portugal foram adiadas das quatro horas da tarde para as sete horas da noite, em Manaus.

Fora isso, o máximo que a entidade aceitou foi estabelecer o direito ao árbitro de promover uma pausa nas partidas para permitir que os jogadores se hidratassem. Blatter insistiu que os atletas eram "profissionais" e que estavam preparados para qualquer tipo de condição climática. Entre os preparadores físicos das seleções, a preocupação era real. A Itália estreou na Copa do Mundo enfrentando a Inglaterra na capital do Amazonas. Treinou em Florença, e, para imitar o clima de Manaus, uma sauna foi instalada para que os jogadores se acostumassem ao clima da floresta tropical. O local ganhou até um apelido: Casa de Campo Manaus.

Os italianos não foram os únicos a utilizar métodos pouco convencionais para enfrentar o calor. Os jogadores da Inglaterra chegaram a treinar com dois ou três agasalhos para se acostumar com o clima quente. A ideia, segundo a comissão técnica, era que os atletas "se sentissem confortáveis estando em uma situação desconfortável".

Quem não estava treinado para o calor, porém, era o público. No dia 29 de junho, parte dos torcedores presentes nas arquibancadas para ver México x Holanda, em Fortaleza, deixou seus lugares para se proteger do sol, buscando as sombras do estádio. O jogo teve início à uma da tarde, com uma sensação térmica de 31ºC e com milhares de assentos vazios.

Mas, como me confessou durante a Copa o belga Michel D'Hooghe, membro do Comitê Executivo da Fifa e chefe da equipe médica da entidade, "na disputa entre saúde e interesses comerciais, sempre vence o comercial". De fato, o vencedor foi o lobby das emissoras de TV que pagaram fortunas para ter o direito de transmitir os jogos e insistiram em mostrar as partidas das seleções europeias em horário nobre na Europa, não no meio da madrugada.

Assim, a disputa entre Inglaterra e Itália, que ocorreria às 22 horas em Manaus, foi antecipada para as sete da noite, o que permitiu sua exibição nos canais europeus em um horário mais favorável. Espanha x Chile foi antecipado de sete da noite para quatro da tarde, também para beneficiar a audiência espanhola. O ajuste não ocorreu por acaso. Hoje, metade da renda que a Fifa obtém da Copa, como vimos, vem dos contratos assinados para a transmissão do evento aos quatro cantos do mundo. No Mundial de 2014, a entidade arrecadou US$2,2 bilhões em receitas com os direitos de transmissão.

Entre 1990 e a Copa no Brasil, a arrecadação da Fifa entre as emissoras aumentou em mais de vinte vezes. E não seriam detalhes como o calor em sedes escolhidas por motivos políticos que iriam impedir a entidade de colocar jogos em horários nobres para as audiências mais ricas.

DEMOCRACIAS

A Fifa nunca escondeu que realizar uma Copa em um país autoritário é mais fácil. Afinal, basta uma definição do governo federal e as coisas acontecem, sem o questionamento de governos estaduais e, principalmente, sem a necessidade de prestar contas à população. Assim será na Rússia e no Catar. Em junho de 2013, num evento oficial no Rio de Janeiro, questionei os CEOS dos Mundiais de 2018 e 2022 o que fariam se em seus países ocorressem protestos, como foi o caso do Brasil. A resposta das autoridades foi reveladora: essas manifestações não ocorrerão.

O problema, no caso do Brasil, é que não foi a democracia que atrasou o processo de escolha de sedes, mas justamente o fato de o poder público e os cartolas terem se apoderado da Copa para transformar o evento em

Política, propina e futebol

um instrumento eleitoral e de barganha política. Manipulando cada etapa do torneio, governo e oposição apenas provaram uma vez mais quanto o esporte e a política andam de mãos dadas. Nessa aliança, perderam o torcedor e o futebol, que jamais foram consultados ou sequer levados em consideração.

O Brasil perdeu a Copa dentro e fora de campo. A democracia foi atacada. A Constituição foi modificada por exigência da Fifa, que não pagou impostos. O dinheiro público inundou a festa e os ganhos sociais não se confirmaram. A dívida se acumulou e aqueles que organizaram o evento deixaram o país de bolsos cheios. Esse é o modelo da Copa do Mundo da Fifa do século XXI. Um megaevento que atrai o planeta, empolga milhões e saqueia uma população.

Se, nos bastidores, cartolas da Fifa passaram os últimos vinte anos recebendo subornos e fraudando o futebol, foi a própria estrutura do Mundial que se transformou no maior de todos os saques, apoiado por leis e blindado por políticos e parceiros comerciais — os cúmplices de um esquema ilegítimo.

Terceira parte

Tempo de revolta

19. O torcedor

Se o futebol se transformou em instrumento que serve à cobiça de cartolas corruptos e em palanque de políticos, as arquibancadas provaram que não vibram mais apenas com gols e lances geniais. A Copa do Mundo no Brasil mostrou isso, ainda que o confete atirado pelos organizadores tenha tentado abafar qualquer crítica e o som dos alto-falantes dos estádios tenha sido elevado para que as televisões não transmitissem a vaia à classe dirigente dos mundos futebolístico e político. A operação da Justiça e a prisão de cartolas em maio de 2015 apenas confirmaram o que todo mundo sabia: o império que por quarenta anos controlou o futebol havia chegado a seu limite e o torcedor — vestido de cidadão — não estava mais disposto a ser manipulado.

O Brasil mostrou que mesmo uma população apaixonada pelo futebol sabe diferenciar entre torcer e reivindicar seus direitos. Os políticos locais aprenderam uma lição que repercutiu pelo mundo e pela classe dirigente de dezenas de países: o esporte também pode ser um veículo de contestação social e de revolta.

De uma forma irônica que apenas o acaso pode traçar, foi no "país do futebol" que tudo começou a desabar. Um ano depois do Mundial, as polícias americana e suíça colocaram um ponto final ao abuso de poder.

O que ocorreu no Brasil não foi inédito. A diferença, porém, é que foi transmitido ao vivo para todo o planeta. E isso faz toda a diferença. De

Política, propina e futebol

fato, documentos e relatos de serviços secretos já deixavam claro, em diversas outras situações, o poder do torcedor para usar o mesmo instrumento de manipulação a seu favor. E contra regimes ditatoriais.

Em um telegrama confidencial enviado pelo Departamento de Estado americano a um de seus diplomatas em 2009, o futebol na Jordânia foi alvo de uma avaliação por parte dos Estados Unidos. Naquele ano, os torcedores do Faisali usaram um jogo para entoar gritos ofensivos contra a rainha Rania, um ato que fora do estádio teria valido tortura e condenação aos autores do desacato. Diante da impossibilidade de colocar milhares de torcedores na prisão, a solução foi interromper o jogo e sancionar o time com uma multa pesada.

Também em 2009, durante uma partida no Cairo, um dos líderes da oposição no Egito, Ayman Nour, foi saudado em um estádio com gritos da torcida mandando um recado direto ao regime: "Saia, Mubarak". A Síria, em plena guerra civil, suspendeu por meses o campeonato de 2011. Oficialmente, a meta era dar mais tempo para a seleção nacional se preparar para o torneio pré-olímpico. Mas, com o governo de Bashar al-Assad sendo questionado nas ruas pela primeira vez em décadas e com a oposição sendo incentivada e financiada pelo Ocidente, por sauditas e pelo Catar, todo o esforço era para evitar a mobilização de pessoas.

Para o sociólogo britânico Eric Dunning, da Universidade de Leicester, na Inglaterra, apesar de todos os planos de governos para se autopromoverem por meio do futebol, fica claro que as massas de torcedores também têm a capacidade de transformar os estádios durante os noventa minutos de jogo em "enclaves de autonomia". "Um aspecto importante do esporte nas sociedades modernas consiste em seu desenvolvimento como um enclave onde as pessoas são autorizadas a experimentar um certo nível de autonomia em relação a comportamento, identidades e relacionamentos", afirma Dunning em sua obra *Sport Matters: Sociological Studies of Sport, Violence and Civilization.*

E isso ficou claro até no pior período do regime stalinista, um dos momentos mais negros da história russa. A partida era válida pelas semifinais da liga soviética de 1939. Jogando em casa, em Moscou, estavam os já consagrados jogadores do Spartak, com seus uniformes reconhecidos

O torcedor

em todo o extenso território da União Soviética, mesmo sem o poder de hoje da publicidade e das transmissões pela TV. O líder do time era o hábil Nikolai Starostin, além de seus três irmãos, considerados estrelas dos anos 1930. O adversário era o Dínamo Tbilisi, da capital da Geórgia, exatamente a região de onde vinha o ditador Joseph Stálin. Uma vitória daria à equipe um lugar na grande final, e a tensão era escancarada, tanto em campo como nas arquibancadas, onde os torcedores se espremiam para acompanhar o clássico.

Após noventa minutos, o resultado não surpreendeu ninguém. O Spartak, que entusiasmava multidões, derrotou o Tbilisi por 1 x 0, para delírio de seus torcedores, simples trabalhadores do chão das fábricas soviéticas. Mas o gol foi considerado polêmico, pelo menos pelas autoridades e pela polícia secreta de Stálin.

A bola teria de fato cruzado a linha. Mas, antes de tocar no chão, dentro do gol, um dos zagueiros do Tbilisi conseguiu afastá-la de forma espetacular, dando a impressão de que havia evitado a derrota. Na história do futebol, gols polêmicos, decisões equivocadas de juízes e mesmo encenações de jogadores foram alvo de discussões que perduraram por décadas. Até hoje o gol da Inglaterra contra a Alemanha ao final da Copa de 1966 é contestado. Em 2010, na Copa da África do Sul, a Alemanha deu o troco nos ingleses. Todas as televisões mostraram que um chute do inglês Frank Lampard resultou em um gol legítimo contra os alemães. O mundo inteiro viu a bola entrar. O autor deste livro, que estava no estádio de Bloemfontein, também. Mas o juiz optou por mandar o jogo seguir, sem validar o gol, e a Alemanha acabou eliminando o time de Wayne Rooney.

Em 1939, o debate foi o mesmo. O que houve de diferente foi a forma de lidar com a polêmica. O juiz soviético validou o gol do Spartak, que o classificava para mais uma final. Mas a polícia secreta de Stálin simplesmente ordenou que a partida voltasse a ser disputada. O destino do árbitro nunca foi revelado. Não só ele não apitou mais nenhuma partida, como seu paradeiro passou a ser um mistério, inclusive para sua família.

Alguns dias depois, os dois times voltaram a se enfrentar. O estádio em Moscou poucas vezes vira torcedores tão entusiasmados em incentivar a equipe da cidade a mais uma conquista. Ainda no vestiário, os jogadores do Spartak aguardavam para entrar em campo com o sentimento de obrigação de demonstrar que não haviam conquistado a primeira vitória por acaso. Escutavam o grito da torcida e, em cada um, a sensação era de que a batalha não seria apenas contra onze jogadores do time adversário, mas contra todo um sistema que unia forças de oposição ao Spartak.

Assim que a bola rolou, as considerações políticas foram deixadas de lado. Em campo, mais um jogo duro, encardido, com faltas violentas. Mas, no fim de uma partida eletrizante, o placar ficou em 3 x 2 para o time de Nikolai, conhecido por sua velocidade e técnica. Com o apito do juiz encerrando a partida, o astro do Spartak, exausto e tentando enxugar o suor do rosto, olhou para a arquibancada onde estavam os convidados especiais e viu uma cena que indicaria seu destino. Membros da cúpula da polícia secreta soviética, visivelmente irritados com o resultado, se levantaram de seus lugares, colocaram de volta seus impecáveis chapéus pretos e, sem dizer uma só palavra, abandonaram o estádio.

No dia seguinte, as autoridades optaram por uma decisão ainda mais drástica: mandaram prender Nikolai, com base em acusações feitas dois anos antes, de que o jogador e líder do Spartak promovia um modelo de vida "antissoviético", crime que até o fim do bloco comunista ninguém conseguiu explicar o que seria.

A prisão só foi evitada graças ao primeiro-ministro Vyacheslav Molotov, que teria rejeitado assinar a ordem, em uma iniciativa que até hoje não foi esclarecida. O próprio Nikolai estimou, décadas mais tarde, que o ato estaria ligado ao fato de que sua filha era muito amiga da filha de Molotov. Verdade ou não, o fato é que Nikolai foi poupado ainda por alguns anos. O Spartak chegou à final e, pior, conquistou mais um título soviético, para desespero da polícia secreta e das autoridades. Na grande decisão, o Spartak venceu mais um time ligado ao governo. Um arrasador 3 x 1 contra o Stalinets Leningrado e a taça estava garantida, a última entregue pela federação antes da eclosão da Segunda Guerra Mundial.

O incidente deixou claro que, para o Kremlin, o Spartak era um inimigo tão odiado quanto um dissidente em busca de liberdade de expressão em um dos regimes mais violentos da história. Pior, tinha o amplo apoio dos torcedores de Moscou. Nos anos seguintes, Nikolai e seus irmãos foram condenados e enviados a campos de trabalho forçado. Eles só sobrevi-

O torcedor

veram porque, ao chegarem a esses locais, eram reconhecidos pelos demais prisioneiros e pelos guardas como grandes jogadores, o que lhes garantia acesso a alimentos e menor chance de serem torturados.

Mas o que fazia de Nikolai Starostin, um dos fundadores do Spartak, jogador, treinador e, anos depois, presidente do clube, alguém tão temido por um regime que tinha todo o poder nas mãos? Se seus adversários poderiam ser os zagueiros dos outros times, seus maiores inimigos eram os próprios comandantes da repressão durante o regime stalinista.

Tudo começou em 1922. No bairro de Krasnaya Presnya, um pequeno estádio foi o palco das origens do que o regime de Stálin, menos de vinte anos depois, decretaria como uma de suas maiores ameaças internas: um time de futebol. Naquele local, quatro irmãos — Nikolai, Aleksandr, Andrei e Petr — se uniram para começar a jogar futebol, introduzindo vizinhos e amigos no esporte que havia chegado do Reino Unido. Dez anos depois, aqueles mesmos garotos do bairro se juntaram para criar o que acabaria sendo o time mais popular da União Soviética, que até hoje atrai o maior número de torcedores: o Spartak.

A criação do clube, sua história, sua base de apoio e até mesmo seus títulos passaram a ser um reflexo das contradições, dos absurdos e do terror que marcaram a fase intermediária do regime soviético. Naquele período da história stalinista, o governo se apressava em dominar todas as esferas da atividade humana, e com o esporte não foi diferente.

Após a Revolução Bolchevique de 1917, uma das primeira medidas adotadas por Moscou foi se negar a aderir às federações internacionais, alegando que representavam a ideologia burguesa no esporte. Os próprios Jogos Olímpicos — que anos mais tarde seriam usados pela União Soviética para demonstrar ao mundo que a região era uma potência — foram alvo de duros ataques, pelo menos nos primeiros anos de vida da federação de países de dimensões continentais. Para o Kremlin, o evento não passava de uma distração das massas e uma tentativa de desviar a atenção dos trabalhadores da luta de classes. A partir da década de 1950 e da Guerra Fria, esse discurso desapareceu, e, a cada quatro anos, americanos e soviéticos disputaram medalha a medalha a imagem de maior potência do planeta.

Política, propina e futebol

Nos anos 1920, no entanto, a história era outra. A participação em torneios no exterior era limitada, pelo menos até o dia em que os soviéticos se convenceram de que poderiam sair vencedores dessas competições. Quando essas viagens ocorreram, porém, o objetivo não era apenas conquistar vitórias, mas também transmitir a mensagem política de que a classe proletária poderia superar representantes da burguesia. Isso, duas décadas antes da Guerra Fria.

Mas, internamente, um time de futebol era uma pedra no sapato de Stálin.

A cada fim de semana, o Spartak e seus torcedores mandavam um recado poderoso ao ditador e a outros comandantes: o de que o governo podia reprimir, matar e suspender todos os direitos de um cidadão, mas a sociedade sempre encontraria uma forma sutil, subliminar e até irônica de dar um grito silencioso de liberdade, pelo menos ao escolher seu time de futebol.

Do lado oposto estava o Dínamo, criado ainda em 1923 pela polícia secreta, com o apoio das autoridades. Nos anos que se seguiram, o confronto em campo entre os dois clubes marcou o futebol soviético. Fora dos campos, a rivalidade se transformou em um microcosmo da batalha vivida diariamente, pela sociedade civil perante o poder soviético.

A realidade é que escolher um time e declaradamente torcer por uma vitória sobre o clube do Exército ou da temida polícia secreta eram algumas das poucas liberdades autorizadas pelo regime soviético dos anos 1920 e 1930. Sem pesquisas de opinião para avaliar a popularidade de um governo e muito menos eleições ou partidos, a reação dos torcedores diante de vitórias do Spartak era o que mais se aproximava de um termômetro para medir o grau de resistência em relação a Stálin. E o ditador sabia disso.

O mais irônico é que nas arquibancadas do Spartak não estavam intelectuais pró-liberais, capitalistas ou grandes industriais. Grande parte dos torcedores era formada por trabalhadores de fábricas, que optaram por não torcer pelos clubes subsidiados pelo governo. Para o regime stalinista, ver o povo apoiando times não protegidos pelo regime era sinônimo de traição e quase um ato de resistência.

Os primeiros campeonatos veriam a rivalidade entre o Dínamo e o Spartak atingir o ponto máximo. O público dos jogos do campeonato chegava, em média, a mais de 25 mil pessoas. Para os grandes clássicos, o número de torcedores atingia facilmente a marca de 50 mil. Rapidamente o time do Spartak passou a ser chamado de "time do povo", com o maior público dos primeiros campeonatos soviéticos e inúmeros títulos. Com um estilo elegante mas avassalador, o Spartak venceu os campeonatos nacionais de 1936, 1938 e 1939. Nesse último ano, também conquistou a Copa da União Soviética.

Nas arquibancadas desses jogos emocionantes, a história não oficial da União Soviética se manifestava. Com uma máquina opressora em pleno funcionamento na segunda metade dos anos 1930, Moscou não tolerava nenhuma demonstração de oposição ao governo, algo que se acentuava à medida que ficava claro que os regimes fascistas na Alemanha e na Itália logo entrariam em guerra. Nas arquibancadas, porém, o sentimento de descontentamento e frustração do proletariado era exposto de modo claro.

Se todos na época sabiam os reais motivos da popularidade do time do Spartak, ninguém podia declarar. Na Rússia, todos conheciam os sentimentos que um time com o nome do líder de uma revolta de escravos poderia despertar. Gritos de guerra como "Mate os policiais" ou "Mate os soldados" eram frequentemente entoados pelos torcedores do Spartak. Ditas fora dos campos, essas frases podiam significar anos de trabalho forçado na Sibéria.

Para Stálin, o problema era que ficava cada vez mais claro que convencer torcedores a apoiar um clube poderia ser mais difícil que qualquer estratégia de repressão. A criação de "comunidades de escolha", como elaborou nos anos 1990 o antropólogo armênio Levon Abrahamian, tinha exatamente o desafio de que as "escolhas" eram feitas individualmente, e não pelo Estado.

Pouco a pouco, apesar de todos os planos do governo para promover o esporte soviético, ficou claro que as massas de torcedores transformavam os estádios, durante os noventa minutos, naquele "bolsão de autonomia" de que falaria Dunring. Sua constatação não se referia diretamente ao caso soviético, mas é uma boa explicação para a inquietude do serviço secreto nos anos 1930 ao não conseguir controlar torcedores gritando ataques contra as autoridades. Nas arquibancadas, eles apenas demonstravam apoio à sua equipe preferida.

Durante o regime de Nikita Kruschev, a KGB, principal agência de inteligência e segurança da União Soviética, tentou definir um número final das vítimas do terror promovido por Stálin. Chegou à conclusão de que, entre 1930 e 1953, 3,7 milhões de pessoas foram presas por "crimes contrarrevolucionários". Desse total, 700 mil perderam a vida. Como se a repressão interna não bastasse, o início dos anos 1940 foi marcado pela Segunda Guerra Mundial e uma destruição sem precedentes de vidas diante das batalhas sangrentas entre a Alemanha nazista e a resistência russa. No total, 20 milhões de soviéticos não sobreviveram à era Stálin, em consequência da repressão, da fome, do frio e da Segunda Guerra Mundial, o pior conflito armado em séculos.

Ainda assim, o Spartak e o próprio futebol acabaram entrando para a história como um espelho dos conflitos da sociedade soviética e de sua autocracia, da guerra pelo controle de um imaginário coletivo, de uma comunidade de escolha e da constatação de que o esporte não existe em um vácuo. Já os irmãos Starostin conseguiram, mesmo dentro de um regime repressivo, abrir uma fresta na estrutura de poder e mantê-la viva. Para Robert Edelman, historiador da Universidade de San Diego, essa foi uma forma modesta e silenciosa de dizer "não" a Stálin.

Para muitos, entender a história do Spartak e dos irmãos Starostin é entender, acima de tudo, a vida cotidiana sob a tirania e o regime de terror de Stálin. Entender, portanto, o berro das manchetes escritas nos jornais esportivos no dia seguinte a uma partida é entender também uma sociedade.

20. O povo contra a Copa

A Copa de 2014 reservava surpresas. Os objetivos políticos de partidos e líderes brasileiros que sonharam em atrair para o país o Mundial seriam radicalmente afetados pela inesperada "autonomia" de bolsões construídos, ironicamente, pelo poder público. A mentira do Mundial começou a desabar antes mesmo de o torneio começar, assim como desabou a credibilidade da Fifa.

Se em 2007 a Copa foi pensada como uma estratégia de votos, e a bola, como representante de popularidade, em 2014 políticos em todo o país se esconderam durante o Mundial. Por ironia, seus adversários também foram obrigados a silenciar enquanto a bola rolava. Ninguém estava imune.

A suposta "surpresa" começou durante a Copa das Confederações, em 2013, com imagens que deram a volta ao mundo. O torneio seria apenas um teste para a Copa do Mundo. Entre as seleções, nem todas estavam no Brasil com o mesmo ímpeto de ser campeãs. Não há como negar que a da Espanha aproveitou aqueles dias para relaxar e fazer a festa por onde passava. Já a do Taiti descobriu o que era um estádio de verdade.

Mas foi fora dos estádios que o torneio entrou para a história do futebol, em quinze dias que abalaram a estrutura da Fifa, pegaram o governo Dilma Rousseff desprevenido e chegaram a levar a entidade a questionar a capacidade do Brasil de manter o evento até o final. Foram duas semanas

Política, propina e futebol

— entre os dias 15 e 30 de junho — que começaram a mandar um alerta claro para a Fifa de que o mundo não a toleraria mais.

As jornadas de junho foram iniciadas questionando o aumento do preço do transporte e rapidamente ganharam uma dimensão inédita no país. Em poucos dias, o que era uma demonstração de insatisfação popular se transformou em um recado a todos os governantes de que a sociedade não estava mais disposta a assistir sem reagir às mentiras divulgadas, fosse em função da Copa, fosse em qualquer outro setor.

Nas ruas, estudantes, profissionais e cidadãos comuns levantaram cartazes que o mundo teve sérias dificuldades em aceitar: o Brasil, o país do futebol, questionava a legitimidade de uma Copa do Mundo. A população, vista como apaixonada pela bola, mostrou que abriria mão da competição em troca de hospitais e escolas. Apesar de casos registrados de pessoas que receberam dinheiro de diferentes partidos para ir às ruas, uma parte significativa eram manifestantes que sinceramente acreditavam em suas bandeiras.

É difícil dizer que, se a Copa não fosse realizada, o dinheiro dos estádios teria sido realmente usado para fins sociais. Não há dúvidas de que os gastos do governo com saúde e educação são superiores ao que se gastou na Copa, mas ainda assim vale a pena pelo menos fazer as contas do que o projeto do Mundial representou. Com o dinheiro usado nos estádios, cerca de R$ 8 bilhões, poderiam ter sido financiadas 2,4 milhões de bolsas-atleta para esportistas olímpicos ou 10 mil quadras poliesportivas pelo país. Em termos sociais, o impacto seria profundo. O valor é suficiente para erguer 130 mil casas populares ou 9 mil creches. O investimento também permitiria abrir quase 50 mil escolas rurais.

Mas a realidade é que, diante de milhares de pessoas nas ruas, o governo e a Fifa pareceram atordoados. O primeiro sinal claro de que a Copa das Confederações seria tensa veio logo na abertura. Ao tentar falar diante dos 70 mil torcedores no primeiro jogo, a presidente Dilma Rousseff recebeu vaias, que foram transmitidas ao vivo para o mundo inteiro. Blatter pegou o microfone e pediu respeito aos torcedores. "Onde está o fair play?", cobrou o cartola, fazendo com que a vaia aumentasse ainda mais. Dilma, que tinha em mãos um discurso, não hesitou: abandonou o papel, decretou a Copa oficialmente aberta e dispensou o microfone.

Blatter, a partir daquele momento, foi abertamente criticado, até mesmo dentro do governo, por tentar "censurar" os brasileiros no estádio. O pito público dado por ele escancarou um dirigente considerado arrogante e acostumado a um estilo pouco democrático. O incidente marcaria o tom do torneio. Desde aquele momento, o que se viu foi um movimento que ganhou força em todo o país.

Dois dias depois, a Fifa continuava a pensar que o que se via nas ruas era apenas algo pontual e sem consequências. No terceiro dia de competições, estive com Blatter em um evento promovido pelo jornal *Financial Times* para debater o impacto da Copa do Mundo no Brasil. O local escolhido foi o hotel Copacabana Palace, no Rio de Janeiro. Naquele momento, o discurso do cartola mostrava que ele ainda via o fenômeno como isolado. "O futebol é mais forte que a insatisfação das pessoas", afirmou, como se estivesse no Brasil de 1950. Ele foi o primeiro a denunciar que os manifestantes nas diversas cidades no Brasil estavam usando o evento para atrair atenção. "O futebol existe para unir as pessoas. Isso está claro, e conheço um pouco das manifestações que estão ocorrendo aqui", disse Blatter. "Acho que as pessoas estão usando a plataforma do futebol e a presença da imprensa internacional para deixar claros certos protestos", declarou.

Blatter ainda apostava que o movimento perderia a força, algo que se provou completamente equivocado. "Vocês verão que hoje é o terceiro dia de competição e isso irá se acalmar. Será uma grande competição", declarou. "Eu disse a Dilma e a Aldo [Rebelo, na época ministro do Esporte] que temos confiança neles. Uma vez que a bola rolar, as pessoas vão entender e isso vai acabar."

Naquele mesmo evento, Jérôme Valcke deu mais uma prova de que não entendia o que estava ocorrendo nas ruas: "Basta o Brasil ganhar o torneio e veremos que esses protestos vão acabar". Instantes depois, foi a vez de Rebelo subir ao palco e elevar o tom das críticas. Ele foi contundente ao dizer que o governo federal faria de tudo para evitar que os protestos que se espalhavam pelas capitais brasileiras afetassem a realização da Copa das Confederações e os demais grandes eventos. Se necessário, a repressão seria forte. "Quem achar que pode tentar impedir [a realização dos jogos] enfrentará a determinação", bradou Rebelo, insistindo que o governo assumira com "responsabilidade e honra" acolher esses dois eventos internacionais e que iria realizá-los oferecendo segurança e integridade a torcedores e turistas. "O Brasil tem a responsabilidade diante do mundo de organizar e realizar em plena segurança o evento sob sua responsabilidade. O direito à manifestação é um direito democrático no país e será assegurado. Mas entre esses direitos não está o de ameaçar nenhum evento, nem aqui nem no mundo", alertou Rebelo.

O mesmo tom crítico foi adotado pela cúpula da CBF: "Seria preferível que toda a atenção estivesse voltada exclusivamente para o futebol, e acho que essa é a preocupação de grande parte do povo brasileiro", insistiu seu então presidente, José Maria Marin, à beira da piscina do Copacabana Palace e no auge do poder.

O vice-presidente da CBF, Marco Polo Del Nero, também tentou minimizar a importância das manifestações. "Foram quantos? Mil? Tem 199 milhões de brasileiros trabalhando e esses querendo atrapalhar", atacou. "O povo brasileiro é tranquilo. Já, já vai entender que a Copa é o maior evento do mundo", disse. Ao ver que jornalistas o pressionavam sobre o assunto, reagiu: "Vamos falar de futebol? Temos de falar de coisas positivas e fazer a torcida gritar 'Brasil, Brasil, Brasil'", dizia, com o punho para cima. Segundo a investigação do Departamento de Justiça dos EUA, naquele mesmo ano os dois "defensores do futebol" passariam horas negociando propinas em diversos eventos.

Se o discurso naquele momento buscava minimizar o que ocorria nas ruas, a realidade é que a Fifa e a CBF estavam acuadas e assustadas. As reuniões com o governo se multiplicavam, em momentos de total tensão, com exigências por parte da Fifa de que fosse garantida a segurança dos cartolas e dos jogadores das oito seleções que participavam da Copa das Confederações. O cenário de um distúrbio era tão remoto nos planejamentos da entidade que sequer veio ao país seu principal chefe de segurança. Ele havia sido deslocado para o Mundial Sub-20, na Turquia, onde, teoricamente, estavam os maiores problemas.

No dia 19 de junho, de forma imprevista, Blatter decidiu deixar o Brasil. A Fifa alegava aos jornalistas que a viagem já estava planejada e que o cartola iria para o Sub-20, mas a realidade é que ele havia tomado a decisão de última hora, faltando a encontros que estavam programados e até mesmo desmarcando jantares com governadores e políticos nordestinos.

Naquele mesmo dia, voltei à porta do Copacabana Palace para tentar encontrar o suíço antes que ele saísse do Brasil. No lobby, logo me deparei com uma de suas assistentes, Marta, de mala pronta para deixar o hotel. Minutos depois, Nicolas Maingot, um dos assessores de imprensa de Blatter, também apareceu. Na porta, um carro blindado já o aguardava, acompanhado por mais de dez batedores em motos.

Quando a porta do elevador se abriu e Blatter apareceu, Nicolas foi rapidamente a seu encontro para alertá-lo de que eu estava ali. Conversaram por alguns instantes e o cartola veio em minha direção. Sorridente, tomou a iniciativa de explicar sua viagem: "O presidente da Fifa precisa estar em todos os seus torneios. Mas eu voltarei". Blatter tinha um jogo para assistir no Mundial Sub-20: Cuba x Coreia, duas seleções sem qualquer expressão no futebol mundial.

Entretanto, o cartola não ficou na Turquia. Depois de fazer uma visita-relâmpago ao país, Blatter se refugiou em seu escritório em Zurique e só voltou ao Brasil depois de a Fifa ter recebido do governo garantias de proteção ao evento.

Dois anos depois, quando o Mundial Sub-20 foi disputado nas mesmas semanas em que ocorreram as prisões de dirigentes da Fifa, Blatter desistiu de viajar para a Nova Zelândia a fim de acompanhar o torneio. Dessa vez, a explicação da entidade era de que ele tinha "compromissos em Zurique", mas o cartola só não viajou por temer ser preso num país aliado dos EUA.

De volta ao Brasil em 2013, Blatter desistiu de participar da cerimônia de lançamento em Belo Horizonte de um dos projetos da entidade que é a menina dos seus olhos: o Football for Hope, uma espécie de "Bolsa Família" da Fifa. Ainda que tenha um impacto real para quem o recebe, a iniciativa tem um cunho eleitoral. O evento em Minas Gerais, ocorrido

Política, propina e futebol

entre os dias 26 e 29 de junho, estaria repleto de organizações da sociedade civil, e o temor era de que Blatter fosse hostilizado e vaiado.

Mas o auge das manifestações foi a noite do dia 20 de junho, uma quinta-feira, quando o país parou e 1 milhão de pessoas tomaram as ruas. Naquela noite, nos hotéis Sofitel e Copacabana Palace, no Rio de Janeiro, a cúpula da Fifa não dormiu. Telefonemas entre o governo e a entidade se repetiam para tentar entender o que estava acontecendo. As televisões dos quartos e das salas de reuniões dos cartolas estavam sempre ligadas, enquanto os demais funcionários da Fifa eram instruídos a não sair às ruas. Os carros oficiais tiveram os emblemas da Fifa retirados e até os hotéis que orgulhosamente se exibiam como sedes da entidade no Brasil passaram a esconder as imagens da Copa. Vi quando os funcionários do Copacabana Palace retiraram as bandeiras da Fifa hasteadas na entrada do imponente prédio.

Já eram quase cinco horas do dia 21 quando se decidiu que o governo e a Fifa se reuniriam naquela manhã em caráter de emergência, para definir o que fazer. Uma das propostas de patrocinadores foi concluir a fase de grupos da Copa das Confederações e deixar as duas semifinais e a final para um outro momento, em outro país.

A crise também havia se transformado em um jogo de empurra--empurra. As seleções pressionavam a Fifa por segurança e alertavam que seus jogadores milionários não podiam ser ameaçados. Já os patrocinadores haviam pagado fortunas para estar na Copa e queriam ter garantias de que seus convidados VIPs — CEOs de empresas, megainvestidores e personalidades — poderiam circular com segurança pelo Brasil. Enquanto os protestos ocorriam, eu me recordo de um representante de uma das empresas patrocinadoras da Fifa falando ao telefone em um lobby de hotel e se queixando de que, em uma partida em Salvador, 2 mil de seus convidados não apareceram, temendo os protestos. "Quem vai pagar a conta? Quem vai pagar a conta?", gritava.

Carros da Hyundai, uma das patrocinadoras da Copa, foram atacados num local de promoções no centro do Rio de Janeiro. Já as emissoras que compraram o direito de transmitir os jogos viviam um dilema entre promover o evento e relatar como as manifestações, na prática, deixaram o futebol em segundo plano. A Caixa Econômica, outro patrocinador, pediu às redes de TV que deixassem de veicular seus comerciais nos momentos dos jogos, temendo que suas agências fossem alvo dos manifestantes.

O luxuoso Copacabana Palace era um retrato da crise. A Fifa havia montado uma sala sofisticada para sua cúpula descansar ao lado de patrocinadores e políticos. Sofás, coqueiros, champanhe e alguns dos melhores chefs do Rio de Janeiro. Mas, diante da turbulência, o salão com vista para o mar viveu às moscas durante o torneio, enquanto o telão gigante colocado para que a cúpula da entidade visse os jogos passava apenas as imagens das manifestações. Nada de futebol.

A Fifa cobrava do governo, que, por sua vez, alertava que a prioridade era a rua, e não o evento esportivo. A entidade não ficou satisfeita com a reação da presidente Dilma Rousseff, que, em seu discurso em rede nacional na sexta-feira à noite, deixou a Copa como um ponto marginal e apenas pediu aos brasileiros que acolhessem bem os estrangeiros. "O futebol é símbolo de paz entre povos. O Brasil merece e vai fazer uma grande Copa", completou, sem dizer o que faria para garantir o evento.

A decisão naquele dia 21 foi a de manter o evento até o fim, correr o risco e transformar os estádios em bunkers. Não havia o clima de festa da Copa da Alemanha, em 2006, ou de outros torneios na Europa. Torcedores chegavam a estádios rodeados por tropas de choque, pela Força Nacional e por centenas de policiais militares. Valcke deixou claro ao governo: se não fosse garantida a segurança nas partidas, a Copa das Confederações seria suspensa, embora, no fundo, ninguém quisesse o cancelamento do evento. Isso teria ameaçado a Copa do Mundo, gerado um prejuízo sem precedentes para o governo e transformado anos de preparação em um vexame internacional.

Se para o Brasil um cancelamento seria desastroso, para a Fifa a crise também seria profunda. Uma preocupação da entidade era de os protestos no Brasil terem aberto uma caixa de Pandora para novas manifestações em todos os seus eventos. Afinal, se o "país do futebol" questionou a Copa, por que outros países não fariam o mesmo?

Numa sociedade democrática na qual políticos precisam convencer cidadãos a votar neles, o evento que era a aposta para campanhas eleitorais se transformou rapidamente em um torneio com potencial de provocar suicídios políticos.

Política, propina e futebol

Pouco a pouco, enquanto as pessoas tomavam as ruas, o que se viu foi um afastamento dos políticos que, anos antes, comemoraram a conquista da Copa. A reviravolta no discurso era evidente, na tentativa de mostrar simpatia às demandas populares. "As pessoas estão questionando por que estamos gastando tanto dinheiro", me disse o prefeito do Rio, Eduardo Paes. Alguns dias depois, ele seria ainda mais explícito em uma entrevista à *Folha de S.Paulo*. "Acho que o Brasil perdeu uma oportunidade com a Copa do Mundo", afirmou. "As ruas não disseram que são contra a Copa. As ruas dizem o seguinte: somos contra a forma como se fez a Copa." Paes passou até mesmo a criticar a Fifa, algo impensável para um político brasileiro que desejava levar jogos para sua cidade. "A Fifa não se preocupa com legado. Preocupa-se com o estádio", declarou ele.

Já Dilma não compareceria à Copa das Confederações e Lula jamais veria ao vivo um só jogo do torneio que ele ajudou a trazer ao país.

Na grande final no Maracanã, entre Brasil e Espanha, no dia 30 de junho de 2013, o mal-estar entre Fifa, governo e CBF contrastava com a elegância dos vestidos, do champanhe francês, das joias, do salmão e dos ternos da sala VIP, enquanto bombas explodiam fora do estádio e o cheiro do gás lacrimogêneo usado pela polícia era sentido até mesmo das arquibancadas.

A manifestação, que ganhou uma dimensão bem além do futebol, também conseguiu se infiltrar entre os organizadores. Voluntários que participaram como dançarinos na coreografia da cerimônia de encerramento aproveitaram para protestar contra a privatização do estádio no centro do gramado de um Maracanã lotado.

Uma das ativistas levou um cartaz feito de tecido e o abriu diante das câmeras do mundo todo. E os manifestantes foram rapidamente retirados do local, aos gritos. A Fifa emitiu uma nota dizendo que respeitava o direito de manifestação, mas pediu aos voluntários que se retirassem em "respeito aos espectadores". Entre os torcedores, não faltaram cartazes contra a Copa, contra o governo ou contra a Fifa. Naquele dia, vi os voluntários do evento nas arquibancadas unidos ao coro dos protestos.

A síntese da crise foi o debate que por horas se travou sobre quem entregaria a taça ao campeão na Copa das Confederações, um momento sempre cobiçado pelos políticos para mostrar ao mundo seu orgulho e para cumprimentar os campeões. Dessa vez, porém, políticos e cartolas empurraram uns para os outros a tarefa, com medo de serem vaiados. Dilma Rousseff não foi ao Rio de Janeiro, temendo outra vaia, como ocorreu no jogo de abertura, mas enviou um convite à seleção — que venceu a poderosa Espanha por 3 x 0 e conquistou o título — para uma visita a Brasília. Luiz Felipe Scolari, o técnico da seleção, vetou a viagem. Oficialmente, alegou que seus jogadores precisavam de férias. Mas a atitude foi uma resposta ao descaso do governo em relação ao time.

No dia do jogo final, falou-se na possibilidade de o vice-presidente da República, Michel Temer, ir ao estádio, o que também não ocorreu. A irritação entre os membros da Fifa era clara diante da ausência da cúpula do governo. Por horas, a preocupação com as vaias também levou o prefeito do Rio, Eduardo Paes, e o governador do estado, Sérgio Cabral, a não informar se iriam ao Maracanã. O prefeito acabou chegando no início do jogo. Cabral estava propenso a não ir, mas mudou de ideia, mesmo sem fazer alarde e sem ocupar um local de destaque na ala VIP. O certo é que nenhum dos dois queria aparecer nos telões entregando a taça. O governo federal foi representado pelo ministro dos Esportes, Aldo Rebelo, que se sentou longe dos cartolas da CBF e da Fifa.

A Copa, que estava sendo programada para ser um trampolim político, agora ameaçava pretensões eleitorais. Ao final, coube a entrega do troféu a Rebelo, visto como alguém que não teria nada a perder politicamente com uma eventual vaia.

Horas antes, em Salvador, no jogo que marcou a disputa do terceiro lugar entre Itália e Uruguai, Valcke e o governador da Bahia, Jacques Wagner, foram vaiados. O político não ficou até o final do jogo, vencido pela Azzurra. No Maracanã, o presidente da Fifa, Joseph Blatter, e o presidente da CBF, José Maria Marin, também foram vaiados na final.

Em muitos sentidos, a Copa das Confederações e as arquibancadas se transformaram nos "enclaves de autonomia" de uma sociedade para dar seu recado, ainda que desencontrado e paradoxal. Mas o recado foi dado. Tudo que se escutou nas ruas em junho e julho de 2013 era conhecido de todos havia anos: pedidos para a construção de escolas, melhorias na saúde e no transporte. Tais demandas jamais foram veiculadas de maneira tão assertiva como na nova arquibancada do Maracanã.

Lamentavelmente, a violência descambou nas ruas e acabou manchando um processo importante na construção da democracia brasileira. Mas nem por isso invalidou o que ocorreu na Copa das Confederações, e muito menos sua mensagem original. A porta para questionar a Fifa e derrubar o regime corrupto da entidade estava finalmente aberta, em todos os sentidos.

21. A Copa blindada:
a falência moral de um evento

Os primeiros sinais da falência da Fifa não surgiram quando seus dirigentes foram presos em Zurique. Um ano antes, a Copa do Mundo no Brasil apresentaria ao mundo um evento que chegara a seu limite. Um evento que havia invadido um país e obrigado o Congresso a mudar algumas de suas leis. Um evento que, para ocorrer, necessitaria ser blindado.

Se existia uma coisa da qual a Fifa não abria mão era a proteção total da Copa. Ao contrário do que se deu em 2013 na Copa das Confederações, em 2014 nenhuma surpresa poderia acontecer.

Nos meses que se seguiram à Copa das Confederações, Brasília e Zurique concentraram seus esforços na elaboração de uma estratégia que permitisse uma Copa tranquila, sem os protestos que poderiam contaminá-la. Havia muito em jogo, tanto para a Fifa como para o governo. A Copa é a única fonte de renda da entidade, e um desastre no Mundial de 2014 teria um efeito devastador para o futuro das competições e de suas contas. Para o governo, o que estava em jogo era a capacidade de o Brasil realizar eventos internacionais, além de cálculos eleitorais diante da votação que ocorreria no país em outubro daquele ano.

Tanto o governo como a Fifa passaram a martelar um apelo para que os cidadãos concentrassem suas energias na torcida pela seleção brasileira. Campanhas publicitárias e discursos marcaram essa estratégia. Dois dias antes da abertura da Copa, o presidente da Fifa, Joseph Blatter, usou seu

Política, propina e futebol

principal discurso no congresso anual da entidade, em São Paulo, para pedir que todos os confrontos fossem suspensos durante a Copa do Mundo. Para ele, "o mundo perturbado" precisava receber as "emoções do futebol". Blatter pediu que os torcedores aproveitassem o evento e deixassem "as discussões" para outro dia. "Com essa Copa, o Brasil mandará para bilhões as emoções em meio a esse mundo de distúrbios. É nosso desejo e da família do futebol que todas as atividades beligerantes cessem e que o futebol conecte pessoas e construa pontes", afirmou.

Um dia antes, numa coletiva de imprensa em São Paulo, a Fifa e o governo haviam fechado um acordo para ignorar os protestos e as greves na capital paulista e convocar o povo para a Copa. Blatter apelou para que o país apresentasse um "ambiente de samba". Ele chegou a chamar o futebol de "movimento social" e pediu que todos se unissem a esse projeto. Também fez um alerta à população, lembrando que a Copa dava uma "chance ao Brasil de mostrar ao mundo que é um local inspirador": "Queremos a atmosfera do samba. A Copa é um cartão de visitas". José Maria Marin, presidente do Comitê Organizador Local e da CBF, seguiu o mesmo tom: "A maioria dos brasileiros está feliz e entusiasmada".

Longe das câmeras, porém, as preocupações eram reais. Na Fifa, as manifestações eram consideradas a maior ameaça à Copa. A greve do transporte em São Paulo, nos dias que antecederam o torneio, deixava a entidade alarmada. O momento era de incerteza. "Não existe clima de Copa do Mundo", declarou Greg Dyke, presidente da Federação Inglesa de Futebol.

Nos corredores do luxuoso hotel Hyatt de São Paulo, onde estavam hospedados os cartolas da Fifa antes de o evento começar, a tensão era palpável. Oficialmente, o secretário-geral da entidade, Jérôme Valcke, garantia que "estava tudo sob controle". Mas vários dos principais dirigentes da Fifa tinham uma opinião radicalmente diferente e exigiam garantias do governo de que a Copa ocorreria em uma situação ideal.

"Essa situação revela que o Brasil não estava pronto. O que vemos é inaceitável", disse um membro do Comitê Executivo da Fifa, na condição de não ter sua identidade revelada. "Teremos de repensar tudo para os próximos anos. Não se pode dar a Copa a um país que, no fundo, tem outras prioridades e não pode oferecer garantias mínimas de segurança", insistiu o dirigente. "Precisamos parar e pensar no que aconteceu no Brasil e questionar se é isso que queremos para o maior torneio do mundo."

O apelo ao torcedor era acompanhado pela constatação de que as manifestações haviam perdido parte do apoio popular no início de 2014. Um elemento central para explicar essa tendência foi a radicalização dos protestos, principalmente diante da violência atribuída aos black blocs. A presença constante do grupo diminuiu a participação de famílias nas ruas; além disso, denúncias feitas pelo Mídia Ninja, um grupo de ativistas que atuava nas ruas reportando o que via dentro dos protestos, apontavam que a polícia infiltrava agentes para criar distúrbios e até provocar choques com as forças de segurança.

Imagens gravadas pelo mesmo grupo deixaram clara essa estratégia em diversas ocasiões. Policiais saíam dos batalhões, tiravam a farda e se misturavam à multidão. Depois de incentivar atos violentos, retornavam para seu agrupamento policial. Fosse por causa da violência dos manifestantes, fosse pela atuação da polícia, a violência afastava o apoio popular mais amplo, o que convinha ao governo e à Fifa.

Levantamentos mostraram a aparente contradição vivida pela sociedade. Quatro meses antes da Copa do Mundo, uma pesquisa do Instituto Datafolha apontava que apenas metade dos brasileiros era favorável à realização do evento no país. Em novembro de 2008, um ano após a Fifa dar ao Brasil o direito de sediar o Mundial, o apoio era de quase 80%. A resistência ao evento tinha crescido de 10% em 2008 para quase 40% em fevereiro de 2014.

O levantamento mostrava que o torneio tinha perdido o apelo até mesmo nas camadas sociais que mais defendiam a Copa. No Nordeste, o apoio ao evento em 2013 ainda era de 79%. Depois, caiu para 64%. Nos segmentos mais pobres da sociedade, o apoio reduzira de 69% para 57%. Entre os mais jovens, despencou de 70% para 57%.

Mas, ao mesmo tempo que a Copa perdia seu poder de sedução, as manifestações também sofriam um forte abalo. Em junho de 2013, uma pesquisa mostrou que 81% dos entrevistados apoiavam os protestos. Em fevereiro de 2014, esse número tinha caído para 52%. Apenas um terço

(32%) declarou ser favorável à realização de manifestações durante os dias da Copa.

Mesmo com os números indicando uma queda no interesse popular pelas manifestações, a ordem dentro do governo era não dar brechas para os protestos. Além dos discursos e das estratégias de comunicação, implementou-se no Brasil a maior operação de segurança já vista numa Copa do Mundo.

O efetivo para a segurança na Copa das Confederações foi de cerca de 23,7 mil militares. Em 2014, esse número foi elevado para mais de 100 mil homens das polícias militares estaduais e forças de ordem, além de 57 mil integrantes das Forças Armadas colocados à disposição. O custo dessa operação de guerra chegou a R$ 1,9 bilhão, sendo R$ 1,2 bilhão de gastos do Ministério da Justiça e R$ 700 milhões do Ministério da Defesa. Um total de 77 aeronaves e 209 embarcações participaram da operação da Copa em todo o país. A conta da segurança foi quatro vezes superior ao que a África do Sul gastou no Mundial de 2010.

Outra estratégia das forças de ordem foi lançar uma série de operações para inibir os protestos, evitando que ocorressem. E, se fosse necessário fazer prisões preventivas, a orientação era que a tática fosse aplicada. Um dos casos mais evidentes foi registrado às vésperas da final da Copa do Mundo no Rio de Janeiro. A polícia carioca deteve pelo menos dezenove manifestantes que haviam sido identificados como responsáveis por atos violentos em protestos em 2013. Outra ativista detida foi Elisa Quadros Sanzi, conhecida como Sininho, que se encontrava em Porto Alegre. Um mandado de busca e apreensão concedido pela Justiça permitiu ainda que policiais confiscassem computadores e celulares, além de explosivos e arma de fogo de suspeitos. Em cartas sigilosas ao governo, a ONU chegou a protestar contra a tática.

A mesma estratégia de abafar um possível protesto já havia sido usada antes da abertura da Copa do Mundo. Naquele momento, foram presos dez suspeitos de envolvimento nas manifestações.

Não demorou para que entidades nacionais e estrangeiras se queixassem do comportamento das autoridades. Uma delas foi a Anistia Internacional, que alertou para o "padrão de intimidação" das prisões. A ONG Justiça Global enviou ofícios ao governo questionando a legalidade das prisões. Num dos documentos, a entidade denunciou que o inquérito visava "tão só a desmobilização, deslegitimação, intimidação e criminalização de defensores de direitos humanos, representando grave violação por parte do estado do Rio de Janeiro, principalmente ao tratá-los como associação criminosa". Setores do PT também repudiaram as prisões, alertando que eram "uma grave violação de direitos e das liberdades democráticas".

A Polícia Civil do Rio de Janeiro, porém, tinha outra avaliação. Como resultado do inquérito, indicou que o grupo preso antes da final da Copa planejava um ataque com "bombas de fragmentação, coquetéis molotov e ouriços".

Além de mais de 100 mil homens, a Copa também exigiu um exército de advogados que, a partir de Brasília, conseguiram liminares para proibir greves e aplicar multas milionárias que forçaram funcionários a evitar as manifestações e, sem opção, voltar ao trabalho e acompanhar os jogos da Copa.

A Agência Pública divulgou uma das reportagens mais contundentes sobre esse aspecto da Copa do Mundo. A repórter Natália Viana, no dia 12 de julho, publicou entrevistas reveladoras com o procurador-geral da União, Paulo Henrique Kuhn, e com outros representantes da Justiça sobre o que foi feito para "garantir a manutenção de serviços e acesso aos espaços e vias públicos durante o evento". Segundo a reportagem, um total de 414 advogados e procuradores trabalharam em regime de plantão para monitorar e comunicar "notícias ou mesmo indícios de paralisações" de serviços públicos, interdições de rodovias federais e ocupação de prédios públicos — podendo acionar a Justiça a qualquer momento. "Vínhamos com um grupo em todo o país monitorando individualmente, junto com as informações dos órgãos de inteligência e segurança, todas as intervenções que poderiam atrapalhar os jogos", afirmou o procurador-geral federal, Marcelo de Siqueira.

No total, doze ações judiciais conseguiram impedir ou reduzir greves de dez categorias de servidores públicos, proibir manifestações que bloqueassem rodovias federais em seis estados — Rio Grande do Norte, Pernambuco, Alagoas, Ceará, Paraíba e Sergipe — e piquetes ou manifestações no entorno do estádio Arena das Dunas e Arena Pernambuco e nos aeroportos do Rio de Janeiro. As ações foram acompanhadas por multas que, acumuladas, chegaram a R$ 15,8 milhões.

O Sindicato Municipal dos Aeroviários do Rio de Janeiro (Simarj) foi um dos que decidiram interromper a manifestação planejada dentro e no entorno dos aeroportos Antônio Carlos Jobim (Galeão), Santos Dumont e Jacarepaguá, por causa de uma multa que seria de R$ 12 milhões por dia.

Para o procurador-geral, a responsabilidade assumida pela União na Copa era maior do que qualquer argumento legal. Kuhn disse à jornalista Natália Viana:

> Veja bem, o Brasil convidou o mundo inteiro para vir assistir a uma Copa do Mundo, e nós temos que garantir a segurança e a regularidade do evento, sob pena de a União ser responsabilizada por conta da Lei Geral da Copa. Se um jogo não acontece, se algo ocorre, a Fifa vai demandar a União. Existem muito contratos envolvidos nesse evento, prejuízos a patrocinadores, a consumidores que vieram do mundo inteiro; isso tudo foi previsto na Lei Geral da Copa que a União poderia ser demandada.

A Advocacia Geral da União (AGU) também agiu para impedir a obstrução de rodovias federais e locais próximos a estádios em Natal e em Recife. Os organizadores que descumprissem uma decisão judicial de manter as vias livres pagariam multa de R$ 100 mil a cada hora do protesto.

Até mesmo em greves que já estavam ocorrendo, como a do transporte público em Natal, a AGU conseguiu agir para elevar o número de ônibus em circulação nos dias de jogos. A greve começou dois meses antes da Copa e o sindicato local atendia o pedido da Justiça de garantir 70% da frota nos horários de pico. Para a AGU, isso não era suficiente. "Nós entendemos que esse quantitativo era pouco para os dias de jogos", declarou Kuhn à Agência Pública. "Assim, obtivemos na Justiça 90% da frota de ônibus em circulação, sob pena de multa diária de R$ 100 mil, durante os dias de jogos em Natal", explicou o procurador à reportagem.

Oficialmente, a meta era sempre a de permitir que torcedores chegassem aos estádios e que o direito constitucional de livre circulação fosse garantido. O que a AGU teve problemas para explicar foi a proibição da greve durante a Copa imposta a entidades como o Instituto Brasileiro de Museus (Ibram), o Instituto do Patrimônio Histórico e Artístico Nacional (Iphan), a Fundação Nacional das Artes (Funarte) e a Fundação Biblioteca Nacional (FBN).

Sem sombra de dúvida, a Copa estava blindada por policiais, advogados e multas pesadas. Os resultados da operação para abafar todo tipo de protesto ainda permitiram que o presidente da Fifa, Joseph Blatter, cutucasse parcelas da sociedade brasileira que em 2013 protestaram contra a entidade. "Onde estão os protestos, onde está a ira social, onde estão os protestos?", repetia de forma insistente e provocadora em um seminário no Rio de Janeiro, no dia 2 de julho de 2014. "Quero cumprimentar o povo brasileiro. Eles aceitaram a Copa e é uma necessidade nesse país onde o futebol é religião", declarou.

Sufocadas por policiais e advogados e isoladas por uma população que queria distância da violência, as manifestações não atingiram seu objetivo de impedir uma partida nem de frear as comemorações das torcidas. A presença de milhares de estrangeiros que tinham viajado ao Brasil em clima de festa também contribuiu para diluir a força dos protestos.

Ainda assim, alguns deles chamaram a atenção internacional. Uma das manifestações ocorreu justamente no tour da taça da Copa do Mundo. Quando passou por Brasília em 27 de maio de 2014, antes do Mundial, o troféu teve de ser blindado por um dia e a visitação foi suspensa por causa de um protesto contra a Copa. Imediatamente, a Fifa emitiu um alerta e fez questão de colocar em todos os locais por onde a taça passaria uma espécie de código de conduta para quem quisesse estar próximo do troféu:

> Pela segurança e o conforto de todos, não estão permitidas manifestações ou condutas individuais ou coletivas que sejam ofensivas, imorais, discriminatórias, religiosas, políticas ou quaisquer outras que atentem contra o evento e seus participantes, a Coca-Cola, a Fifa e/ou que violem o espírito desportivo e recreativo deste evento.

A referência à Coca-Cola foi inserida porque era justamente a multinacional que estava pagando pela turnê do troféu.

A própria seleção brasileira chegou a ser hostilizada muito antes da humilhação do 7 x 1 para a Alemanha. Em maio, quando chegaram a Teresópolis, ao fazer o deslocamento para começar sua preparação na Granja Comary, os jogadores e a comissão técnica foram surpreendidos

Política, propina e futebol

por professores da rede pública que protestavam. O ônibus da seleção acabou cercado e foi alvo de socos e golpes. Ainda que fossem apenas trinta manifestantes, autoridades e a própria Fifa não entenderam como a segurança havia permitido a aproximação do grupo.

"Queremos deixar claro que não temos nada contra a seleção brasileira ou os jogadores. Somos contrários à socialização das despesas e à privatização dos lucros. O governo gasta uma fortuna construindo estádios enquanto escolas e hospitais públicos estão aos pedaços", explicou o professor de história Antônio Jorge Braga, um dos líderes do protesto que, horas antes, chegou a reunir trezentas pessoas.

"Nossa manifestação não é contra a seleção; estamos aqui para chamar atenção a nossas péssimas condições de trabalho e à falta de diálogo do governador Luiz Fernando Pezão e do prefeito Eduardo Paes com a categoria", afirmou a coordenadora do Sindicato Estadual dos Profissionais da Educação (Sepe), Suzana Gutierrez.

O protesto reabriu o debate sobre a Copa. Pelé pediu "trégua" aos manifestantes e apelou para que os atos não visassem a Seleção: "O futebol sempre deu alegria ao Brasil, sempre promoveu o Brasil. A corrupção, os problemas na política, o que se excedeu nos preços dos estádios, isso não tem nada a ver com a seleção brasileira. Os jogadores não têm nada a ver com isso".

Não era a primeira vez que o rei do futebol criticava as manifestações. Em 2013, ele adotou um tom parecido e, depois, justificou que fora mal-interpretado. "Faltam dez meses para começar a Copa. Não vai dar tempo para ver o que foi gasto. Então vamos aproveitar para arrecadar com turismo e compensar o dinheiro que foi roubado com os estádios", disse. As reações chegaram até sua cidade natal, Três Corações (MG). Um grupo "amordaçou" a estátua do ex-jogador no município.

Pelo menos 21 protestos ocorreram no Brasil somente na primeira semana da Copa. Ainda que em número bem inferior ao de 2013, as manifestações não deixaram de ser reprimidas de forma violenta pela polícia.

No dia da abertura do evento, 12 de junho, ruas do Rio de Janeiro e de São Paulo registraram manifestações. Na capital carioca, onze pessoas acabaram detidas na Lapa, e 31 em São Paulo, num evento com menos de oitocentas pessoas nas estações de metrô Carrão e Tatuapé. Situações simi-

A Copa blindada: a falência moral de um evento

lares foram registradas em Belo Horizonte, com onze detidos, assim como Salvador e Taguatinga (DF).

Em Porto Alegre, um protesto terminou com a prisão de treze pessoas, enquanto em Fortaleza houve confronto entre manifestantes e policiais, que dispararam balas de borracha e bombas de gás. No segundo jogo do Brasil na Copa, contra o México, Fortaleza voltaria a ser palco de um confronto. Cerca de trezentos manifestantes atacaram a polícia com pedras. A resposta foi o uso de um jato d'água para dispersar a multidão. Trinta pessoas acabaram detidas.

Em Campo Grande, mesmo sem jogo da Copa, a polícia agiu para impedir que uma passeata bloqueasse o acesso ao local montado pela Fifa para que a torcida pudesse acompanhar as partidas por telões. Vinte e três pessoas foram presas. Em Curitiba, manifestantes tentaram impedir que torcedores chegassem ao estádio para acompanhar Irã x Nigéria. Foram registradas depredações, além de doze detidos.

Não faltaram manifestações criativas. Em Belo Horizonte, algumas dezenas de pessoas tiraram a roupa em protesto contra a Fifa, justamente na praça Savassi, que servia de concentração para os torcedores estrangeiros.

Até mesmo no exterior a ação de manifestantes acabaria chamando a atenção. No dia 12 de junho, a embaixada do Brasil em Berlim, capital da Alemanha, amanheceu apedrejada e com 31 de suas vidraças quebradas. Câmeras de segurança identificaram a presença de quatro pessoas que, de madrugada, atiraram mais de oitenta pedras. O ataque viria a ser assumido por um grupo de extrema esquerda. Um manifesto na internet foi finalizado com a expressão "Não vai ter Copa".

22. Escondidos

Se os organizadores conseguiram blindar a Copa dos protestos, por qual motivo os políticos brasileiros que por anos defenderam o Mundial desapareceram dos estádios durante o evento? A resposta era simples: eles poderiam controlar tudo, menos uma reação espontânea das massas nas arquibancadas. Todos em Brasília estavam conscientes de que, como dizia Nelson Rodrigues, "a grande vaia é mil vezes mais forte, mais poderosa, mais nobre do que a grande apoteose". A única estratégia encontrada foi sumir com os políticos.

No Palácio do Planalto, a ordem era blindar Dilma Rousseff, que lutava por um segundo mandato como presidente. E isso incluía afastá-la de todo evento de promoção da Fifa ou que tivesse alguma relação direta com os estádios superfaturados.

Outra estratégia era alertar a oposição de que não se aceitaria usar a Copa como pretexto eleitoral. O principal interlocutor do governo federal com movimentos sociais, o ministro-chefe da Secretaria-Geral da presidência da República, Gilberto Carvalho, visitou antes do Mundial cada uma das cidades-sede e fez questão de abrir o diálogo com representantes da sociedade civil e pedir que eleição e Copa não fossem "confundidos". "É preciso separar bem as coisas. Quem acha que a vitória da seleção vai ajudar o governo ou que sua derrota vai ajudar a oposição, sabemos pela história que vai se dar mal, que vai quebrar a cara, não é assim", dizia Carvalho.

"O povo brasileiro tem maturidade e inteligência para separar o que é o evento esportivo, um campeonato de futebol e o que ele representa, e uma eleição, que é uma questão seriíssima que define o futuro do país."

A presidente Dilma Rousseff escreveu um artigo para o jornal *Folha de S.Paulo* defendendo: "A seleção brasileira representa a nossa nacionalidade. Está acima de governos, de partidos e de interesses de qualquer grupo".

Nos meses que antecederam a Copa, a presidente inaugurou estádios a portas fechadas, sem público e, portanto, sem vaias. Em fevereiro de 2014, ela abriu oficialmente o estádio Beira-Rio, em Porto Alegre, cinco dias depois do primeiro jogo. Seu pontapé inicial foi cercado por fotógrafos, em um estádio vazio. Num dos raros eventos com público, Dilma inaugurou a Arena das Dunas, em Natal. Mas sem abrir a boca.

No dia 8 de maio de 2014, ela também inauguraria a Arena Corinthians, em São Paulo. Uma vez mais, o evento ocorreu sem a presença do público. Mas isso não evitou as manifestações. No mesmo dia, o Movimento dos Trabalhadores Sem-Teto e o Movimento dos Trabalhadores Sem-Terra invadiram a sede da construtora Odebrecht com faixas que diziam: "Odebrecht ganha bilhões com a Copa em cima do sangue de operários e do dinheiro de todos nós". No início de 2014, a construtora responsável pela obra foi denunciada por sindicatos internacionais como o Solidar de negligência na morte de dois funcionários que trabalhavam na construção do estádio.

Quem também teve que se esconder foi o secretário-geral, Jérôme Valcke, que nem sequer foi ao teste final do estádio do Corinthians, em Itaquera. Em sua coluna publicada no site da Fifa, o responsável pelo funcionamento da Copa fez um apelo dias antes do Mundial para que todos continuassem trabalhando e alertou que não existia tempo para "relaxar". Mas alegou que os técnicos da Fifa saberiam melhor que ele definir o que faltava no estádio. A Arena Corinthians deveria ter sido entregue no dia 4 de janeiro de 2014, mas recebeu a Copa sem estar totalmente testado. "Eu não irei ao teste, já que deixarei isso aos nossos especialistas operacionais. Eles sabem avaliar melhor o que precisa ser ajustado", justificou Valcke.

A estratégia de desaparecer também seria repetida por Dilma dois dias antes do início da Copa. Ela e os demais políticos brasileiros causaram mal-

-estar na Fifa ao não comparecer ao congresso anual da entidade, em São Paulo. Era a abertura das cortinas da Copa ao mundo, com um desfile exuberante da cultura brasileira ao som da cantora Maria Rita no palco, mas sem a presença de líderes políticos, que sabiam que ir ao evento significaria ver sua imagem manchada.

A Copa havia sido um pedido dos políticos nacionais à Fifa. Mas, quando o circo chegou ao país, a opção foi a de não aparecer junto dos donos do evento. Não apenas Dilma não compareceu, como tampouco estiveram no local o prefeito da cidade, o governador e seus secretários. Anos antes, São Paulo havia lutado para ser a sede da reunião, inclusive para mostrar que a capital paulista era um local de decisões. Esvaziado e com a presença apenas do ministro do Esporte, Aldo Rebelo, o congresso da Fifa adotaria resoluções que permitiam distribuir dinheiro da renda da Copa aos cartolas e que não estabeleciam limites de mandatos para que um dirigente ficasse no poder. Decididamente, não eram medidas democráticas.

Mas, se Dilma havia conseguido evitar o evento da Fifa e inaugurado estádios sem público, não teria como fugir da abertura da Copa do Mundo. Ao contrário do que esperava o Palácio do Planalto, o jogo inicial tinha sido evitado por líderes estrangeiros, temerosos dos protestos e sem saber, naquele momento, o que ocorreria no país. Apenas oito chefes de Estado viajaram ao Brasil para o evento, todos de países em desenvolvimento. Mais da metade deles nem sequer tinha uma seleção disputando o torneio. Com uma agenda com falta de compromissos com outros chefes de estado, deu tempo até para que Dilma Rousseff se encontrasse com a cantora Jennifer Lopez no estádio, em São Paulo. Dilma recebeu a presidente do Chile, Michelle Bachelet, Evo Morales, da Bolívia, Rafael Correa, do Equador, José Eduardo dos Santos, de Angola, além dos presidentes do Paraguai e do Suriname. Da África vieram o chefe de Estado do Gabão e o vice-presidente de Gana. O secretário-geral da ONU, Ban Ki-moon, também esteve presente, além dos representantes da Croácia.

Em um acordo com a Fifa, o Palácio do Planalto decidiu que Dilma não discursaria, quebrando uma tradição em eventos esportivos. A meta era não repetir a saia justa de 2013 na Copa das Confederações. Algumas semanas antes da Copa, ela informou em um jantar com jornalistas que desistira de falar a pedido do presidente da Fifa, Joseph Blatter. A entidade negou. Mas a cautela de Dilma devia-se a sua queda de popularidade. Naquele momento, a pesquisa do Ibope mostrava que, pela primeira vez desde que ela tomara posse, em 2011, o índice de pessoas que consideravam seu governo ruim ou péssimo era maior do que o índice dos que o apontavam como bom ou ótimo. Para compensar a falta de um discurso oficial, ela usou a cadeia nacional de TV dois dias antes do jogo de abertura para defender obras da Copa e chamar de "pessimistas" seus opositores.

No estádio, a ordem também era para que as câmeras da Fifa não a enfocassem, evitando que seu rosto aparecesse nos telões do estádio. Dilma chegou sob forte segurança. Aterrissou em um helicóptero e depois seguiu com um comboio a uma garagem do estádio. De lá, pegou um elevador que a conduziu diretamente para dentro da sala VIP, sem nenhum contato com torcedores.

A partida entre Brasil e Croácia, em São Paulo, era, no fundo, a crônica de uma vaia ensaiada e que só esperava seu momento para eclodir. O jogo ainda não tinha começado quando o esforço de esconder a presidente do público mostrou seus limites. Poucos minutos depois que ela chegou à Arena Corinthians para a festa de abertura do Mundial, o estádio entoou ofensas. "Dilma, vai tomar no cu", gritavam os torcedores, entre os quais se encontravam políticos de oposição ávidos para se aproveitar do momento. Em algumas partes do estádio, os gritos foram dirigidos contra a Fifa. Uma segunda onda de ofensas viria depois da execução do hino nacional.

Ainda durante a partida, quando Neymar fez o gol de pênalti, Dilma e o vice, Michel Temer, foram mostrados no telão do estádio comemorando bastante. Acabaram vaiados. A exibição não estava no roteiro. Após a partida, assessores da presidente em Brasília afirmaram que a hostilidade contra ela no estádio já era esperada, mas que a agressividade surpreendeu. Dias depois, Dilma refutaria os xingamentos que recebeu. "Não vou me deixar perturbar por agressões verbais. Não vou me deixar atemorizar por xingamentos que não podem nem sequer ser escutados pelas crianças e pelas famílias", desabafou Dilma, em um evento de partidos aliados. "Suportei agressões físicas quase insuportáveis e nada me tirou do meu rumo e dos meus compromissos, nem do caminho que tracei para mim mesma", insistiu, em uma referência à tortura que sofreu na prisão durante a ditadura militar. "Não me abato nem me abaterei. [...] Conheço o caráter do povo brasileiro e o povo brasileiro não age assim, não pensa assim e não expressa esses xingamentos. O povo brasileiro é civilizado, generoso e educado", comentou a presidente, que encerrou o discurso dizendo: "Podem contar, isso não me enfraquece".

Ela intensificaria os ataques contra aqueles que a xingaram. Numa entrevista ao canal GloboNews, a presidente destacou que as vaias vieram predominantemente da "elite branca". Cerca de 61 mil pessoas compareceram à abertura da Copa. O preço pago pelos ingressos variou, no mercado oficial, de R$ 160 a R$ 990. "Quem compareceu aos estádios, isso não podemos deixar de considerar, foi quem tinha poder aquisitivo para pagar o preço dos ingressos da Fifa. E aí, em alguns casos, 80%, 90%, eram dominantemente elite branca", afirmou Dilma.

Depois da vaia e das ofensas, Dilma desapareceria da Copa e só voltaria na final. Durante todo o Mundial, os cálculos políticos fariam parte até mesmo da agenda dos líderes estrangeiros. A chanceler alemã, Angela Merkel, queria ver a partida entre EUA e Alemanha em Recife, no dia 26 de junho, mas, por se tratar do estado de Eduardo Campos, então rival de Dilma Rousseff nas eleições, o gabinete da alemã sugeriu que o programa fosse mudado para não gerar embaraços à presidente brasileira.

Merkel confessou a situação delicada ao diretor-geral da Organização Internacional do Trabalho, Guy Ryder, reconhecendo como o clima político no Brasil afetava a Copa do Mundo. A chanceler optou, então, por ver o jogo da Alemanha contra Portugal. A partida ocorreu no dia 16 de junho em Salvador, na Bahia do governador do PT, Jaques Wagner.

Dilma acompanhou a seleção de longe, apenas por imagens em redes sociais. Exibiu o símbolo que marca Neymar — "é tois" — e fez elogios aos gols do Brasil após cada jogo. A ordem era esperar e ver como a população e os demais candidatos se comportariam. E a estratégia funcionou. Em campo, a Copa entusiasmou o torcedor, e o público que dizia ser contrário ao Mundial foi diluído durante o evento. Dias antes de a Copa começar, uma pesquisa do DataFolha mostrava que apenas 51% dos brasileiros apoiavam o Mundial. No dia 3 de julho, na reta final da Copa, o apoio subira para 63%.

Escondidos

A ausência forçada dos protestos também ajudou a atrair as chancelarias estrangeiras interessadas em agendar a presença de chefes de Estado na final, no estádio do Maracanã, no Rio, em 13 de julho, ou em outras partidas. Uma série de reis e príncipes decidiram igualmente viajar ao Brasil. Um deles foi Harry, do Reino Unido. No hall do Copacabana Palace, conversei longamente com o príncipe Albert, de Mônaco, totalmente relaxado. Usando sandálias Havaianas, calção e uma camisa de jogador de vôlei de praia, o monarca se mostrava mais que diplomático ao elogiar o Brasil, lutando ao mesmo tempo para dar a impressão de que conhecia o país e para combater seus resquícios de gagueira.

A Copa ainda veria toda a oposição política brasileira perdida sobre o que fazer diante do evento. Usar o Mundial para criticar Dilma poderia ser uma opção, e, de fato, as vaias na abertura foram rapidamente aproveitadas em campanhas. Mas o problema era que Aécio Neves, candidato à eleição presidencial pelo PSDB, fora governador de Minas Gerais — ele renunciou em março para concorrer ao Senado — e usara dinheiro público para renovar o Mineirão. Antes de a bola rolar, ele ainda conseguiu um golpe de publicidade que chamaria atenção ao receber o apoio de Ronaldo para sua campanha. O ex-craque e membro do Comitê Organizador da Copa criticou abertamente o governo federal pelos atrasos nas obras, chamou a estrutura montada por Brasília de uma "vergonha" e posou para fotos ao lado de Aécio. "E de repente chega aqui é essa burocracia toda, uma confusão, um disse me disse, são os atrasos. É uma pena. Eu me sinto envergonhado, porque é o meu país, o país que eu amo, e a gente não podia estar passando essa imagem para fora", afirmou Ronaldo em uma entrevista à agência Reuters.

Romário, uma das vozes mais críticas da Copa, não perdeu a ocasião para alfinetar a hipocrisia de seu ex-colega de ataque. "Não mudo meu lado dependendo de como está o jogo", declarou.

Dilma Rousseff também rebateu as afirmações de Ronaldo. "Não temos por que nos envergonhar. E não temos complexo de vira-latas, tão bem caracterizado por Nelson Rodrigues se referindo aos eternos pessimistas de sempre", afirmou. Outro que saiu em defesa do governo foi o ministro do Esporte, Aldo Rebelo: "A frase dita pelo Ronaldo, tomada de forma isolada, é um chute contra o próprio gol, já que ele foi parte do grande esforço para construir a Copa do Mundo".

Mas, enquanto a Copa ganhava apelo popular e o confete escondia por alguns dias o rombo promovido em conjunto pela Fifa e pelo governo, os candidatos de oposição também abandonaram as críticas. Aécio optou pelo silêncio e chegou a dar meia-volta. Dessa vez, era ele quem posava com a camisa da seleção brasileira.

A mesma situação afetava o então governador de Pernambuco, Eduardo Campos, já pensando em sua campanha para presidente. Em 2012, ele chegou a dizer que o governo estava "enganando o povo", que o país passaria "vergonha" pela falta de infraestrutura e que os atrasos nas obras levariam "ao maior roubo da história do Brasil". Mas, durante o Mundial, o máximo que o candidato — morto em um acidente de avião em 13 de agosto de 2014 — se atreveu a fazer foi assistir a uma partida do Brasil na casa do ex- -jogador Romário, então deputado federal e crítico da CBF.

Assim, com uma oposição sem direção, com os protestos abafados e manifestantes presos, com uma estratégia que evitou o caos nas cidades e com um futebol que de fato entusiasmava, Dilma finalmente decidiu, faltando poucos dias para a final, ir ao jogo entre Alemanha e Argentina, inclusive porque a ele compareceriam os chefes de Estado Vladimir Putin e Angela Merkel. Ela também resolveu pôr fim a um debate que já durava meses e aceitou entregar a taça ao vencedor.

Um mês depois de ter sido xingada no estádio, Dilma voltaria à Copa do Mundo. Mas, dessa vez, em uma participação mais do que ensaiada e totalmente blindada. A cerimônia que passaria a incumbência de realizar a Copa de 2018 do Brasil para a Rússia, por exemplo, foi feita de forma privada entre Dilma, Putin e Blatter, nas salas do estádio do Maracanã. A Fifa apenas divulgou fotos e um comunicado, mas sem a presença da imprensa ou do público.

Dilma não viu a cerimônia de encerramento da Copa e deixou sozinhos na tribuna de honra do estádio durante dezoito minutos Vladimir Putin e Angela Merkel, que acompanharam a apresentação de dançarinos mostrando aspectos da diversidade musical do país. O presidente da Fifa ficou ao lado de Putin e Merkel, enquanto dirigentes da entidade lamentavam discretamente a "demora" da presidente.

Dilma entrou na tribuna do Maracanã quando faltavam dez minutos para o início da decisão, no jogo em que a Alemanha venceu a Argentina por 1 x 0, na prorrogação. Nos intervalos, ela entrava e saía de forma rápida da tribuna, enquanto os demais convidados aproveitavam o momento para tirar fotos com ex-jogadores e conversar de forma descontraída. Se, de um lado, a presidente brasileira se escondia como podia do público e deixava até seus convidados sozinhos no camarote, de outro, Merkel passou parte do jogo se exibindo, dando entrevistas e acenando a todos os seus compatriotas no estádio. Os torcedores a aplaudiam e agitavam bandeiras da Alemanha. Enquanto o jogo não começava e no intervalo, ela permaneceu de pé por um longo período na sacada da tribuna, observando e querendo ser observada.

Ao contrário dos demais chefes de Estado que estiveram no Maracanã para outros jogos, Dilma ocupou uma cadeira distante da primeira fila. Toda a cúpula da CBF foi acomodada longe de Dilma. Os telões do estádio, como combinado, não mostraram sua chegada nem imagens dela durante todo o jogo. Mas, apesar do aparato da Fifa e do Palácio do Planalto para evitar constrangimentos na festa de entrega de medalhas e do troféu para os jogadores da Alemanha, a presidente Dilma Rousseff foi hostilizada quatro vezes durante e após a decisão da Copa do Mundo. No segundo tempo da partida, houve as primeiras manifestações contra a presidente, com cânticos ofensivos, como já havia ocorrido na abertura do Mundial.

Depois disso, ela recebeu vaias após o jogo, quando sua imagem finalmente apareceu nos telões, durante as premiações dos melhores da Copa do Mundo. A manifestação se repetiu de maneira acentuada quando ela cumprimentou o técnico da Argentina, Alejandro Sabella, e foi mais forte ainda no momento em que Dilma entregou o troféu de campeão para o capitão do time alemão, Philipp Lahm. Nesse instante, as vaias se transformaram novamente num coro de ofensas.

Numa atitude que não passou de protocolar, Dilma ficou com o troféu em mãos por apenas três segundos e foi posicionada atrás dos atletas alemães. Tudo isso já estava no roteiro da festa, para que os apupos não ganhassem maior dimensão. O sistema de som do estádio também "trabalhava" para abafar a reação daqueles que protestavam. Toda vez que Dilma era vista nos telões, uma música alta se misturava às vaias. Mas não foi o bastante para evitar a volta das ofensas. No momento da entrega do troféu, o sorriso de Lahm contrastava com o rosto fechado e claramente desgostoso de Dilma, uma imagem comentada em todo o mundo.

Estava claro: a emoção do futebol, mesmo numa final de Copa do Mundo, não abafou o descontentamento social.

23. A vez do torcedor-cidadão

O evento de 2014 de fato justificou o nome "Copa das Copas", tanto dentro como fora de campo. Mexeu com os brios dos torcedores e com os estratagemas de campanhas eleitorais. Afetou setores inteiros da economia e fez políticos locais, estaduais e nacionais recalcularem cada uma de suas frases. Em entrevista ao jornal *O Estado de S. Paulo*, o historiador Flávio de Campos, coordenador do Núcleo de Estudos Interdisciplinares sobre Futebol e Modalidades Lúdicas (Ludens), da Universidade de São Paulo (USP), foi contundente: provavelmente em nenhuma outra época, tanto do país como das Copas, o futebol e a política estiveram tão interligados quanto no Mundial de 2014:

> Talvez em nenhum momento na história do Brasil e das Copas do Mundo a política tenha se articulado tanto com o esporte. Desde junho de 2013 a política acompanhou o desenrolar do torneio. Às vésperas da abertura havia um clima de desmobilização torcedora, uma apatia torcedora, e isso foi se modificando. Aquilo começou a se transformar em uma mobilização da torcida verde-amarela e curiosamente na desmobilização das manifestações sociais e mesmo dos movimentos grevistas de várias categorias que haviam se apresentado no mês de maio e começo de junho.

De fato, se o governo alertou dias antes de o Mundial começar que quem usasse a Copa para ganhar votos "quebraria a cara", foi justamente o

Palácio do Planalto que se apressou em instrumentalizar o fato de que o caos não aconteceu para ganhar créditos políticos. O governo federal convocou a imprensa e informou que 1 milhão de turistas estrangeiros visitaram o Brasil, superando a meta dos organizadores. Desse total, 95% disseram que queriam voltar no futuro e deixaram no país o equivalente a US$700 milhões. Dilma Rousseff declararia, na época:

> Nós vivemos, nesses dias, uma festa fantástica. Mais uma vez, o povo brasileiro revelou toda a sua capacidade de bem receber. Mais uma vez, os brasileiros, aí incluídos o governo federal, os governos estaduais nas doze cidades-sede, os prefeitos das doze cidades-sede e, sem sombra de dúvida, os torcedores e todos os amantes do futebol, asseguraram uma festa que, eu tenho certeza, é, sem dúvida, uma das mais bonitas do mundo. A gente dizia que ia ter a Copa das Copas. Tivemos a Copa das Copas. Tivemos, sem tergiversar, um problema que foi a nossa partida, nosso jogo com a Alemanha. No entanto, acredito que tudo na vida é superação. Derrotamos, sem dúvida, essa previsão pessimista e realizamos, com imensa e maravilhosa contribuição do povo, essa Copa das Copas.

O então ministro das Relações Exteriores, Luiz Alberto Figueiredo, preferiu apostar no impacto da Copa para o Brasil no exterior. "Somos um dos poucos países capazes de organizar um evento de tamanha complexidade, com qualidade de infraestrutura e organização, e com um povo maravilhoso que acolheu muito bem a todos", afirmou. Do total de 1 milhão de visitantes, 364 mil deles eram sul-americanos que aproveitaram o fato de a Copa acontecer na região para participar da festa. Cento e sessenta mil argentinos estiveram no Brasil. De fora do continente, os americanos lideraram, com 111 mil pessoas viajando ao Brasil. O ministro-chefe da Casa Civil, Aloísio Mercadante, completou:

> Perdemos a taça, mas o Brasil ganhou a Copa. O Brasil soube ganhar, soube perder, soube receber, soube celebrar com paz, com respeito, um clima altamente receptivo que encantou o mundo. Essa celebração ficará para sempre na memória e na imagem do que somos como povo e sociedade.

Tanto o governo como a oposição mudaram de discurso sobre a Copa do Mundo em cada novo lance. Em 30 de maio de 2014, antes de a Copa começar, o ministro da Fazenda, Guido Mantega, afirmou que o evento ajudaria a melhorar a economia do país e que o resultado do PIB no segundo trimestre de 2014 provavelmente seria mais favorável que nos três primeiros meses do ano. Mas, semanas depois de o Mundial terminar, o mesmo Mantega tinha outra avaliação. Na verdade, a Copa havia prejudicado o PIB do trimestre.

"[A Copa] foi um sucesso do ponto de vista da organização. Do ponto de vista da produção e do comércio, prejudicou", afirmou Guido Mantega em entrevista à *Folha de S.Paulo* no dia 14 de agosto. "[Durante o evento] tivemos muito poucos dias úteis. A produção industrial caiu e o comércio cresceu pouco. De fato, não foi um bom resultado", completou.

Nos meses que se seguiram ao torneio, o Brasil entrou em recessão, a dívida pública explodiu, o desemprego voltou a assustar e o país mergulhou em uma fase dramática diante das descobertas de casos de corrupção. Nenhuma previsão otimista do governo feita nos dias seguintes à final do Mundial se concretizou. E a população rapidamente viu a elite do país abandonar menções à Copa, para nunca mais falar do assunto.

Os estádios vazios se transformaram nos monumentos de um projeto que serviu a poucos com o dinheiro de muitos. O Mundial não garantiu uma nova fase ao futebol nacional. Na manipulação de um sentimento popular, da emoção do gol, do simbolismo da entrega de um troféu, na instrumentalização da vaia, a realidade é que a Copa terminou no Brasil sem vencedores entre a classe política. Talvez alguns tenham perdido mais que outros. Mas todos saíram de alguma forma derrotados, e, sabendo que a sociedade não aturaria ver santinhos distribuídos nas portas dos estádios, candidatos e políticos acabaram neutralizados pelos verdadeiros astros em campo e pelas torcidas na arquibancada.

Mas a Copa foi desperdiçada para o Brasil? A crise de corrupção na Fifa foi esquecida pelo mundo?

Em um poderoso e inesperado legado, a Copa de 2014 foi um ponto de virada na história do futebol, que culminaria nas prisões de cartolas um ano depois, em Zurique. O evento demonstrou às classes políticas de todo o mundo que não havia mais espaço para confundir torcedores e eleitores. Não existe, em uma democracia, lugar para o patriotismo servil, muito menos quando ele é associado ao futebol. Em 1976, Pelé, Carlos Alberto Torres e Leão subiram ao camarote do Maracanã em um jogo da Seleção e homenagearam o general Ernesto Geisel, então presidente. Além de entregarem ao ditador uma *Bíblia*, deram um troféu agradecendo pela regulamentação da profissão de atleta.

Em 2014, foi a sociedade que ganhou um troféu e foi ela mesma que o entregou. Uma sociedade que se dá o poder de rejeitar a manipulação política de um evento, de questionar gastos e de sair às ruas demonstra o fortalecimento de uma democracia capaz até mesmo de abalar teses como a do cientista político e senador italiano Gaetano Mosca, que no início do século xx apontava para o aspecto ilusório de um sistema político que, segundo ele, apenas serviria para legitimar o poder de uma elite.

Politizada em cada gesto, em cada gol, em cada estádio e em cada hino nacional, a Copa de 2014, ironicamente, ajudou de maneira sinuosa a fortalecer a democracia no Brasil. Das ruas de 2013 aos cartazes contra a Fifa. Das exigências, ainda que descabidas, ao temor de deputados e políticos, que, às pressas, modificaram leis. Da arrogância da Fifa aos acordos sujos da CBF com políticos locais. Do racismo mais que vigente na sociedade brasileira e que deixou milhões sem acesso aos estádios ao impacto mundial da festa. Da paixão inabalada pelo futebol no Brasil aos candidatos perdidos, sem saber como reagir diante de cada gol, o Mundial escancarou todas as contradições, limites e forças presentes no país.

Assim que a sociedade se deu conta de que, com seu dinheiro, uma classe política e cartolas se aproveitariam do evento para ganhar popularidade, essa mesma sociedade sequestrou de volta a ocasião para mostrar ao mundo que não toleraria tal manipulação. Quando políticos ensaiaram uma crítica de que aquele "não era o momento" de fazer protestos, foi a sociedade que os lembrou de que tampouco era o momento de pedir votos entre gols e jogadas de efeito.

A Copa não deixou nada insinuado. Os mitos, os dramas e os ensejos sucumbiram ao explícito, ao manifesto. O futebol vive seu momento mais perigoso, sequestrado por interesses pessoais, por partidos, por organizações criminosas.

O movimento contaminou de uma vez por todas a Fifa, com cobranças cada vez maiores sobre como a entidade agiu para dar o Mundial ao Catar em 2022, sobre como os acordos com Putin tentam blindar a Copa de 2018 e sobre como seus dirigentes teriam construído um império com base na fraude e na lavagem de dinheiro.

Quando, no dia 27 de maio de 2015, a polícia entrou no saguão do hotel em Zurique, não estava apenas cumprindo um pedido de cooperação do FBI. Também estava, de certa forma, chancelada por um sentimento generalizado de que um "basta" tinha de ser dado a uma estrutura corrupta. Mesmos seus cúmplices — políticos, televisões e multinacionais — chegaram à constatação de que já não teriam a mesma força para blindar esses caudilhos.

Por enquanto, não se sabe o resultado final de um processo que abalou os pilares do poder do futebol. Mas dificilmente o que foi iniciado poderá ser revertido.

A revolta começou quando o suposto país do futebol questionou o esporte e seus ídolos e se completaria um ano depois, com a ajuda da polícia de um país — os EUA — que não tem por hábito suspender a vida e a morte por noventa minutos para ver um jogo da Copa.

Se no Carnaval as máscaras servem para criar uma nova realidade, ainda que temporária, a fantasia da Copa dessa vez apenas acentuou a realidade de uma sociedade complexa, desigual e com profundos problemas sociais, mas que deixou clara a recusa em ser tratada apenas como "torcedora". E isso contaminou o mundo do futebol.

No fundo da prisão, como apontaria Albert Camus, o sonho não tem limite, nem a realidade serve como freio. O tempo da revolta no futebol chegou, e, ao que tudo indica, nem mesmo as paredes de mármore da Fifa poderão impedir que se pense em uma nova forma de organizar o jogo.

Longe de ocultar, a máscara da festa do futebol que seduziu o mundo por tantos anos acabou sendo insuficiente para esconder a existência de um saque. No futebol, em mais de um século de história da Fifa, nunca o momento foi mais legítimo como agora para uma transformação. Que a bola possa continuar rolando. Mas que o berro sincero do torcedor se confunda com seu grito legítimo de um protesto cidadão.

Bibliografia

DUNNING, Eric. *Sport Matters: Sociological Studies of Sport, Violence and Civilization*. Londres: Routledge, 1999.

EDELMAN, Robert. *Serious Fun: A History of Spectator Sports in the USSR*. Nova York: Oxford University Press, 1993.

_____. "A Small Way of Saying No: Moscow Working Men Spartak Soccer and the Communist Party, 1900-1945". *The American Historical Review*, Nova York, v. 107, n. 5, pp. 1441-74, dez. 2002.

FITZPATRICK, Sheila. *Everyday Stalinism: Ordinary Life in Extraordinary times: Soviet Russia in the 1930s*. Nova York: Oxford University Press, 1999.

GALEANO, Eduardo. *El Fútbol a Sol y Sombra*. 2. ed. Madri: Siglo XXI, 2003.

KEYS, Barbara. *The Dictatorship of Sport: Nationalism, Internationalism and Mass Culture in the 1930s*. Cambridge, MA: Harvard University, 2001. Tese (Doutorado em História).

LEWIN, Moshe. *The Soviet Century*. Nova York: Verso, 2005.

MANRESA, Kim; KENNETT, Chris. *Esport multicultural = Deporte multicultural = Multicultural sport*. Barcelona: Centre d'Estudis Olímpics, Universitat Autònoma de Barcelona, 2008.

MORAGAS, Miquel de; KENNETT, Chris; GINESTA, Xavier. "Football and Media in Europe: A New Sport Paradigm for the Global Era". In: TOMLINSON, Alan; HOLT, Richard; YOUNG, Christopher (orgs.). *Sport and the Transformation of Modern Europe*. Londres: Routledge, 2011.

MOSCA, Gaetano. *The Ruling Class*. Trad. inglês de Hannah D. Kahn. Nova York: Mc-Graw-Hill, 1939.

QING, Luo et. al. "Representing the Opening Ceremony: Comparative Content Analysis from USA, Brazil, UK and China". *The International Journal of the History of Sport*, Oxford: v. 27, n. 9-10, pp. 1591-1633, jun.-jul. 2010.

RIORDAN, James. *Sport in Soviet Society*. Cambridge, UK: Cambridge University Press, 1977.

RITTERSPORN, Gábor. "From Working Class to Urban Laboring Mass: On Politics and Social Categories in the Formative Years of the Soviet System". In: SIEGELBAUM, Lewis H.; SUNY, Ronald G. *Making Workers Soviet: Power, Class, and Identity*. Ithaca, NY: Cornell University Press, 1994.

STÁLIN, Joseph V. *Works*. Moscou: Foreign Languages Publishing House, 1952. v. 1, 1901-1907.

DOCUMENTOS OFICIAIS

United States District Court. "Indictment". Eastern District of New York, 20 maio 2015. Disponível em: <https://www.bj.admin.ch/dam/data/bj/sicherheit/kriminalitaet/fussball/anklageschrift-e.pdf>. Acesso em: 29 set. 2015.

Canton of Zug Prosecutor's Office. "Order on the Dismissal of the Criminal Proceedings". Zug, 11 maio 2010. Disponível em: <http://resources.fifa.com/mm/document/affederation/footballgovernance/01/66/28/60/orderonthedismissalofthecriminal-proceedings.pdf>. Acesso em: 29 set. 2015.

Fifa Ethics Committee. "Report on the Inquiry into the 2018/2022 Fifa World Cup Bidding Process prepared by the Investigatory Chamber". Zurique, 13 nov. 2014. Disponível em: <http://resources.fifa.com/mm/document/affederation/footballgovernance/02/47/41/88/statementcoverletter_neutral.pdf>. Acesso em: 29 set. 2015.

Fifa Financial Report 2014. Zurique, mar. 2015. Disponível em: <http://www.fifa.com/mm/document/affederation/administration/02/56/80/39/fr2014weben_neutral.pdf>. Acesso em: 29 set. 2015.

ENTREVISTAS E ARTIGOS DE MÍDIA

CALVERT, Jonathan; BLAKE, Heidi. "Plot to buy the World Cup". *The Sunday Times*, Londres, 1 jun. 2014. Disponível em: <http://www.thesundaytimes.co.uk/sto/news/uk_news/fifa/article1417325.ece>. Acesso em: 29 set. 2015.

LEITE, Almir. "Obras de mobilidade urbana para a Copa do Mundo estão atrasadas". *O Estado de S. Paulo*, São Paulo, 8 fev. 2014.

RASHBAUM, William; APUZZO, Matt. "Bribery Inquiry Drawing Closer to Fifa's President, Sepp Blatter". *The New York Times*, Nova York, 1 jun. 2015.

VIANA, Natalia. "O braço forte da União". *Agência Pública*, São Paulo, 12 jul. 2014. Disponível em: <http://apublica.org/2014/07/o-braco-forte-da-uniao/>. Acesso em: 29 set. 2015.

WAHL, Grant. "Soccer in High U.S. Places: Talking World Cup with John Kerry". *Sports Illustrated*, Nova York, 20 jun. 2014.

JEUNE Afrique. "Issa Hayatou, l'empereur". Túnis, 17 jun. 2015.

1ª EDIÇÃO [2015] 2 reimpressões

ESTA OBRA FOI COMPOSTA PELA ABREU'S SYSTEM EM ADOBE GARAMOND
E IMPRESSA EM OFSETE PELA LIS GRÁFICA SOBRE PAPEL PÓLEN SOFT DA SUZANO
PAPEL E CELULOSE PARA A EDITORA SCHWARCZ EM MARÇO DE 2016